海期资助项目

回顾 · 反思 · 展望
改革开放 40 年中国基础教育英语课程变革

Retrospect, Reflection and Prospect:
English Curriculum Change of China's Basic Education
During the Forty Years of Reform and Opening up

易斌 著

上海教育出版社
SHANGHAI EDUCATIONAL
PUBLISHING HOUSE

国家社科基金后期资助项目
出版说明

　　后期资助项目是国家社科基金设立的一类重要项目，旨在鼓励广大社科研究者潜心治学，支持基础研究多出优秀成果。它是经过严格评审，从接近完成的科研成果中遴选立项的。为扩大后期资助项目的影响，更好地推动学术发展，促进成果转化，全国哲学社会科学工作办公室按照"统一设计、统一标识、统一版式、形成系列"的总体要求，组织出版国家社科基金后期资助项目成果。

全国哲学社会科学工作办公室

内 容 简 介

　　课程在教育教学中处于核心地位,是反映和体现教育改革的重要标志。课程变革过程在一定程度上折射出一个国家教育发展和改革的历史轨迹。

　　本书以"回顾·反思·展望"为逻辑主线,通过历史举证与理论思辨相结合、文献梳理与比较分析相映衬,系统总结了改革开放40年中国基础教育英语课程变革的历程,提出了关于基础教育英语课程变革的"四阶段"划分法。同时,从课程目标、课程内容、课程实施、课程评价四个维度对英语课程变革进行了分析与反思,阐明英语课程改革应坚持工具性与人文性的整合,培养学生的综合语言运用能力、学科核心素养、爱国主义情怀、跨文化交际意识、英语自主学习能力以及合作精神。

　　本书旨在为现实的课程实施和未来的课程改革提供参考与借鉴:为对英语课程改革感兴趣的读者提供新的视角与路径,为英语师范生的专业学习和中小学英语教师在职培训与专业发展及基础教育英语课程的发展研究等提供理论参考和实践启示。

目　　录

前　言

　　课程是教育发展的心脏,是反映和体现教育改革的重要标志。每一次的教育改革必然要深化、落实到课程上。一个国家的课程演变过程在一定程度上可以折射出该国教育发展和改革的轨迹①。基础教育是必不可少的"走向生活的通行证②",在个体全面发展中具有重要作用。如果说基础教育是科教兴国战略的重要基础,那么基础教育课程就是基础教育改革与发展的核心。对基础教育课程的探讨就是构建新的基础教育课程体系的一种有益尝试。对基础教育课程改革的历史回顾、现实关注和未来前瞻不仅重要,而且必须。随着中国特色社会主义建设事业的不断推进和信息化、全球化时代的到来,英语学科的重要性日益彰显,因此,对改革开放以来基础教育英语课程变革的研究自然成为有助于推进课程改革的重要课题之一。

一、论域限定

(一) 基础教育(Basic Education)

　　基础教育亦称"国民基础教育",指对国民实施基本的普通文化知识的教育,是培养公民基本素质的教育,也是为继续升学或就业培训打好基础的教育。一般指小学教育,有的包括初中教育。学习年限为 5 年、6 年至 9 年③。

　　1977 年,联合国教科文组织曾在肯尼亚首都内罗毕召开的高级教育计划官员讨论会上,对基础教育进行了广泛而深入的讨论,认为基础教育是向每个人提供并为一切人所共有的最低限度的知识、观点、社会准则和经验的教育。它的目的是使每一个人都能够发挥自己的潜力、创造性和批判精神,以实现自己的抱负和获得幸福,并成为一个有益的公民和生产者,对所属的

---

① 冯增俊,2006.当代小学课程发展.广州:广东高等教育出版社:2.

② 联合国教科文组织总部中文科,1998.学习——内在的财富:国际 21 世纪教育委员会向联合国教科文组织提交的报告.北京:教育科学出版社:109.

③ 顾明远,1998.教育大辞典(增订合编本).上海:上海教育出版社:627.

社会发展贡献力量。它是根据各国的经济、社会发展条件，从现代社会国民素质的需要和国家经济承受力的可能出发，提出的国民应该接受的教育程度来讲的，强调的是"最低限度的普通教育"，在我国，其首要任务是全面育人，为培养有理想、有道德、有文化、有纪律的新人奠定坚实的基础。

国务院《关于基础教育改革与发展的决定》指出："基础教育是科教兴国的奠基工程，对提高中华民族素质、培养各级各类人才，促进社会主义现代化建设具有全局性、基础性和先导性作用①"。

可见，基础教育实际上就是为学生的发展打基础的教育，是整个教育体系的关键部分。基础教育是提高全体国民整体素质、建设现代文明社会的奠基工程。基础教育发展的水平和质量，成为衡量全体国民整体素质、现代社会文明程度的基本标志，也成为我国实现从人口大国提升为人力强国宏伟目标的根本标志②。正如万丈高楼平地起一样，没有良好的基础教育，就不可能有优秀的高等教育。2001 年颁布的《关于基础教育改革与发展的决定》《基础教育课程改革纲要（试行）》《幼儿园教育指导纲要》等几个重要文件中，都明确规定我国基础教育包括幼儿教育、小学教育、普通中等教育，也即基础教育包括学前教育、小学教育、初中教育（小学、初中合称九年制义务教育）以及普通高中教育。出于研究的需要，再加上考虑到英语学科本身的特点和具体情况（如我国目前尚不具备条件将英语教育普遍提前到幼儿阶段），本书将基础教育限定为普通中、小学，即义务教育阶段和普通高中阶段，其中又以对 1978 年到 2018 年改革开放 40 年间我国中学阶段的英语课程变革研究为主。

（二）课程变革（Curriculum Change）

变革一般是指较长的一段时间中事物渐进地改造自身性质的过程。课程变革就是指有关课程长期的变化或演变，包括课程哲学、价值观念、课程目标、组织结构、课程材料、学生实践、学习结果和评价等各个方面。课程变革包括课程的自然演变、演进及人为的改革，在外延上包括课程的改革、革新，是一个较为宽泛的概念③。国外学者对"课程变革"这一术语进行界定时是将其作为一个渐进的过程（process）而非事件（event）来对待的。例如，加拿大著名教育改革专家富兰（M.Fullan）就曾经指出：变革是一个过程，

---

① 中华人民共和国教育部,2001.开创基础教育改革与发展的新局面：全国基础教育工作会议文件汇编.北京：团结出版社：2.

② 王炳照,2008.中国教育改革 30 年：基础教育卷.北京：北京师范大学出版社：1.

③ Blenkin G M，Edwards T G，Kelly A V,1992. Change and the Curriculum. Paul Chapman Publishing Ltd.：30.

而不是一个事件①。课程变革的含义在小的方面可以指单一学科的变化，在大的方面则可以指综合性变动。这样，课程变革指的是教学本身或环境在教育安排的条件下所发生的一切变动②。简言之，课程变革指课程目标、课程结构、课程内容以及课程评价等方面发生的变化，包括课程改革、革新和变迁。

改革意即改去、革除，常指改变旧制度、旧事物，制订同旧目标无关的新目标、新政策，其实质是对未来的反应。与课程变革相比，课程改革是形容具体变革的一个概念，课程改革是以一定的理论为基础，按照某种观点对课程进行的集中一段时间的有目的、有计划的改造，往往涉及学校体制的变化和课程的全面修正等，其核心是价值观念的重大变化或方向调整，而且常常先在制度层面展开③。它是综合性更强、程度更深的变革，是人们有意识地为改进某一方面而进行的变革。因此，课程改革是课程变革的一个方面，是短期的、深层的、激进的课程变革。它不仅是课程形式的改换，更是课程理念的更新。

教育革新是选择一个新物件或新观念、新措施等另类变通的教育理想本身，或这些新物件、新观念、新措施等另类选择的教育理想被某一团体或个人采纳使用的历程。革新往往是一种企图达成变革的过程与结果④。课程革新是指一项新的课程计划、思想或实践，或是指它们被个别团体、组织选用的过程，也是课程变革的一种形式，通常具有相对明确的范围和特定的目标，可以是大规模、整体性的课程改革的一部分，也可以是小规模、经常性的单科课程变化，其目的在于提高现有教育体系的效率⑤。课程革新与课程变革相比，范围要小一些，与课程改革相比，强度要弱一些。

发展是指人或事物发育，成长，发达，逐渐走向成熟的过程，这个词含义更为丰富，包容性较广，表明了循环往复、持续不断的成熟与成长过程。课程发展具有宏观与微观两种含义，宏观的含义指课程从古到今、由远及近的历史发展；微观含义指课程目标的制定、课程决策、课程管理、课程内容的选择、课程实施以及课程评价等一系列不断发展完善的过程，也是一个持续不断、循环往复的过程。课程变革、课程改革、课程革新在范围、激进程度等方

---

①　Fullan M，1991. The New Meaning of Educational Change，Second Edition. London：Cassell Educational Limited：48.

②　江山野，1991.简明国际教育百科全书·课程.北京：教育科学出版社：62.

③　钟启泉，2003.课程与教学概论.上海：华东师范大学出版社：167.

④　顾明远，1998.教育大辞典（增订合编本）.上海：上海教育出版社：895.

⑤　同上.

面各有侧重，但本质上是相同的，是一种思想活动，是深思熟虑、有目的、有方法的行动，旨在解决特定的课程问题并改善课程实践①。无论是课程改革还是课程理论的发展，都不是一次性的，需要不断的检查、评估、修正。特别是课程改革，更是一个艰苦探索与尝试的过程，是一个持续不断的发展过程，需要不断总结经验，在改革中走向成熟，课程发展就体现了这种特征。

此外，相关的概念还有课程变迁和课程改良。前者指不同历史时期课程主题的更替；后者指在教育目标和课程体系不变的前提下，根据评价结果对课程的某些方面作出适当改善的过程，如改变教材内容的选择和排列、深度和广度、实验和实习作业的设置等，有时也涉及学科的设置或变更、各科教学时数的调整等。

二、概念界定

（一）课程设置（Curriculum Provision）与课程设计（Curriculum Design）

课程设置指学校开设的教学科目②，是对学校课程的具体安排和设立③。课程设置首先要考虑课程的性质、课程目标、所涵盖的内容及其内在联系④。它主要规定课程类型和课程门类的设立及其在各年级的安排顺序和学时分配，并简要规定各类各科课程的学习目标、学习内容和学习要求。课程设置主要包括：合理的课程结构和课程内容。合理的课程结构指各门课程之间的结构合理，包括开设的课程合理，课程开设的先后顺序合理，各课程之间衔接有序，能使学生通过课程的学习与训练获得某一专业所具备的知识与能力。合理的课程内容指课程的内容安排符合知识论的规律，课程的内容能够反映学科的主要知识，主要的方法论及时代发展的要求与前沿。课程设置必须符合培养目标的要求，它是学校的培养目标在学校课程计划中的一种集中表现。

关于课程设计的定义一般可以分成两类：一类主要是技术取向的。学者普拉特（Pratt）认为，课程设计包含课程工作者对达成课程目标所需的各种技术、因素、条件及程序等进行选择、计划和构想的一种慎思的过程，是课程工作者所从事的一切活动⑤；另一类主要为理性主义取向。一些学者认

① 钟启泉，2008.课程与教学概论.上海：华东师范大学出版社：204—205.
② 顾明远，1998.教育大辞典（增订合编本）.上海：上海教育出版社：899.
③ 白月桥，1996.课程变革概论.石家庄：河北教育出版社：227.
④ 罗爱梅，罗丹，何艳铭，等，2005.当代中小学外语课程发展.广州：广东高等教育出版社：166.
⑤ 黄政杰，1991.课程设计.台北：台湾东华书局：85.

为,课程设计是指来自教育科研机构的专家学者们对课程进行系列研究后,
拟订出的课程学习计划或方案,是为教育决策部门提供服务。拟订关于教
育教学的目的与任务,确定教学科目与选材范围以及编写教材等都属于课
程设计的活动①。《简明国际教育百科全书·课程》中对课程设计的定义为
"课程设计取决于两种不同层次的课程编制决策,它对一门课程的组织结构
和组织形式进行拟定。一般说来,广义的层次包括基本的价值判断与选择,
它大致相当于一种理性主义的课程设计取向,而具体的层次则包括技术上
的一些安排以及课程要素的实施,相当于技术取向的课程设计。除了这两
个层次的课程设计之外,也有学者认为还存在一种更微观的课程设计层次,
而且各种不同层次的课程设计会受到诸多不同因素的影响"。本人认同廖
哲勋教授的观点:课程设计是按照育人的目的要求和课程内部各要素、各
成分之间的必然联系而制定一定学校的课程计划、课程标准和编制各类教
材的过程,是课程建设系统工程的一个组成部分②。在课程设计的价值取
向上,主要有以学科为中心、以学习者为中心和以社会为中心的三种课程设
计取向。在设计层面上,分为宏观层面、中观层面和微观层面的课程设计。
本文主要指中观层面的课程设计,即在学校宏观课程结构的基础上,针对具
体学科进行设计,目的在于制定关于具体学科的课程标准、教科书以及其他
形式的文字资料等。

(二) 课程目标(Curriculum Goals)

　　课程目标是指课程本身要实现的具体目标,是期望一定教育阶段的学
生在发展品德、智力、体质等方面达到的程度③。课程目标主要分为四类:
① 认知类。包括知识的基本概念、原理和规律,理解思维能力。② 技能类。
包括行为、习惯、运动及交际能力。③ 情感类。包括思想、观念和信念,如
价值观、审美观等。④ 应用类。包括应用前三类来解决社会和个人生活问
题的能力。课程目标的特点表现为:① 整体性。各类目标彼此关联,并非
彼此孤立。② 连续性。较高年级的目标总是较低年级目标的继续发展和
深化。③ 层次性。技能和情感的目标需要在知识的基础上培养和形成,对
知识的记忆比对知识的理解低一个层次,对知识的应用比对知识的理解高
一个层次。④ 积累性。没有低年级目标的积累,就难以到达高年级的目
标。也就是说,课程目标受教育目的以及培养目标的制约和影响,是人们对

---

① 白月桥,1996.课程变革概论.石家庄:河北教育出版社:227.
② 廖哲勋,田慧生,2002.课程新论.北京:教育科学出版社:260.
③ 顾明远,1998.教育大辞典(增订合编本).上海:上海教育出版社:898.

于某一阶段课程与教学预期的结果。学者舒伯特认为，课程目标主要有四种类型的取向：普遍性目标取向、行为目标取向、生成性（或称展开性）目标取向以及表现性目标取向①。

（三）课程内容（Curriculum Content）

课程内容是构成课程的基本的、内在的要素，它反映了不同的课程理念、课程设计观、课程结构观以及课程价值观。关于课程内容的概念，国外课程理论主要有两种观点。一种是课程知识社会学的观点，认为课程内容是在教育机构范围内要向学生灌输的知识，即课程内容反映了社会权力控制的法则，也就是课程知识或教育知识；另一种是技术学观点，认为课程内容是在一门课程中所教授或所包含的知识，也是指一些学科中特定的事实、观点、法则和问题等②。这两种观点都把课程内容局限在间接经验或理论知识，有一定的片面性。课程内容是课程的核心要素，从总体上讲，课程内容是根据课程目标，有目的地选择的一系列直接经验和间接经验的总和，是从人类的经验体系中选择出来，并按照一定的逻辑序列组织、编排而成的知识体系和经验体系③。可见，课程内容的基本性质是知识，它具有直接经验和间接经验两种形态。直接经验是指与学生现实生活及其需要直接相关的社会知识、自然知识及其技能的总和；间接经验是指理论化、系统化的书本知识。

课程内容不等于教材。教材是指以文字和图形等语言符号形式反映一定的课程内容的教学用书，是以事实、原理与体系等形式来说明课程内容中理论知识的体系，是课程内容直接的物质载体。广义的教材指课堂上和课堂外教师和学生使用的所有教学材料，比如，课本、练习册、活动册、故事书、补充练习、辅导资料、自学手册、录音带、录像带、计算机光盘、复印材料、报纸杂志、广播电视节目、幻灯片、照片、卡片、教学实物等。狭义的教材就是教科书，即根据教学大纲（课程标准）的要求，专门为学生上课和复习而编写的书。教科书是一个课程的核心教学材料。从目前来看，教科书除了学生用书以外，几乎无一例外地配有教师用书，很多还配有练习册、活动册以及配套读物、挂图、卡片、电子资源等。

（四）课程实施（Curriculum Implementation）

课程实施定义繁多，但概括起来，在以下方面学者们具有共识：① 课程

---

① Schubert W H, 1996. Curriculum: Perspective, Paradigm and Possibility. New York: Macmillan Publishing Company：65.

② 江山野，1991.简明国际教育百科全书·课程.北京：教育科学出版社：69.

③ 钟启泉，2007.课程论.北京：教育科学出版社：141.

实施是将编制好的课程计划付诸实践的过程,是实现预期的课程理想,达到预期课程目的,实现预期教育结果的手段。课程计划与课程实施是理想与现实、预期的结果与实现结果的过程之间的关系①。② 课程实施是通过教学活动将编制好的课程付诸实践。③ 课程实施的焦点是实践中改革的程度和影响课程实施的因素。课程实施不包括对课程实际效果的评价,但为评价做准备。关于课程实施的定义多为描述性的,一些观念性的问题还存在模糊认识,如仅仅将它等同于教学,有缩小其内涵之嫌。本研究采用如下界定:课程实施是指一套规定好的课程方案实际的运行过程②,是课程编制的环节之一,也是达到预期课程目标的重要手段。

课程实施是一个复杂的过程,受许多因素的影响。辛德等把影响课程实施的主要因素归纳为四大类:第一,课程改革本身的性质,包括改革的必要性及其相关性、改革方案的清晰程度、改革内容的复杂性、改革方案的质量与实用性;第二,校区的整体情况,包括地方管理部门的支持、教职员队伍的培养与参与、时间安排与信息系统、部门与交流系统;第三,学校方面的影响因素,包括校长的作用、教师之间的关系、教师的特点与行为取向等;第四,外部环境,包括政府部门的重视、外部机构的支持,以及社区与家长的协助等③。一般认为,教学活动是课程实施的中心环节,教师是课程实施的关键人物。

(五) 主导性教学方式(Dominant Teaching Method)

教学方式是教学方法的活动细节,是教学过程中具体的活动状态,表明教学活动实际呈现的形式。如讲授法中的讲述、讲解、讲演等;练习法中的示范、模仿等。教学方式没有独立的任务,服从于某一方法所要完成的任务。同一教学方式可被用于不同的教学方法,不同的教学方式也可包含于同一教学方法之中。它能使教师工作方法形成独特风格,赋予教学方法以个人特征,也能影响学生掌握知识的个人特点④。主导性教学方式就是指在某一阶段众多教学方式中起主导作用、居主导地位的教学方式。

教学方式是教师在教学活动中基本的教学行为取向或倾向性的教学行为。它的形成及转变既受教师教学理念的影响,也受学生学习方式的制约。根据教师和学生在教学活动中的地位和作用,可将教学方式分为注入式、启

---

① 李定仁,徐继存,2004.课程论研究二十年(1979—1999).北京:人民教育出版社:91.
② 钟启泉,2007.课程论.北京:教育科学出版社:202.
③ Snyder J B, Zumwalt K, 1992. Curriculum Implementation. New York: Macmillan Publishing Company:404.
④ 顾明远,1998.教育大辞典(增订合编本).上海:上海教育出版社:714.

发式、探究式三类。在注入式教学方式中,教师处于传授者、灌输者地位,学生则充当被动接受的角色;在启发式和探究式中,教师是引导者、组织者和促进者,学生则在教师的引导下去主动发现。

(六)学习进展评价(Learning Progress evaluation)

评价通常指通过详细、仔细的研究和评估,确定对象的意义、价值或者状态。评价的过程是一个对评价对象的判断过程。它本质上是一个判断的处理过程。美国当代教育家布鲁姆(Bloom)将评价作为人类思考和认知过程的等级结构模型中最基本的因素。根据他的模型,在人类认知处理过程的模型中,评价和思考是最为复杂的两项认知活动。他认为:评价就是对一定的想法(ideas)、方法(methods)和材料(material)等做出价值判断的过程。它是一个运用标准(criteria)对事物的准确性、实效性、经济性以及满意度等方面进行评估的过程。

学习进展评价就是指按一定标准对学生的学习成绩进行测定,是对教学效果作出判断的手段,也是提供教学活动反馈信息的途径,具有诊断、调节和强化作用。通过评定,可以判断教学的质量水平,发现问题并采取措施改进教学,激发学生学习积极性。评定学生成绩有较高的质量指标,即信度、效度。要全面衡量学生对知识与技能所掌握的深度、广度与熟练度,以及知识的实际运用能力;回答问题的完整性、创造性;口头或书面的组织表达能力及思维过程是否科学;错误的性质和数量等。对学生学业成绩的评定一般采取评语、评分两种形式。评语除评定学业成绩外,还评定学生的学习态度、努力程度、进步状况,指出其学习上的主要优缺点及努力方向等。评分采用百分制或等级制,也可将评分与评语结合起来。评定成绩的方法和模式主要借助于考试和测验手段①。

三、改革开放 40 年基础教育英语课程变革历史分期

新中国成立以来,我国基础教育发生了巨大的变化,基础教育课程改革也此起彼伏,为教育的发展作出了巨大贡献。关于新中国成立以来基础教育课程发展的分期有不同的阶段划分法,主要有以下几种:

学者王冬凌、朱琼瑶②认为:1949—1957 年为改造旧课程,建设新中国中小学课程体系时期;1958—1965 年为总结经验,吸取教训,进行改革时期;1966—1976 年为"文化大革命"时期;1977—1986 年为拨乱反正,深化改

---

① 顾明远,1998.教育大辞典(增订合编本).上海:上海教育出版社:165.
② 王冬凌,朱琼瑶,1998.现代课程论.沈阳:辽宁师范大学出版社:35.

革,建立适应社会主义建设需要的课程体系时期;1986 年后为进一步深化教育改革,建立跨世纪的中小学课程体系时期。

学者黄甫全①认为:1949—1952 年为改造阶段;1953—1956 年为"苏化"阶段;1957—1976 年为革命阶段;1977—1984 年为恢复阶段;1985 年以后为改革阶段。

学者曾洁珍②认为:1949—1957 年,是改造旧课程体系,建立新课程体系的阶段;1958—1965 年,是经验积累阶段;1966—1976 年,为课程发展停滞阶段;1977—1980 年,为课程的修正阶段;1981 年至今,为课程的改革阶段。也有学者认为,自新中国成立至今,我国基础教育课程的八次改革时间分别为:1949—1952 年、1953—1957 年、1958—1965 年、1966—1976 年、1977—1985 年、1986—1991 年、1992—2000 年、2001 年至今。

学者钟启泉③认为:1949—1957 年,是改造旧课程,建设新中国中小学课程体系时期;1958—1965 年,是总结经验教训,构建我国自己的课程模式时期;1966—1976 年,是课程发展的大倒退时期;1977—1984 年,是拨乱反正,恢复中小学课程秩序时期;1985—1993 年,是基础教育课程改革的深化时期;1994—1997 年,是适应性的课程调整时期;1998 年至今,是全面推进素质教育的新一轮基础教育课程改革时期。

在英语学科方面,则以学者刘道义的划分最具代表性和权威性。他基于英语教学大纲与英语课程标准的研究视角,将改革开放以来的中国基础教育英语课程的发展分为以下三个阶段:1978—1990 年;1988—2000 年;2000 年至今。其中前两个阶段根据教学计划制定英语教学大纲,第三阶段根据教学计划制定英语课程标准④。

除此之外,还有学者将新中国成立以来基础教育英语教学的历史划分为以下阶段:"俄语热"时期(1949—1957 年)、英语"复兴"时期(1958—1966 年)、"文革"时期(1966—1977 年)以及英语教育繁荣昌盛时期(1977 年至今)等。

事实上,对于英语课程变革的历史,尽管时不时被提及,却至今还没有进行系统的研究,尤其是对改革开放以来四十年间基础教育英语课程变革历史的研究更是稀缺。本人经过大量的文献检索,认为以下事实是确定无疑的:

① 黄甫全,1999.新中国课程研究的回顾与展望.教育研究(12):21 - 28.
② 曾洁珍,2001.国内外教育改革动态.广州:广东高等教育出版社:120.
③ 钟启泉,2003.课程与教学概论.上海:华东师范大学出版社:179 - 183.
④ 刘道义,2008.基础外语教育发展报告(1978—2008).上海:上海外语教育出版社:75 - 76.

第一，1976年粉碎"四人帮"以后，通过拨乱反正，高考制度的恢复，尤其是1978年党的十一届三中全会的召开，我国的社会主义建设事业走上了一条健康发展的道路，教育也开始复苏，整个基础教育得到恢复。1983年，邓小平同志为北京景山学校题词："教育要面向现代化，面向世界，面向未来①"，为中国教育的发展指明了方向。1978年教育部颁发《全日制十年制中小学英语教学大纲（试行草案）》。英语在实行改革开放政策以后更是备受重视，在基础教育阶段的重要地位得以确立。

第二，1985年5月，《中共中央关于教育体制改革的决定》指出："教育体制改革的根本目的是提高民族素质，多出人才、出好人才。……教育必须为社会主义建设服务，社会主义建设必须依靠教育。……把发展基础教育的责任交给地方，有步骤地实行九年制义务教育。"这掀起了普及九年义务教育的热潮，使基础教育得到蓬勃发展的良好机会。1986年7月《中华人民共和国义务教育法》明确指出："国家、社会、学校和家庭依法保障适龄儿童、少年接受义务教育的权利。"《义务教育法》的实施使义务教育得到法律保障。1986年、1990年以及1992年国家教育委员会相继颁布了《全日制中学英语教学大纲》《全日制中学英语教学大纲（修订本）》和《九年制义务教育全日制初级中学英语教学大纲（试用）》三个英语教学大纲。九年义务教育的实施对基础教育英语课程的发展起到了巨大的推动作用。英语课程从此迎来了迅速发展的好时机。

第三，1992年国家教委第一次将以往的"教学计划"改为"课程计划"。1993年2月，中共中央、国务院制定发布了《中国教育改革和发展纲要》，要求中小学要从"应试教育"转向全面提高国民素质的轨道。1991年国家教委基教司在其他学科大纲不变的情况下，单独组织编写了高中英语教学大纲，即1993年《全日制高级中学英语教学大纲（初审稿）》，并于1996年进行了修订，从而使初、高中的英语教学得以有效衔接。1993年秋，新的课程计划突出了以德育为首，德智体美劳五育并举的全面发展的教育方针，第一次将活动与学科并列为两类课程。1994年，以实行新工时制度为契机，减轻中小学生过重的课业负担，国家教委对中小学教学计划进行了调整。这次调整在保持全日制中小学课程计划总体结构不变的前提下，适当调整了各类课程的课时，减少了周课时总量。

第四，1998年12月，为了实现党的十五大所确定的目标与任务，落实科教兴国战略，全面推进教育的改革和发展，提高全民族的素质和创新能

---

① 邓小平，1993.为景山学校题词.邓小平文选（第三卷）.北京：人民出版社：35.

力,教育部制定了《面向 21 世纪教育振兴行动计划》。1999 年 6 月,中共中央、国务院颁布了《关于深化教育改革全面推进素质教育的决定》,以全面推进素质教育,培养适应 21 世纪现代化建设需要的社会主义新人。2001 年颁布了《基础教育课程改革纲要(试行)》,同时印发了《义务教育阶段课程设置方案(试行)》和英语等 21 个学科课程标准(实验稿),新一轮基础教育课程改革①由此启动。2002 年印发了《教育部关于积极推进中小学评价与考试制度改革的通知》;2003 年,印发了《普通高中课程方案(试行)》和英语等 15 个学科课程标准(实验)。2004 年启动了高中课程改革。"为了中华民族的复兴,为了每位学生的发展②"成为新一轮基础教育课程改革的核心理念。

第五,1999—2000 年是我国研制英语课程标准与编订英语教学大纲并行的时期。教育部一方面组织专家研制课程标准,另一方面组织人员继续编订教学大纲,并于 2000 年颁布了《九年义务教育全日制初级中学英语教学大纲(试用修订版)》和《全日制普通高级中学英语教学大纲(试验修订版)》,因为新的课程体系和课程标准从设计到制定,从实验到实施至少需要 4 至 5 年时间。同时,新的大纲应该及时地反映当今先进和科学的教育思想,体现最新的教育理念和教育教学的研究成果。因此,对现行大纲进行修订,使其朝着课程标准的方向靠拢,有利于推动学校、教师和社会教育观念的转变,促进教学内容、方法和手段的改革,有利于我国中小学英语教学与课程标准的实施接轨。

综上所述,在合理借鉴学者们关于基础教育课程变革阶段划分的基础上,根据以上基础教育领域中的典型性或标志性事件,结合英语学科自身的具体情况,同时也为了便于本研究的开展,本书将 1978 年到 2018 年改革开放 40 年来我国基础教育英语课程变革的历史划分为以下四个阶段:

第一阶段是以拨乱反正,改革开放为契机:基础教育英语课程的恢复(1978—1984 年)。

第二阶段是以普及九年义务教育为重心:基础教育英语课程的发展(1985—1991 年)。

第三阶段是以适应"应试教育"向"素质教育"转轨为导向:基础教育英

---

① 新课程改革推进大体分为三个阶段:其一,酝酿准备阶段(1999 年秋到 2001 年);其二,试点实验阶段(2002 年到 2004 年);其三,全面推广阶段(2005 年至今)。参见课程教材研究所,2002.课程改革整体论.北京:人民教育出版社:9-14.

② 钟启泉,崔允漷,张华,2001.为了中华民族的复兴 为了每位学生的发展:《基础教育课程改革纲要(试行)》解读.上海:华东师范大学出版社:69.

语课程的调整（1992—2000 年）。

第四阶段是以全面推进素质教育为目标：新一轮基础教育英语课程改革（1999—2018 年）。

英语作为全球通用语言之一，使用极为广泛。学习英语不仅符合信息时代的需要，还非常有利于学生的全面发展及人才素质的提高，有利于学生在多元化的社会中发展，有利于他们认知能力与良好性格、品格、意志及交往合作精神的发展。因此，许多国家在基础教育发展战略中，都把英语教育作为公民素质教育的重要组成部分，并将其摆在突出的地位。

1978 年 12 月，党的十一届三中全会胜利召开，实现了新中国成立以来我们党历史上具有深远意义的伟大转折，开启了我国改革开放历史新时期。改革开放 40 年使中华民族以崭新的姿态重新屹立于世界民族之林。40 年的沧桑巨变，40 年的光辉历程，铸就了一个民族近百年的梦想。改革开放 40 年，是中国经济蓬勃发展的 40 年，是中国社会和谐稳定的 40 年，也是中国教育事业稳步发展的 40 年。

本书力求通过对改革开放 40 年基础教育英语课程变革历程的回顾与反思，总结在英语课程目标、课程内容、课程实施、课程评价的变革方面取得的丰硕成果和积累的宝贵经验，实事求是地分析存在的问题和不足，积极主动地探讨未来英语课程的发展和创新之路。希望能给对英语课程改革感兴趣的研究者提供探讨课程改革的不同视角与方法路径，为英语师范生的专业学习、中小学英语教师在职培训及教师教育类图书相关读者提供理论参考和现实启示。

本书由六章内容构成。

第一章主题为改革开放 40 年中国基础教育英语课程变革的历史回顾。在以往关于课程变革阶段划分的基础上，结合当时的历史条件，依据 1978 年《全日制十年制中小学英语教学大纲（试行草案）》、1986 年《全日制中学英语教学大纲》、1992 年《九年制义务教育全日制初级中学英语教学大纲（试用）》和 2001 年《全日制义务教育普通高级中学英语课程标准（实验稿）》几个重要的教学文件，提出新的基础教育英语课程变革"四阶段"划分法，即基础教育英语课程的恢复阶段（1978—1984 年）、基础教育英语课程的发展阶段（1985—1991 年）、基础教育英语课程的调整阶段（1992—2000 年）和新一轮基础教育英语课程改革与实施阶段（1999—2018 年）。

第二章主题为改革开放 40 年中国基础教育英语课程目标的变革与反思。事实上，确定课程目标是每一次课程改革的逻辑起点。课程目标是基于课程学习价值的认识，但是课程目标能否在整个课程活动中起到核心指导作用,在很大程度上取决于课程目标本身的适切性与科学性。改革开放40年英语课程目标先后经历了普遍性目标取向、行为性目标取向、生成性目标取向和表现性目标取向四个阶段的演变。本章通过对英语课程目标变革的反思,阐明在课程目标的选择上需要关注英语教育的差异性,体现创新性和可操作性。

第三章的主题是对基础教育英语课程内容的变革与反思。课程内容是课程的核心要素,也是课程改革的重点之一。每一次课程改革必将引发课程内容的变化,从最初的注重语音、词汇和语法到注重功能和话题,英语课程内容日益丰富,也越来越贴近学生的生活,富有时代的气息。改革开放40年,英语课程内容先后经历了语音、词汇、语法构成的“老三样”,日常交际用语、语音、词汇、语法构成的“四大块”,语言知识、语言技能、情感态度、学习策略、文化意识构成的“五方面”以及主题语境、语篇类型、语言知识、文化知识、语言技能和学习策略构成的“六要素”四个阶段的演变。通过对课程内容变革的反思,笔者认为英语教材的编写需正确处理语言教学与思想和文化的关系,关注学生现实生活,有效解决小学、中学英语教学衔接问题,并提供多样化选择。

第四章的主题是对基础教育英语课程实施的变革与反思。课程实施是将课程方案付诸实践的过程,其中心环节是教学活动,主要通过主导性教学方式来体现。什么样的语言观就会产生什么样的教学方法。改革开放40年,在基础教育英语课程的变革与发展历程中产生的语法翻译法、听说法、交际法、任务教学法等几种主要的不同教学方法以及英语学习活动观,对各个时期的英语课程实施产生了深刻的影响,推动了英语课程的不断发展。笔者通过对英语课程实施变革的反思,提出有效教学需基于英语教学实际,既注重知识传授,更重视能力培养,既要充分发挥学生的学习主体性,也要发挥教师的主导作用,落实由国家、地方与学校构成的三级课程管理模式。

第五章的主题是对基础教育英语课程评价的变革与反思。一方面,课程评价属于价值判断的过程。这一价值判断必须基于事实描述,反映评价者的主观愿望和价值观念,因此,即使对同一事物或同一活动,自身观念与需要不同的评价主体也会产生不同的判断。另一方面,课程评价的方式不是唯一的,而是多种多样的。它既可以是定量的,也可以是定性的,而教育测试或者测量并不代表课程评价的全部,只是其中的一种方法。此外,课程评价的对象也包括诸多课程要素,如课程的目的、计划、内容、方法、实施以及结果等。改革开放40年,基础教育英语课程先后经历了不同的评价方式,从1978年《全日制十年制中小学英语教学大纲(试行草案)》缺乏对评价的相关描述到 2001 年《国家英语课程标准（全日制义务教育阶段、普通高级中学）》（实验稿）中关于评价主体和评价方式多元化的描述，再到《普通高中英语课程标准（2017 版 2020 年修订）》突出核心素养在学业评价中的主导地位，着重评价学生的发展与成长。其间课程评价的重点发生了如下变化：从以考查学生的语言知识，尤其是语法知识为主，到以考查学生的英语听说能力为主，再到以考查学生的交际能力为主，最后到以考查学生的综合语言运用能力为主，以及以促进核心素养的有效形成为主。课程评价的这种变化反映了课程改革所取得的种种进步。通过对英语课程评价变革的反思，指出课程评价需淡化甄别与选拔功能，体现多元化、主体性并重视过程性、形成性、发展性。

第六章总结改革开放 40 年基础教育英语课程变革获得的启示，并对未来的课程改革进行展望。英语课程是我国基础教育阶段的必修课程，英语教学在我国属于外语教学。长期以来，英语课程教学在理性教育与情感教育的结合方面做得不够，"重技能、轻人文"的现象比较突出。本章基于第二章至第五章的内容，结合基础教育英语课程的性质和基础教育发展的总体趋势，指出英语课程应是工具性与人文性的整合，并概括了从课程改革的过程中获得的八大启示，对基础教育英语课程改革的趋势进行了展望。

第一章 改革开放 40 年中国基础教育英语课程变革的历史回顾

课程在教育教学中处于核心地位,学校教育的全部实践就是以课程为轴心来展开的。对教育而言,课程改革是提高人才培养质量的关键,是学校组织教育教学活动的最主要依据。

1978 年改革开放以来,我国的英语教育规模不断扩大,教育教学取得了显著的成就。然而,英语教育"费时较多,收效较低"的问题没有得到根本的改变。经过十多年的学习,学生听不懂、说不出,不能熟练地阅读英文原著的情况不能适应我国经济建设和社会发展的需要。造成这种外语教学情况的原因从宏观上看有政治因素、经济因素、历史因素和文化因素等,从微观上看有教学管理因素、教师因素以及教学环境等因素,但最直接、最根本的因素是课程自身,包括课程目标的设定、课程内容的选择、课程的实施及评价等。因此,对改革开放 40 年中国基础教育英语课程变革的历史回顾对当前基础教育英语课程改革的推进无疑具有重要的理论和实际意义。

第一节 基础教育英语课程的恢复
(1978—1984 年)

20 世纪 70 年代末,中国的教育事业遭到严重破坏,学校教学秩序混乱,中学英语教育几乎陷入停顿状态。1976 年 10 月,党中央一举粉碎了"四人帮",开始了对教育领域的拨乱反正。1977 年 10 月,教育部发布《关于 1977 年高等学校招生工作的意见》,从而正式恢复中断了 11 年的中国高等学校招生统一考试制度(简称"高考制度")。1978 年 12 月,党的十一届三中全会胜利召开。沐浴着改革开放的春风,我国社会主义建设事业走上了一条健康发展的道路,教育开始复苏。以此为契机,基础教育英语课程也迎来了全面恢复的大好时机。

一、教育形势回眸

（一）教育领域的拨乱反正

1976 年 10 月，"四人帮"被粉碎，中国迎来了社会主义建设的新时期。教育领域开始恢复与健全"文革"前各项行之有效的教育管理制度，重新建立了教育教学秩序，加强文化科学教育，提高教师地位。

伴随着"关于真理标准①"的讨论，教育领域迎来了一场深刻的思想解放运动。根据中央"调整、改革、整顿和提高"的方针，大力充实加强小学，整顿提高初中，调整改革高中，恢复高考，发展高教。

1977 年和 1978 年两年间，邓小平发表了一系列讲话。邓小平指出"要实现现代化，关键是科学技术要能上去。发展科学技术，不抓教育不行。靠空讲不能实现现代化，必须有知识，有人才。……一定要在党内造成一种空气：尊重知识，尊重人才②。"邓小平在科学和教育工作座谈会上指出："科研是靠教育输送人才的，一定要把教育办好。……高等院校学生来源于中学，中学学生来源于小学，因此要重视中小学教育③。"此外，他主张恢复高考，要求学校培养好的学风，提高科学文化的教学水平，加强学校纪律。他极力提倡尊师重教，恢复职称评定以及提高教师待遇等。邓小平的这些意见，为解放思想，澄清是非，起到了非常重要的作用。全国各级各类学校很快恢复并建立了正常的教育教学秩序。

（二）改革开放政策的实施

1978 年 12 月，中国共产党第十一届三中全会冲破了长期"左"倾错误的严重束缚，做出了实行改革开放的重大决策，指出：实现四个现代化必须大力提高生产力，必须全面改变同生产力发展不相适应的生产关系与上层建筑，改革一切不适应的管理方法、活动方式与思想方式，在自力更生的基

---

① 1978 年 5 月 10 日，中共中央党校内部刊物发表了由胡耀邦审定的《实践是检验真理的唯一标准》一文，11 日《光明日报》以特约评论员名义刊登了此文，当天新华社转发，次日《人民日报》和《解放军报》同时予以转载，全国绝大多数省、自治区、直辖市的报纸也陆续予以转载。这篇文章阐述了马克思主义的思想路线，指出：检验真理的标准只能是社会实践，理论与实践的统一是马克思主义的一个最基本的原则，任何理论都要不断接受实践的检验；并阐明了革命导师是坚持用实践检验真理的榜样。这是从根本理论上对"两个凡是"的否定。这篇文章在全党引起了强烈反响，同时也遭到一些人的非议和谴责。从而引发了一场关于真理标准问题的全国性大讨论。

② 邓小平,1994.尊重知识,尊重人才.邓小平文选(第二卷).北京：人民出版社：40 - 41.

③ 邓小平,1994.关于科学和教育工作的几点意见.邓小平文选(第二卷).北京：人民出版社：
  50 - 54.

础上积极发展同世界各国之间平等互利的经济合作,努力采用世界先进技术与先进设备,并大力加强现代化所必需的科学与教育工作。这次会议也标志着我国改革开放的开始。

在改革开放开始后,中国的教育领域改革也同步推进。教育领域的改革开放在实践上有两个突破口:一是 1977 年恢复高等学校招生制度;二是 1978 年 1 月国务院批准教育部《关于办好一批重点中小学的试行方案》。恢复高等学校招生制度与加强重点中小学建设,既是批评"四人帮"和进行拨乱反正的切入口,也成为解放思想和改革开放的突破口①。在党的十一届三中全会精神鼓舞下,各级教育行政部门与学校加强了对外语教育的领导。外语界的人士则更进一步解放了思想,乘改革开放的东风,遵循实事求是及以实践检验真理的原则,认真贯彻了 1978 年全国外语教育工作座谈会的精神,做了大量的工作。

改革开放是邓小平理论的重要组成部分,是中国特色社会主义建设的一项根本方针,也是我国走向富强的必经之路。它不仅解放和发展了社会生产力,对中国的经济发展产生了巨大影响,也极大地促进了教育事业的发展。

二、教育理念追踪

(一) 教育必须为无产阶级政治服务,必须同生产劳动相结合

在新中国成立初期,毛泽东同志提出"劳动人民要知识化,知识分子要劳动化","教育必须为无产阶级的政治服务,必须同生产劳动相结合"。1958 年,这两个"必须"被中共中央、国务院在《关于教育工作的指示》文件中作为党的教育工作方针。"四人帮"被粉碎以后,在 1978 年全国教育工作会议的讲话中,邓小平同志又明确提出要进一步贯彻执行教育必须为无产阶级政治服务,必须同生产劳动相结合的党的根本教育方针。1978 年党的十一届三中全会以后,伴随着我国进入了改革开放的一个新的历史时期,中国教育事业迎来了改革发展的新机遇和新时代。党和国家的工作重点也随之转移到社会主义现代化建设上,中国特色社会主义教育方针也得到了进一步发展与完善。

1981 年,党的十一届六中全会通过了《关于建国以来党的若干历史问题的决议》,全面总结了新中国成立 32 年以来教育领域所获得的各种经验与教训。同时,根据当时我国建设社会主义现代化强国这一总体目标,提出

---

① 王炳照,2008.中国教育改革 30 年:基础教育卷.北京:北京师范大学出版社:5.

如下教育方针："坚持德智体全面发展、又红又专①、知识分子与工人农民相结合、脑力劳动与体力劳动相结合"，倡导用马克思主义的世界观、方法论和共产主义的道德与理想来教育人民，尤其是青年一代。1982 年颁布的《中华人民共和国宪法》明确规定，国家要培养青少年和儿童在德、智、体等方面全面发展。以上这些政策与文件对进一步恢复和发展我国的教育事业，尤其是对教育界的拨乱反正和正本清源发挥了非常重要的指导作用。

教育必须为无产阶级政治服务，必须同生产劳动相结合，实际上突出的就是教育为政治服务，在目标方面则是强调培养德、智、体全面发展的又红又专的劳动者。它揭示了一定的教育规律，如教育与政治之间的关系，红与专的关系，也反映了社会对人才的要求，以及人自身发展的要求。德、智、体全面发展，人人成为劳动者，体现了教育的公平性以及人与人之间的平等关系。但遗憾的是它对人的发展关注不够，也未能体现德、智、体三者之间的关系。

（二）教育要面向现代化，面向世界，面向未来

在描绘我国社会主义现代化建设的宏伟蓝图以及领导现代化建设的伟大实践中，邓小平同志始终把教育作为建设中国特色社会主义理论总战略的重要组成部分。1983 年，邓小平同志为北京景山学校题词，指出"教育要面向现代化，面向世界，面向未来②"，简称"三个面向"。这句话集中概括了他关于中国教育问题的一系列重要论述，也为新形势下开展教育工作提出了总的指导方针，最集中地总结了社会主义教育的本质和特征，给我们党的教育方针赋予了新的时代内容，反映了时代的要求和前景。"三个面向"也成为邓小平同志社会主义教育思想的精髓。

首先，教育要面向现代化，强调我国教育要与国家的经济建设和社会发展联系起来，必须大力改革和发展我国的教育事业，着力提升全民族的思想文化道德素养和科学文化水平，积极培养大批人才，建立适应社会主义现代化建设和发展所需要的良好教育体系，使教育更好地为我国社会主义现代

---

① "又红又专"指既具有较高的思想政治觉悟，又具有较高的专业知识水平。1957 年 10 月，毛泽东在最高国务会议第十三次会议上指出："知识分子要同时是红的，又是专的。"此后，"又红又专"作为一个约定俗成的成语，指品学兼优、德才兼备。邓小平在 1980 年中共中央军委常委扩大会议上说："今天上午我看了清华大学一个报告，清华大学提出一个很重要的问题，就是学生从到学校第一天起，就要对他们进行政治思想工作。学校的党团组织和所有的教员都要做学生的政治思想工作。他们这样做很见效，现在学校风气很好。清华大学的经验，应当引起全国注意。又红又专，那个红是绝对不能丢的。"详见邓小平，1994.邓小平文选（第二卷）.北京：人民出版社：290。

② 邓小平，1993.为景山学校题词.邓小平文选（第三卷）.北京：人民出版社：35.

化建设服务[①]。

其次,教育要面向世界,强调教育改革和发展不仅要着眼于国内,也要放眼整个世界。由于科学技术与生产力日新月异,各国间的教育、经济、政治及文化交流也日益密切,任何国家都不可能闭关锁国。这就要求必须在教育领域坚持改革开放,尤其要改革一切不适应我国现代化建设需要的旧观念、旧体制,结合中国国情,大胆地吸收和借鉴人类社会的一切先进成果,努力推进我国的教育现代化进程。

最后,教育要面向未来,强调教育要具有前瞻性。青少年不仅是中华民族的未来与希望,也是跨世纪的建设者和接班人。青少年的素质事关我国现代化建设的成败以及国家、民族的前途命运。因此,办教育必须具有长远的战略眼光,具有超前性及预见性,使教育事业本身具有长远的发展后劲。

总之,"三个面向"是邓小平同志教育思想最集中、最精练的概括,是教育领域改革开放的总的指导性纲领,是一个统一的不可分割的整体,其中,教育要面向现代化是基础与前提,面向现代化必然要求面向世界、面向未来。

三、重大教育举措

(一) 恢复高考制度

1976 年,我国正是百废待兴的时期,如何选择一个使国家由乱而治的突破口就显得至关重要。1977 年 8 月,邓小平同志主持召开了一个关于科学与教育工作的座谈会。此次会议决定将"文革"后期确定的"十六字"招生办法[②]改为"文革"前的"统一考试,择优录取",实现了对 1966 年取消高考的否定之否定。1977 年 10 月 12 日,国务院批转了教育部《关于 1977 年高等学校招生工作的意见》。文件规定:凡是工人、农民、上山下乡和回城知识青年、复员军人和应届毕业生,符合条件均可报考。从应届高中毕业生中招收的人数占招生总数的 20%—30%。考生要具有高中毕业或与之相当的文化水平。招生办法是自愿报名,统一考试,地(市)初选,学校录取。录

① 钟启泉,1996.试论邓小平"三个面向"的教育思想.广西大学学报(哲学社会科学版)(1):1-4.
② 1972 年 7 月 15 日至 8 月 9 日,国务院科教组在北京召开高等院校招生座谈会,会议总结交流了 1970 年、1971 年招收工农兵学员的经验,研究了 1972 年的招生工作,并对招生办法、政治审查、学员质量、加强领导等问题作出具体规定。1972 年,全国大多数高校开始招生。采取"自愿报名,群众推荐,领导批准,学校复审"的招生办法,选拔具有两年以上实践经验的优秀工农兵入学。详见舒云,2007.1949—1978:中国高考制度沉浮录.时代文学(6):21。

取原则是德智体全面衡量，择优录取。恢复统一考试，由省级命题。招生考试在冬季进行，新生春季入学。因此，中断了 11 年的中国高等学校招生统一考试制度得以正式恢复。1977 年冬和 1978 年夏高考参试总人数达 1 160 万人。

毋庸置疑，恢复高考是中国教育史上的一件大事。以统一考试、择优录取的方式选拔人才上大学，中国由此重新迎来了尊重知识、尊重人才的春天。从教育的方面来看，高考的恢复不仅极大地提升了高等教育的质量，而且使中国的人才培养也重新走上了健康的轨道，因为通过高考选拔出的学生素质与"文革"期间的有着天壤之别。从社会的方面看，统一高考不但为广大考生提供了一个平等参与竞争的机会与权利，使考生的积极性得到极大的激发，浓厚的学习氛围得以形成，而且为社会经济、政治的各项改革和发展夯实了良好的文化基础。

（二）颁发《全日制十年制中小学教学计划试行草案》

新中国成立 28 年来，教育战线取得了很大成绩。广大教育工作者为社会主义教育事业作出了巨大贡献。但是，"四人帮"的干扰破坏，使许多学校的教育工作实际上处于无计划、无要求、无制度的混乱状态，教育质量严重下降，使教育与社会主义事业发展不相适应①。"四人帮"被粉碎以后，教育重新获得了希望。"教育必须为无产阶级政治服务，必须同生产劳动相结合"得到认真贯彻，"使受教育者在德育、智育和体育几方面都能得到发展，最终成为有社会主义觉悟和有文化的劳动者"的教育方针得到落实，实现党的十一大提出的"采取强有力的措施，扩大和加快各级各类教育事业发展的规模与速度，提高教育质量"，制定统一的教学计划是实现这一任务的一项紧迫的重要措施。由于当时全国大多数地区的中小学都是十年制，1978 年 1 月，教育部印发了《全日制十年制中小学教学计划试行草案》，统一规定了全日制中小学学制为十年制，包括小学五年和中学五年。其中，中学五年按初中三年和高中二年分段，统一为秋季始业。小学开设 8 门课程，即语文、数学、外语、政治、自然常识、音乐、体育和美术；中学开设 14 门课程，即语文、数学、外语、政治、地理、历史、生物、物理、化学、生理卫生、农基、音乐、体育、美术②。

《全日制十年制中小学教学计划试行草案》的颁布对迅速扭转当时中小

---

① 课程教材研究所，1999.20 世纪中国中小学课程标准·教学大纲汇编：课程（教学）计划卷.北京：人民教育出版社：325.

② 同上，第 328 页。

学教育的混乱局面以及恢复正常的教学秩序和提高教学质量,均起到了极为重要的作用。但由于它是一个过渡性计划,不足之处较多,如学制过短,课时较少,没有选修课等。

(三)制定全日制六年制重点中学教学计划,重开选修课

1981年4月,教育部颁发作为指导性的教学计划《全日制六年制重点中学教学计划试行草案》,明确要求各省、自治区、直辖市教育厅(局)要结合我国中等教育的调整和结构改革,基于本地区的实际情况,包括一些民族地区的特殊情况,作出具体的规划,有步骤、有计划地进行改革。中学学制定为六年,初中三年,高中三年。多数地区争取在1985年前,把中学的学制改为六年制,要扎扎实实地打好基础,尤其是打好语文、数学、外语三科的基础。在打好基础的前提下,不仅要加强自然科学的教育,也要加强人文科学的教育。使学生掌握基础知识与基本技能的同时,学习能力得到培养,智力也得到发展。

与此同时,在高中二、三年级开设选修课,以适应与满足学生的爱好及需要,发展他们的特长,打好学习基础。针对如何开设选修课的问题,主要做了以下两种安排:一种是单课性选修,一种是分科性选修。单课性选修是对某些课程的选修。在周课时中,高中二、三年级各安排26节必修课和4节选修课。选修课的具体开设则根据学生和社会的需求以及各学校的现有基础条件而定,在此基础上可以另外开设新的课程,还可以就某一门或者某几门必修课开设内容加深和加宽的选修课,供广大学生选修其中一门或者两门课程,当然也可以不选。分科性选修是指学生在文科或者是理科方面相对来说有所侧重的选修。一般情况下,对文科比较有兴趣且基础较好的学生会侧重选修文科的课程,而对理科比较有兴趣且基础较好的学生会侧重理科的选修①。关于以上选修课的两种安排,都有一个准备的过程,由各地自行选择,而对于分科性的选修,各省、自治区、直辖市可以先在部分重点中学开展试验。

中学教育是基础教育,要妥善安排各门课程,适当加强语文、数学、外语的教学。中学课程开设语文、数学、外语、化学、物理、历史、地理、政治、生物、体育、音乐、美术以及生理卫生等。中学外语课开设英语、俄语以及日语等,一般以英语为主,主要是对学生进行听、说、读、写的语言基本训练,着重培养学生的英语阅读能力以及自学英语的能力,使他们切实打好一种外语

---

① 课程教材研究所,1999.20世纪中国中小学课程标准·教学大纲汇编:课程(教学)计划卷.北京:人民教育出版社:337.

的基础。对于那些条件比较好的学校可以适当地提高教学的要求，力求达到学生基本掌握一种外语。

（四）颁布《全日制十年制中小学英语教学大纲》

1978 年秋，教育部在北京召开了全国外语教育座谈会，并颁布了《加强外语教育的几点意见》，提出各级教育行政部门和学校领导必须充分认识外语教育的重要作用，要采取有力措施，加强对外语教育的领导，要努力在三五年内改变外语教育的落后面貌，尽快弥补"文革"十年给教育造成的损失①。1978 年和 1980 年的《全日制十年制中小学英语教学大纲（试行草案）》就是根据《全日制十年制中小学教学计划试行草案》编制的，均为 8 年 1 080 课时，5 年 656 课时。两个教学大纲的教学目的和要求、教学原则以及教学方法如表 1-1、表 1-2 所示。

表 1-1　1978 年全日制十年制中小学英语教学大纲（试行草案）节选

教学目的和要求	教学原则	教学方法
着重培养学生阅读和自学英语的能力，并培养一定的听、说、写和译的能力，为毕业后在三大革命运动中进一步学习和运用英语或进入高等学校学习打好基础。 通过 8 个学年的学习（小学三年级至高中二年级），要求学生掌握基本语音和语法，掌握 2 800 个左右的单词和一定数量的惯用词组，能借助词典阅读一般题材中等难度的读物，具有一定的听、说、写和译的能力。 通过 5 个学年的学习（初一到高二），要求学生掌握基本语音和语法，掌握 2 200 个左右的单词和一定数量的惯用词组，能借助词典阅读一般题材的浅易读物，具有初步的听、说、写和译的能力。	（一）正确处理英语教学中政治思想教育和语言教学的关系。 （二）正确处理英语教学中理论与实践的关系。 （三）正确处理听说与读写的关系。 （四）正确处理教与学的关系。	对语音教学、词汇教学、语法教学、课文教学、阅读教学以及直观教学、电化教学和外语环境等提出了具体的建议。

1981 年，教育部出台了《全日制六年制重点中学教学计划试行草案》，要求切实在中学阶段打好英语基础，并责成人民教育出版社草拟了《全日制六年制重点中学英语教学大纲（征求意见稿）》，要求从初中一年级起学习六年英语，词汇量须达到 2 700—3 000，还编写了初中六册、高中三册英语课本（试用本）。这个大纲与教材原本应限于重点学校实施，但是实际上却为全国所有学

---

① 刘道义，郑旺全，2018.改革开放 40 年中国基础英语教育发展报告.课程·教材·教法（12）：12-20.

校通用,被认为"深、难、重",在当时引起了强烈的反响。因此,这一大纲只是在 1982 年第 4 期的《中小学外语教学》上发表并征求意见,并没有正式颁布。

表 1-2　1980 年全日制十年制中小学英语教学大纲(试行草案)节选

教学目的和要求	教　学　原　则	教学方法
对学生进行听、说、读、写、译各方面的基本训练,一般侧重培养学生阅读和自学英语的能力,为进一步学习和运用英语打好基础。要求同 1978 年大纲。	(一)英语教学要注意研究、总结中国学生学习英语的规律。只有这样,才能提高教学效率,使学生循序渐进地学到合符(原文如此)规范的英语。 (二)中小学英语教学应重视培养学生实际应用英语的能力。 (三)学习一种外语,必须通过听、说、读、写、译的综合训练,才能较好地掌握。 (四)教师的主导作用在英语教学中应该特别加以强调。	同 1978 年大纲

第二节　基础教育英语课程的发展
(1985—1991 年)

众所周知,与发达国家不同的是,我国基础教育是在经济发展水平相对落后的情况下进行改革的,因而基础教育的发展在工作重点、难点和任务等方面呈现出不同的特点[①]。实施义务教育是我国基础教育工作的重点,抓住这项工作就保证了基础教育的基础地位,也就抓住了整个教育的大头。通过不同层次、不同类型及不同规模人才的培养,不仅对提高国民素质、推动社会的发展具有重大的现实意义,而且对教育事业自身的发展也具有同等重要的意义。1985 年 5 月《中共中央关于教育体制改革的决定》的颁布和 1986 年 7 月《中华人民共和国义务教育法》的实施使基础教育面临前所未有的发展机遇,基础教育英语课程也进入了快速发展的时期。

一、教育形势回眸

(一)《中共中央关于教育体制改革的决定》的颁布

1984 年 10 月 20 日,党的十二届三中全会在北京召开。这次全会是在

---

① 王炳照,2008.中国教育改革 30 年:基础教育卷.北京:北京师范大学出版社:18.

经过近 6 年改革开放实践基础上召开的一次重要会议。会议认真总结改革开放以来的经验，通过了《中共中央关于经济体制改革的决定》，为大力发展我国社会生产力和建设社会主义物质文明与精神文明开辟了广阔的道路。今后我国各项事业成败的一个关键在于人才，而要想解决人才的问题，就必须使我们的教育事业在经济发展的基础上有大的发展。随着经济体制改革的深入，教育体制与经济体制改革不相适应的矛盾愈来愈突出。我国教育体制的改革已迫在眉睫。

　　1985 年 5 月 27 日，改革开放以来全国第一次教育工作会议①在北京召开，并通过了《中共中央关于教育体制改革的决定》（以下简称《决定》）。《决定》明确指出，虽然我国的教育事业开始走上蓬勃发展的道路，但是，那种轻视教育、轻视知识和轻视人才的错误思想仍然存在，而且教育工作的"左"的思想影响还没有被完全清除，同时，教育与社会主义现代化建设需求不相适应的局面未得到根本改变。《决定》认为教育体制的弊端主要表现在以下方面：一是政府有关部门对学校（尤其是对高校）统得过死，使学校缺乏应有的活力，而应该管的事却没有很好地管起来；二是教育结构上基础教育薄弱，在教育思想、教育内容和教育方法上陈旧落后，均不同程度地脱离了经济与社会发展的需要，也落后于当代科学、文化、技术的发展。因此，《决定》同时认为，要从根本上改变此状况，必须系统地进行教育体制改革。一方面改革教育管理体制，在加强宏观管理的同时，实行简政放权，扩大学校办学自主权；另一方面，调整教育结构，并相应地改革劳动人事制度。此外，还要改革同社会主义现代化建设不相适应的教育思想、教育内容及教育方法。与此同时，《决定》确定教育改革的具体内容是大力实施九年制义务教育制度，努力将发展基础教育的责任及管理权限下放给各地方，改革高校招生与毕业分配制度，逐步实行校长负责制、撤销教育部、成立国家教育委员会等。

　　1985 年《中共中央关于教育体制改革的决定》的出台标志着我国教育体制改革全面启动。它既如实地反映了当时中国教育存在的实际问题，又提出了切实可行的方案，是指导中国教育改革的纲领性文件，对中国教育发

① 1985 年 5 月，党中央、国务院召开了改革开放后的第一次全国教育工作会议，这是教育界第一次空前的盛会。会议的中心话题是：学习中共中央、国务院领导人有关教育体制改革的重要讲话，讨论《中共中央关于教育体制改革的决定（草案）》，并结合各地各部门实际情况，研究贯彻执行的步骤和措施。5 月 27 日，《中共中央关于教育体制改革的决定》正式颁布，明确了教育和社会主义建设之间的关系，提出"教育必须为社会主义建设服务，社会主义建设必须依靠教育"的指导思想。自此，我国掀起了轰轰烈烈的教育改革大潮。

展和改革产生了历史性作用,在我国教育体制改革中具有里程碑式的重要意义。

(二)《中华人民共和国义务教育法》的实施

1985 年 5 月颁布的《中共中央关于教育体制改革的决定》明确提出,我们完全有必要也有可能把实施九年义务教育当作提高民族素质及国家兴旺发达的大事而明确地提出来,并积极动员全党和全国各族人民,尽最大的努力,有步骤地予以实施。1986 年 4 月 12 日第六届全国人民代表大会第四次会议顺利通过了《中华人民共和国义务教育法》(自 1986 年 7 月 1 日起施行),第一次把普及义务教育建立在专门法律的基础上,从而第一次使普及义务教育有了专门的法律保障,第一次使我国的基础教育走上了法律的轨道,使我国的义务教育迈入了一个新的发展时期。

义务教育,即依据国家法律规定对适龄儿童和青少年实施的一定年限的普及的、强迫的、免费的学校教育[①]。它是现代文明的一个重要标志,也是国家必须予以保障的公益性事业。为了发展我国基础教育,进一步促进社会主义物质文明与精神文明建设,根据宪法和我国实际情况制定了义务教育法。各省、自治区和直辖市要根据本地区的社会经济与文化发展的现实状况,确定推行义务教育的步骤,实行九年制义务教育。实行义务教育的目的是要提高全民族的基本素质,为国家培养大批有道德、有理想、有文化、有纪律的社会主义建设者,因此,必须贯彻落实国家的教育方针,努力提高基础教育的质量,全面发展儿童和青少年的品德、智力与体质等。国家、社会、学校以及家庭在有条件的地区要不分性别、民族和种族,依法保障广大适龄儿童和青少年(凡是年满六周岁的儿童)都有接受义务教育的权利。在那些条件不具备的地区,可以推迟到七周岁入学。义务教育包括初等教育与初级中等教育两个阶段,一般在普及初等教育的基础上普及初级中等教育,二者的学制由国务院教育主管部门所制定。对接受义务教育的学生国家免收学费,为帮助贫困学生就学,还设立了助学金。总之,地方各级人民政府必须努力创造条件,尽全力做好各种服务工作,使适龄儿童和青少年顺利入学接受义务教育。

《中华人民共和国义务教育法》的制定是我国首次把免费的义务的教育用法律的形式固定下来,标志着中国已确立了义务教育制度,我国基础教育发展到了一个新的阶段。它虽只有 18 条,但"国家实行九年制义务教育"从此成为法定义务,必将对中国义务教育的发展产生极为深远的影响。

---

① 　顾明远,1998.教育大辞典(增订合编本).上海:上海教育出版社:1896.

二、教育理念追踪

（一）教育必须为社会主义建设服务，同社会实践相结合

党的十一届三中全会以后，经过拨乱反正，党中央对教育工作相继作出了一系列新的英明决策，使我国教育事业得到了恢复，并走上了蓬勃发展的正确道路。但是，不幸的是，轻视教育、轻视知识和轻视人才的极端错误思想仍然广泛地存在。教育工作方面，"左"的思想①影响并没有完全清除，教育与社会主义现代化建设不相适应的局面并未得到根本扭转。尤其是面对我国对外开放和对内搞活以及经济体制改革全面展开的形势和世界范围的新技术革命的日益兴起，我国教育之落后及教育体制的弊端更加突出。这主要表现在以下几个方面：其一，在教育管理权限划分上，政府有关部门对学校（尤其是对高校）统得过死，使它们缺乏本应具有的活力，而政府应该管理的事情，却又没有很好地管起来；其二，在教育结构上，基础教育非常薄弱，如学校数量不足，质量不高，合格的师资及必要的教学设施奇缺；其三，在教育思想、内容和方法上，从小培养学生独立生活与思考的能力很欠缺，不少课程内容陈旧，教学方法死板，重理论轻实践，专业设置过窄等。

因此，中央认为，要从根本上改变这种状况，就必须对教育体制进行系统的改革。改革教育体制的根本目的就是提高民族素质，多出人才、出好人才。政府有必要把发展基础教育的责任交给地方，有步骤地实行九年制义务教育，必须加强领导，调动各方面积极因素，保证教育体制改革的顺利进行。因此，必须改革教育管理体制，加强宏观管理，实行简政放权，扩大学校的办学自主权，并积极调整教育结构，相应地改革劳动人事制度和同社会主义现代化建设不相适应的一切教育思想、内容与方法。

经过改革，要开创教育工作新局面，使我国基础教育得到切实的加强，高等学校的潜力与活力得到充分的发挥，使学校教育、学校外及学校后的教育并举，并能主动适应经济和社会发展的需要，为社会主义现代化建设服务。1985 年 5 月，邓小平在教育工作会议上发表讲话，强调了教育与社会主义建设互相依赖的关系，"教育必须为社会主义建设服务，社会主义建设必须依靠教育②"。

---

① 哲学上认为，主观和客观相统一、理论与实践相结合的理论就是正确的认识，如果执行的路线、方针、政策符合当时的实际，就是正确的；如果超越了当时的客观实际，做了条件不成熟的事情就是左倾盲动（冒险）主义；如果落后于当时的实际，条件成熟了还不去做某种事，一般叫右倾保守（投降）主义。

② 中共中央文献研究室，1990.邓小平同志论教育.北京：人民教育出版社：148.

（二）义务教育应是基础性、普及性、发展性教育

1986年4月，根据宪法和我国的实际情况，国家制定了《中华人民共和国义务教育法》，实行九年制义务教育，目的在于发展基础教育，建设社会主义物质文明和精神文明。义务教育必须贯彻国家的教育方针，培养有理想、有道德、有文化、有纪律的社会主义建设人才，努力提高教育质量，全面发展儿童、少年的品德、智力和体质等，提高全民族的整体素质。在国务院领导下，义务教育事业实行地方负责，分级管理。根据社会主义现代化建设的需要以及儿童、青少年身心发展的状况，由国务院教育主管部门确定义务教育的教学制度、教学内容和课程设置，审订教科书，体现义务教育的基础性、普及性、发展性。首先，由于义务教育是国家为每个适龄儿童提供的基础教育，因此，课程应该适应儿童发展的不同需要，为他们提供均等的就学机会，保障他们法定的受教育的年限。其次，义务教育是旨在提高全民族素质的教育，是为每一个学生今后的发展与从事终身学习打基础的教育，它不是选拔教育和精英教育，因此，它的课程内容与要求不能被任意扩大或拔高，而应该是基础的、有限的以及具有发展性的。再次，义务教育不是终结性的教育，而是为每一个学生未来的终身学习打基础的教育，因此，课程应该有利于学生自主、多样和可持续的发展，要为学生全面、丰富的发展留有充分的时间与空间。

我国幅员辽阔，经济文化发展极不平衡。尤其是基础教育的落后同我国建设富强、民主、文明的现代化国家之间存在着尖锐的矛盾。因此，义务教育的要求和内容应因地制宜，有所不同。全国可大致划分为以下三类地区：其一是约占全国人口1/4的城市与沿海各省中的经济发达地区以及内地少数发达地区。在此类地区中，相当一部分已经普及了初级中学，其余部分应抓紧按质按量地普及，力争在1990年左右完成；其二是约占全国人口一半的中等发展程度的镇和农村。在这些地区，首先应按质按量普及小学教育，同时也要积极准备条件，力争在1995年左右普及初中阶段的普通教育；其三是约占全国人口1/4的经济落后地区。在这些地区，应随着社会经济的发展，采取各种各样的形式积极开展不同程度的普及基础教育的工作。对这类地区教育的发展，国家应尽力予以支持①。

与此同时，建立一支合格、稳定的师资队伍，对实行义务教育及提升基础教育水平具有重大意义。为此，必须采取各种措施提高中小学教师的社会地位，鼓励他们终身从事教育事业；必须对现有的教师进行定期的培训和考核，尤其要把发展师范教育与培训在职教师作为发展教育事业的重要战

① 郭齐家，雷铣，1995.中华人民共和国教育法全书（修订本）.北京：北京广播学院出版社：66.

略举措；必须为在职教师举办函授及广播电视讲座，并切实办好教师进修学校，利用已有设施，分期分批地轮训教师，力争在五年左右使绝大多数教师能胜任相应的教学工作。

三、重大教育举措

（一）颁布《义务教育全日制小学、初级中学教学计划（试行草案）》

1986 年，全国人大通过了《中华人民共和国义务教育法》。为实施义务教育，国家教委于 1988 年颁发《义务教育全日制小学、初级中学教学计划（试行草案）》，后来这一草案于 1992 年被更名为《九年义务教育全日制小学、初级中学课程计划（试行）》。该教学计划适用于小学六年和初中三年的"六三制"、小学五年与初中四年的"五四制"以及"九年一贯制①"，也适用于小学五年与初中三年的过渡学制。课程计划第一次将小学和初级中学的课程统一设计，并且根据各学校学制的不同情况，课程计划中的课程表分为"六三制"和"五四制"两种。在课程表中将全部课程分为两大类：学科类和活动类，课程表中还留有地方安排课程。

1988 年发布的《义务教育全日制小学、初级中学教学计划（试行草案）》强调遵循"教育必须为社会主义建设服务，社会主义建设必须依靠教育"的指导思想。在全日制小学和初中教育中，按照国家对九年制的要求，必须贯彻德智体美全面发展的方针，实行教育与生产劳动相结合，使儿童和少年接受比较全面的基础教育，努力提高全民族的基本素质，为国家培养各级各类的社会主义建设人才以及为培养有理想、有道德、有文化、有纪律的社会主义公民奠定初步基础。

《义务教育全日制小学、初级中学教学计划（试行草案）》同时贯彻了"三个面向"的精神，遵循儿童身心发展之规律，并结合我国教育与社会发展的实际，突出了基础性、全面性、时代性和人文性，对课程与教材的发展起到了积极的推动作用。一方面，它确立了科学、明确的培养目标体系，对于课程编制、课程评价及教育教学实践都具有重大意义。另一方面，它使课程的统一性、灵活性和多样性进一步结合起来。在坚持统一性的基础上，既增强了课程的弹性，又

---

① 中国学制中的一种。指小学 5 年，中学 4 年（初中 2 年、高中 2 年）的一至九年级的学制。自 1958 年 9 月始，中国各地进行缩短中小学学制的改革试验，少数地方的少数学校开始试行中小学九年一贯制。不久试验停止。"文革"期间，许多地方又将中小学合并为九年一贯制学校。1978 年 1 月，教育部颁发《全日制十年制中小学教学计划试行草案》，并规定多数农村地区的九年制中小学，应有计划地使一部分具备条件的学校逐步过渡为全日制十年制学校。参见顾明远，1998.教育大辞典（增订合编本）.上海：上海教育出版社：834。

体现出它的灵活性与多样性。此外,它使课程结构与学科比重更趋于合理。例如,活动课程首次被列入课程计划之中;在分科课程为主的前提下,开设了部分综合课程;适当调整了各类学科的课时比例等①。可以说,正是由于这一计划的正确指导,各种高质量的义务教育教材才得以问世。

同时,根据1988年发布的教学计划,国家教委组织编订了二十四个学科的教学大纲(初审稿)。

(二)改革教材编审制度,成立中小学教材审定委员会

教材是反映课程与教学内容的重要媒体,是实现一个国家的教育目的和培养目标的重要手段。教材制度的改革,不仅集中反映了课程管理制度的变化,而且直接关系到课程与教学改革的成败②。新中国成立以来,我国的中小学教材一直采用国定制,即由国家指定教科书的编写与出版,并以行政指令的方式,规定教科书的使用。事实证明,在特定的历史时期,我国长期实行的这种大一统的教材编审制度,起到了积极作用。在新中国成立之初,这种制度有利于将有限的物力与智力优势集中起来,从而提高教材的质量。与此同时,这种制度对于巩固新政权,清除残余的封建文化的影响无疑具有积极的意义。在"文化大革命"结束后,这种制度不仅有利于清除"左"的余毒,而且有利于迅速恢复正常的教学秩序。然而,这一形式已不适应改革发展的需要,因此,必须破除。

邓小平同志在1977年8月8日发表的《关于科学和教育工作的几点意见》中指出:"关键是教材。教材要反映出现代科学文化的先进水平,同时要符合我国的实际情况③"。同年,根据当时的教学大纲,人民教育出版社编辑出版了一套中学英语课本。这套教材在当时的拨乱反正中发挥了历史性的作用。

为了适应教材改革的需要,加强教材建设工作的领导和管理,1983年教育部决定成立中小学教材办公室。1985年5月,《中共中央关于教育体制改革的决定》颁布,明确规定了要改革与现代化建设不相适应的教育思想、教育内容和教育方法。为了解决这个矛盾,不少地方自编了一些学科的实验教材,为繁荣我国教材事业作出了贡献。为了在已有教材的基础上编出适应不同地区需要的不同风格的教材,实现教材的多样化,国家教委对教材的编审制度进行了改革,即把教材的"编"和"审"分开。1986年9月,国

---

①　靳玉乐,王牧华,2000.新中国中小学课程教材建设五十年.西南师范大学学报(人文社会科学版)(6):123-128.

②　张传燧,2008.课程与教学论.北京:人民教育出版社:459.

③　邓小平,1994.关于科学和教育工作的几点意见.邓小平文选(第二卷).北京:人民出版社:55.

家成立了"全国中小学教材审定委员会"，全面负责中小学的教材审定工作。教材审定委员会主要有以下几项工作职责：① 负责审定各学科的教学大纲及其教材；② 负责指导各学科教材审查委员会的工作，解决教学大纲与教材审查中提出的各种问题；③ 负责指导教材的评优工作。

　　1986 年 9 月，全国中小学教材审定委员会和各学科教材审查委员会成立，国家教委明确推出了我国中小学教材建设的基本方针，即在统一教学基本要求的前提下，有领导、有计划地实行教材多样化，标志着我国中小学教材由"一纲一本"的"国定制"改革为"一纲多本"的"审定制①"，有力地保证和促进了教材建设的多样化进程，有利于九年义务教育的全面实施和素质教育的整体推进，这是我国教材建设史上的重大变革，具有划时代的意义。

　　1986 年 11 月，根据"适当降低难度，减轻学生负担，明确教学要求"的原则，教材审定委员会通过了经过修改的《全日制中学英语教学大纲》。人民教育出版社根据大纲的精神，听取了广大师生对当时通行的教材的意见，对教材作了适当的修订，降低了难度。人教社同时还出版了高中起始的英语教材。

　　为进一步完善教材编审制度，国家教委于 1987 年 10 月颁布《全国中小学教材审定委员会工作章程》及其附件《中小学教材审定标准》与《中小学教材送审办法》。在全国统一的教学计划和教学大纲的前提下，鼓励各地方、单位和个人编写教材；鼓励在内容选择与体系安排方面风格各异的教材；鼓励那些能适应不同地区和不同水平的民族及乡土教材等②。这些各具特色的教材形成了相互竞争的机制，在优胜劣汰的原则下，不断推动教材的更新及发展。

（三）加强普通高中的选修课建设

　　普通高中虽然不是义务教育，但仍然是基础教育，是较高层次的基础教育。因此，普通高中的课程教材仍然要注重基础性。所谓基础性，就是普遍性、一般性、通用性。加强基础性，恰当地把握教材的基本水准，是确保普通高中学生素质全面发展的前提③。我国从 1919 年开始推行选修制。新中国成立之初，全盘搬用苏联的课程模式，只设必修课程而排斥选修课程。后来鉴于这种课程的弊端越来越突出，1963 年教育部颁布的教学计划规定在

---

① "审定制"是指中小学教材的研究编写、审查、出版、发行、选用等方面，在国家统一基本要求的前提下实行多样化的一种制度。即允许并鼓励具有教材编写资格的机构和出版部门依据国家课程标准组织编写中小学教材，提倡编写具有不同风格的教材，经国家中小学教材审定委员会审查通过，便可向全国推荐，由各地选用；经省级教材审查委员会审定的，推荐在相应的省区选用。

② 刘道义，2008.基础外语教育发展报告(1978—2008).上海：上海外语教育出版社：18 - 19.

③ 吴履平，1994.基础教育教材改革的研究.课程·教材·教法(10)：10 - 13.

高中三年级设置选修课。但由于当时客观条件的限制,结果只有极少数学校在这方面进行了实验,而且实验也未能坚持下去①。在教育部 1981 年 4 月颁布的《全日制六年制重点中学教学计划试行草案》中,规定高中二、三年级各安排 4 种选修课,对选修课内容、科目都不作规定,学生可选也可不选。国家教委在 1990 年 3 月颁发了《现行普通高中教学计划的调整意见》,目的是解决当前普通高中存在的文理偏科,学生知识结构比例不尽合理,学生课业负担过重,不利于全面提高学生素质的问题,以增强学生适应社会生活和生产的能力。调整后的课程结构包括学科课程和活动课程两个部分,其中学科课程采取必修课与选修课两种形式,而活动则包括课外活动与社会实践活动两种。

选修课允许学生根据自己的志向和兴趣进行选择学习。无论是学术性选修课、技术性选修课还是趣味性选修课的开设,都有利于促进学生富有个性的发展,也为教师提供了一个拓宽专业知识、更新知识结构的发展平台②。长期以来,普通高中课程改革的一项重要任务在于加强选修课的建设,逐步规范和完善选修课的设置,因为各地教育行政部门与学校都缺乏对选修课的设置及管理经验,使选修课成了普通高中课程结构中的一个薄弱环节。当前,为了使《现行普通高中教学计划调整意见》得到更好的执行,使各地各校更好地开设选修课,在我国尚未制定普通高中选修课指导纲要之前,以下意见供各地参照执行。

1. 选修课开设的目的:开阔学生视野,拓宽其知识面,更好地发展他们的兴趣与特长,发挥他们的潜力,培养其自觉钻研、积极进取的精神,以更好地适应社会多方面的需要,为他们高中毕业后的升学或就业打好基础。

2. 选修课开设的原则:加强学生的思想政治教育,培养他们的无产阶级世界观与人生观;满足学生的不同兴趣爱好,发展学生的特长,充分体现因材施教的原则,提高学生的整体素质;课程要适应社会生产与社会生活需要,适应部分学生进入高一级各类学校的需要。选修课的开设要从实际出发,根据国情、省地情况和学校情况而定③。

3. 选修课的内容与开设方式:① 高中一、二年级开设的选修课分成以下三种类型。一种是与必修课相关的选修课,另一种是知识类选修课,与必修课不直接相关,还有一种是技术类选修课。各地、各校要统筹安排上述三种选修课,不能只开设其中的一种,而忽视其他的。② 高中三年级开设的

① 钟启泉,2003.课程与教学概论.上海:华东师范大学出版社:127.

② 王炳照,2008.中国教育改革 30 年:基础教育卷.北京:北京师范大学出版社:136.

③ 课程教材研究所,1999.20 世纪中国中小学课程标准·教学大纲汇编:课程(教学)计划卷.北京:人民教育出版社:368.

选修课，主要包括两种类型，一是分科性选修课，二是技术与职业类选修课。前者包括文科类、理科类、艺术类、体育类和外语类，后者主要对学生进行职业预备教育，目的是为他们做好就业所需的各种技能、知识以及心理准备。

此外，《现行普通高中教学计划调整意见》还就选修课的师资、教材、设备、场所和管理等方面提出了意见。

选修课是为满足学生多样化的需求而开设的课程。由于专业的局限性，必修课不可能容纳各门学科的知识，因此，以学生的兴趣爱好为出发点的选修课可以在一定程度上弥补必修课知识广度不足的缺陷，激发学生的学习热情，拓展思维能力，完善知识结构，发展学生的个性，以增强其社会适应能力。同时选修课的开设对完善教师的知识结构，提高教师的业务水平和课程开发能力，增进教师间的了解和促进专业融合也具有重要的意义。

（四）颁布《全日制中学英语教学大纲》

1985 年教育部组织力量修订了教学大纲，形成了 1986 年的《全日制中学英语教学大纲》，其框架结构与 1978 年和 1980 年的基本相同，所不同的是没有小学部分，但增加了全日制中学高中一年级起始英语课的教学目的、要求和安排，附上了中学要求掌握的 2 000 个词汇。课时方面规定初中起始 6 年 932 课时，高中起始 3 年 552 课时。与以往大纲相比，1986 年的教学大纲的目的和要求更加符合实际，教学原则也更具有改革思想①。教学大纲的教学目的和要求、教学原则以及教学方法如表 1-3 所示。

表 1-3　1986 年全日制中学英语教学大纲节选

教学目的和要求	教学原则	教学方法
对学生进行听、说、读、写的基本训练，培养学生在口头上和书面上初步运用英语的能力，侧重培养阅读能力，为进一步学习和运用英语切实打好基础。初中起始 6 年和高中起始 3 年学习期满时，要求学生掌握基本语音和语法，学会 1 800—2 000 个单词和一定数量的短语和习惯用语，能借助词典独立阅读难度略低于课文的一般题材的读物，具有一定的听、说、写和译的能力。要求初中起始学习 6 年的学生还要具有一定的听、说、写的能力。	（一）遵循语言教学规律，寓思想教育于语言教学之中（二）精讲语言基础知识，着重培养学生运用语言进行交际的能力（三）综合训练，阶段侧重（四）尽量使用英语，适当使用母语（五）发挥教师的主导作用，调动学生的积极性（六）提高课堂教学质量，指导学生开展课外活动	对听说教学、读的教学、写的教学、课文教学、语音教学、词汇教学、语法教学、测试方法等提出了建议。

---

① 刘道义，郑旺全，2018.改革开放 40 年中国基础英语教育发展报告.课程·教材·教法(12)：12-20.

1990 年,国家教委了解到当时学生课业负担过重,学科内容偏多,教学要求偏高,因此对中学语文、数学、外语等八科教学计划和大纲提出了调整意见,印发了《现行普通高中教学计划的调整意见》,要求将普通高中课程分为必修课和选修课两部分,英语学科的课时有所减少。1990 年颁布的《全日制中学英语教学大纲(修订本)》规定的课时为初中起始 5 年 806 课时,6 年 926 课时,高中起始 3 年 552 课时。这一大纲的教学目的、教学原则和教学方法都与 1986 年大纲相同。在教学要求方面略有降低,规定从初中一年级起始学到高中二年级结业时,除 1986 年大纲规定的要求外,应学会 1 800 个单词;在高中三年级(选修)结束时,应学会 2 000 个单词。从高中一年级起始 3 年学习期满时,学会 1 800 个单词。依据此大纲培养出来的高中生在进入高等院校时,已有一定的英语基础,从此结束了大学英语必须从"ABC"开始教的状况。

第三节　基础教育英语课程的调整
(1992—2000 年)

素质教育是发展人的身心最基本品质的教育,主张教育的目的在于提高劳动者素质、国民素质和民族素质,要求整个教育从教育的目的、目标、结构、内容、方法到模式全方位地实现三个转变①:一是把单纯培养少数拔尖学生成才转变为提高全体学生的素质;二是把单纯注重智育转变为注重德、智、体、美、劳的全面发展;三是把基础教育片面地为升学服务转变为为社会主义现代化建设服务。为了实现党的十四大所确定的战略任务,1993 年 2 月中共中央、国务院颁布了《中国教育改革和发展纲要》,明确指出:"中小学要由'应试教育'转向'素质教育'的轨道……"为适应"应试教育"向"素质教育"转轨,基础教育英语课程在经历了快速发展的阶段以后,有必要进行相应的改革和调整,以减轻学生的学习负担。

一、教育形势回眸

(一)《中国教育改革和发展纲要》的颁布

党的十四大明确提出必须把教育摆在优先发展的战略地位,努力提高全民族的思想道德和科学文化水平。为了实现这一战略任务,指导未来教育的改革和发展,使我国教育更好地为社会主义现代化建设服务,1993 年 2

---

① 顾明远,1998.教育大辞典(增订合编本).上海:上海教育出版社:1494.

月,中共中央、国务院颁布了《中国教育改革和发展纲要》(以下简称《纲要》)。这是新时期教育改革和发展的第二个纲领性文件。《纲要》总结了新中国成立 40 多年来教育发展的经验,充分体现了邓小平的教育思想,强调了科学技术是第一生产力,经济建设必须依靠科技进步和提高劳动者素质,科学技术人才的培养基础在教育等观念。《纲要》突出了教育发展的"优先地位"和"基础位置",把党的十四大提出的任务进一步具体化、目标化,使教育为社会主义现代化建设服务的方向更加明确。

《纲要》共分六大部分 50 条,内容全面系统。它深入分析了教育面临的形势和任务,提出了教育事业发展的目标、战略和指导方针,还提出了深化教育体制改革、全面贯彻教育方针、全面提高教育质量、加强教师队伍建设和解决教育经费等问题的方向、原则、策略和措施。《纲要》还将 20 世纪末我国教育事业发展总目标设定为使全民受教育水平有明显提高;广大城乡劳动者的职前与职后教育有较大发展;各级各类专门人才的拥有量基本能满足现代化建设的需要;逐步形成具有中国特色及面向 21 世纪的社会主义教育体系基本框架。这就使各级政府和各级教育行政部门办教育有了一个可以依据、操作的总体规划①。

邓小平同志曾经指出,实现四个现代化,科学技术是关键,基础在教育。因此,为了完成党的十四大确定的主要任务,必须把经济建设转移到依靠科技进步及提高劳动者整体素质的轨道上来。《纲要》还强调,基础教育是提高我国民族素质的奠基工程,必须大力加强。各级政府一定要认真贯彻执行好《中华人民共和国义务教育法》和实施细则,从本地区的实际出发,努力把普及九年制义务教育的目标落到实处。一定要建立检查、监督和奖惩制度,以确保义务教育法的贯彻执行。各级政府、社会和家长一定要认真履行义务,保证适龄儿童入学,制止学生辍学。对那些招用学龄儿童和少年就业的组织和与个人,必须坚决依法进行制裁。要全面提高学生的思想道德素质、科学文化素质、劳动技能素质及身体心理素质,由"应试教育"逐步转向全面提高国民素质之轨道,以促进学生全面发展。此外,普通高中的办学体制和办学模式也应该多样化。

总之,《中国教育改革和发展纲要》是一个跨世纪的教育改革和发展的蓝图,是建设中国特色社会主义教育体系的纲领性文件。认真贯彻实施《纲要》,是各级党委和政府的重要职责,是各级教育行政部门和各级各类学校的中心任务。

---

① 郭齐家,雷铣,1995.中华人民共和国教育法全书(修订本).北京：北京广播学院出版社：56 - 59.

(二)《关于全面贯彻教育方针,减轻中小学生过重课业负担的意见》的发布

1994 年 11 月,国家教委发布了《关于全面贯彻教育方针,减轻中小学生过重课业负担的意见》的文件,明确指出中小学生课业负担过重,是一个引发全社会普遍关心却始终得不到解决的问题①。尤其是近几年来,党中央、国务院多次明确要求应采取措施加以解决。国家教委也制定了若干规定,各地、各级教育行政部门和学校也做了大量的工作,并取得了一定的成效。尽管如此,在许多地方,学生学习负担仍然过重。这一问题仍然较为严重,必须给予高度的重视,并切实解决。

首先,要解决中小学生课业负担过重的问题,关键在于努力更新教育观念,转变教育思想。一般来说,中小学生课业负担过重的问题突出地表现在以下几个方面:① 有些学校超纲授课,随意增加教学课时,不仅作业量大,而且考试频繁,各种复习资料泛滥;② 社会上出现了名目繁多的各种竞赛、奥赛班以及读书与评奖等活动;③ 有些领导部门不断向下属教育部门和学校下达各种升学指标等。这些做法无情地剥夺了儿童与青少年的童心和乐趣,极端地扭曲了基础教育的性质和任务,严重地束缚了儿童、青少年全面的、生动活泼的发展,严重违背了教育教学的基本规律,极大地制约了基础教育质量的全面提高。究其原因,最主要的是教育观念落后,教育思想不端正,没有真正地贯彻与执行党和国家的教育方针。

事实上,基础教育作为提高国民素质的奠基工程,必须全面地贯彻党的教育方针,克服长期形成的"应试教育"模式,坚决纠正片面追求升学率的错误倾向,提高学生的思想道德、身心素质、科学文化以及劳动技能等,努力促进儿童、青少年健康地成长。要端正办学思想,以"三个面向"为指针,培养出具有爱国情感,适应社会生活并勇于创新的一代新人。特别是当我们对一所学校的教育质量进行评价的时候,不能盲目地依据其升学率的高低,而应该更多地关注它是否完成了基础教育的根本任务,并使全体学生在德育、智育、体育诸方面都能够得到发展。

其次,毫无疑问,教育改革才是解决中小学生课业负担过重这一问题的根本出路。例如,搞好中等教育结构改革,实行小学、初中及高中后的"三级分流②",同时,大力发展各种层次的职业教育,尤其是中等职业教育,从宏

---

① 课程教材研究所,1999.20 世纪中国中小学课程标准·教学大纲汇编:课程(教学)计划卷.北京:人民教育出版社:388.

② 国务院《关于〈中国教育改革和发展纲要〉的实施意见》对分流做了如下阐述:"有计划地实行小学后、初中后、高中后三级分流,大力发展职业教育,逐步形成初等、中等、高等职业教育和普通教育共同发展、相互衔接、比例合理的教育系列。"

观上努力解决中小学教育中广泛存在的"应试教育"问题。为此，一方面，我们要对教学内容和教学方法进行改革。各级教育行政部门都要以实行新工时制作为重要契机，认真地落实调整后的中小学课程计划。教材应该要贯彻"少而精"的原则，面向绝大多数学生，体现素质教育的特点与要求。教学要因材施教，充分调动起广大学生的学习积极性，努力提高课堂教学的效率。另一方面，要积极推动招生考试制度的改革，将小学毕业考试的权限逐步下放给学校。对于已经普及初中教育的地方，应该落实小学毕业生免试就近入学政策。除此之外，还要进一步加大高考制度的改革力度，大力加强教师队伍的建设，不断提高师资队伍的整体素质和教学水平。

再次，解决中小学生课业负担过重的问题必须加强领导和管理。各级教育行政部门要身先士卒，加强领导和管理，强化干部和教师的法治及纪律观念，推动各项政策、规定的贯彻与落实。

二、教育理念追踪

（一）基础教育应从"应试教育"向"素质教育"转轨

素质是指个人先天具有的解剖生理特点，包括神经系统、感觉器官和运动器官的特点，其中脑的特性尤为重要。它们通过遗传获得，故又称遗传素质，也称禀赋①。素质教育是指依据国家教育方针，着眼于学生与社会长远发展的要求，其根本宗旨在于全面提高学生的基本素质，注重学生的态度与能力的培养，促进他们在德智体等方面全面发展为基本特征的教育②。可见，素质教育是针对我国存在的"应试教育"倾向而提出的。"应试教育"是我国教育实践中客观存在的严重偏离学生及社会发展根本需要，单纯为应付考试和片面追求升学率的一种教育倾向。著名学者张楚廷先生指出，素质教育乃是对当代中国教育沉思的结果，它并不是对过去教育的否定，而是对"应试教育"中过分功利的充分的否定③。

在教育观念上，素质教育着重强调基础教育发展人的功能而不是挑选人的功能。1980 年代中后期，我国基础教育出现了一种单纯为应付考试和片面追求升学率的倾向。这种倾向在 1990 年代后愈演愈烈。究其原因，主要在于教育系统自身缺乏一种强有力的以及对整个基础教育健康发展具有主导作用的正确教育观。素质教育关于基础教育的功能在于发展人而非挑

①　教育大辞典编纂委员会，1990.教育大辞典（第 2 卷）.上海：上海教育出版社：1494.

②　参见国家教委 1997 年 10 月《关于当前积极推进中小学实施素质教育的若干意见》。

③　张楚廷，2000.教育论.长沙：湖南教育出版社：272.

选人的观点,体现了马克思主义基本思想,有利于基础教育冲破传统教育思想观念的束缚,校正基础教育发展运行的方向以及为应试教育向素质教育转轨,提供了思想基础及观念支持。

从根本意义上来讲,实施素质教育就是要优化教育教学过程,并将其作为实施素质教育的一个核心任务。从应试教育向素质教育的转变,已成为当前基础教育的一个中心议题,因为对应试教育和素质教育的讨论已不仅仅是停留在要不要考试,抑或是片面重视知识教育还是重视学生全面素质的培养这种较为简单的层面上了。事实上,应试教育并没有完全忽视培养学生的知识与技能,且考试能力本身可以说是一种广义上的素质。在从应试教育向素质教育的转变过程中隐含着一种更为重要的教育理念,即关键是在于人的发展。学生的发展与教育的关系在于:学校教育更应该被看作是学生发展的一个基本内容与目标,而不再是发展的手段或作为生产性的手段。此种教育理念或许可以概括为"学生为本①",其根本目的在于充分地发展与展现学生的能力。素质教育的核心内涵与真实意义正在于此。

由此,毫无疑问,有必要转变基础教育的发展观念与目标定位。作为培养全民科学文化素质的一个相对独立的基础阶段,基础教育应着力转变过去把基础教育作为人才培养的观念,将"成才"教育转变为"成人"教育。基础教育应遵循中小学学生心理与生理发展的规律及特点,为学生个性充分自由的发展以及创造力、想象力的培养提供足够的时间和空间,着重培养学生适应社会需要的基本能力与素质,改变以智育为中心的应试教育模式,使学生养成作为一个现代社会的人所必须具备的基本道德规范与行为规范以及基本的知识与技能,满足学生的身心健康、知识与技能的合理而平衡发展,使素质教育真正得到落实,并成为中小学校教育的中心任务。

(二) 基础教育应着力提高整个中华民族的思想道德素质和科学文化素质

党的十一届三中全会以来,随着解放思想、实事求是思想路线的重新确立以及拨乱反正工作的推进,我国教育工作得到了迅速的恢复。以市场经济为取向的改革及日益扩大的对外开放使传统教育观念、内容和方

---

① 亦称"学生中心"。强调学习过程的重要性,要求教学过程适应学生身心发展规律,教师只是处于辅导地位,把教学过程看成是形成真诚、接受、理解的心理气氛的过程,是人际关系彼此作用的过程。参见教育大辞典编纂委员会,1990.教育大辞典(第 2 卷).上海:上海教育出版社:1808。

式等面临新的挑战。经济体制改革既带来了人们利益关系的大调整，也使价值观念得以更新。在竞争观念、求实观念、时间观念、效益观念、质量观念及主体意识不断增强的同时，诸如拜金主义、享乐主义与极端个人主义也开始滋长。这些消极甚至是腐朽的思潮冲击着人们的心灵。诸如"人的本质就是自私""我只服从我自己""自由就是自我的主观选择"等命题几乎成为一些青年的座右铭。为此，邓小平同志曾经指出："实行开放政策必然会带来一些坏的东西，影响我们的人民。要说有风险，这是最大的风险。我们用法律和教育这两个手段来解决这个问题①。"

事实证明，教育工作的滞后性，将直接影响整个民族的思想道德和科学文化素质的提高。当今世界范围内的各种竞争实质上是人才素质的竞争。我国社会主义及改革开放能否坚持，国家能否长治久安，从一定意义上说，关键也在于人及其素质。因此，提高中华民族思想道德素质，培养具有高尚的情操与奉献精神的跨世纪人才就显得尤为迫切与必要。1976 年以后，为提高中华民族思想道德及科学文化素质，邓小平同志自告奋勇抓教育。他不仅大力倡导"尊重知识、尊重人才"，还对教育工作提出了许多科学、精辟的论述，形成了丰富的教育思想。他运用马克思主义的发展观，从我国改革开放与建设中国特色社会主义的实际出发，提出"以经济建设为中心"的教育指导方针，明确指出教育工作必须服从和服务于经济建设，还对以"阶级斗争为纲"的教育思想进行了批判。

关于培养什么人的问题是教育工作的最根本问题。针对"文化大革命"与资产阶级自由化给人们思想上所带来的严重危害，邓小平曾经明确指出："我们提出要教育人民成为'四有'人民，教育干部成为'四有'干部。'四有'就是有理想、有道德、有文化、有纪律②"。以上论述为新时期教育工作究竟该培养什么样的人指明了正确方向。与此同时，他还进一步指出青少年是国家、民族之未来，因此，教育和培养好他们，不仅是社会主义建设事业的伟大奠基工程，也是广大人民群众的热切期望与美好心愿，因为学生的思想道德与科学文化素质将直接关系到中国的未来。

三、重大教育举措

（一）调整中小学课程（教学）计划，减轻学生学习负担

新中国成立以来，中小学生学习负担过重的问题长期困扰着基础教育

---

① 邓小平，1993.拿事实来说话.邓小平文选（第三卷）.北京：人民出版社：156.
② 邓小平，1993.用中国的历史教育青年.邓小平文选（第三卷）.北京：人民出版社：205.

事业的发展和党的教育方针的全面贯彻,已经给中小学生的健康成长造成了很大的影响。社会上出现了"救救孩子"的呼声,青少年发出了"还我童年,还我青春"的强烈呼唤。学生负担过重主要表现在课时较多、考试频繁、复习资料过多过滥、作业量过大等方面。中小学生负担过重的原因是多方面的。教育部原部长陈至立认为,造成中小学生课业负担过重的原因是:我国教育总体水平偏低,教育观念落后,教育结构、教育规模不能完全满足人民群众日益增长的教育需求,劳动人事和招生考试制度存在缺陷,就业竞争引发了升学的竞争。各种因素的综合作用,使我国的中小学生背上了沉重的负担。

20 世纪 50 年代开始,我国就采取了一系列的措施力图解决这个问题。一方面,采取行政手段,严格控制作业量,加强对中小学教学用书、复习资料的管理,同时,加强监督检查;另一方面,提高教师素质,向课堂要效率、要质量等。减轻中小学生学习负担这一观念逐渐得到广大教师和家长的理解和支持,"减负"工作取得了很大的实效。李岚清同志曾经指出,在减负的同时,要采取多种形式安排丰富多彩的文艺、体育、科技、社会实践等中小学生所喜爱的活动,加强对学生课外活动的倡导与管理,不能放任不管,把"减负"简单化。减轻学生的过重的课业负担,绝不意味着不要勤奋学习,更不意味着可以降低教学质量。相反,我们任何时候都要教育青少年好学上进。"减负"不单是量的概念,也包含质的概念。"减负"的关键是要从调动学生学习的积极性出发,加强对学生的学习策略、思维策略训练,设法减轻学生的思想负担,使学生乐学、善学,否则只会带来负担减下来了,教学质量也降低了的恶果①。遗憾的是,这一问题仍未解决。

1994 年 7 月,国家教育委员会发布了关于印发《实行新工时制对全日制小学、初级中学课程(教学)计划进行调整的意见》与《实行新工时制对高中教学计划进行调整的意见》的通知。通知明确指出,为了落实国务院颁布的新工时制,研究决定调整小学与中学课程的(教学)计划。根据《调整意见》的精神,各地教育行政部门要对中小学的课时安排进行适当调整,以适应新工时制的规定②。调整课程(教学)计划是一项减轻师生负担过重和关系到教学秩序稳定的重要工作。为了使调整后的课程(教学)计划得到顺利实施,各级教育行政部门必须要高度重视,切实做好培训和宣传工作以及其

---

① 唐海海,房超平,2000.使学生乐学、善学——"减负"的根本出路.教育研究(9):48-50.

② 课程教材研究所,1999.20 世纪中国中小学课程标准·教学大纲汇编:课程(教学)计划卷.北京:人民教育出版社:385-393.

他配套工作。尤其是在实施过程中要指导干部与中小学教师更新课程观念，转变教学思想，改革教学手段和方法，提高课堂教学的质量。要加强校外教育，注意安排好小学生与中学生的课余生活，使课程（教学）计划的调整有利于全面提高教学质量，全面贯彻教育方针。

课程设置的调整原则，应该是在保持《九年义务教育全日制小学、初级中学课程计划》中的课程设置整体结构不变的前提之下，通过适当调整各类课程的课时，减少周课时总量。小学和初中现行的其他几套教学计划的调整，必须有利于向调整后的《九年义务全日制小学、初级中学课程计划》过渡。同时，调整课程（教学）计划不仅要有利于进一步减轻学生过重的课业负担，而且要有利于稳定教学秩序。课程设置的调整意见要求适当调减《九年义务教育全日制小学、初级中学课程计划》中语文、数学、外语、历史、地理、生物、自然、社会、音乐、体育等学科与活动课的课时。适当调减1981年颁布的《全日制重点中学教学计划》中初中三年级数学、语文和外语三门学科的课时。高中课程设置的调整意见要求适当调整必修课中数学、语文、外语、物理、化学等学科以及选修课课外活动的课时。

总之，调整后的英语课时略有减少，这在一定程度上减轻了学生的学习负担，为素质教育的开展奠定了基础。

（二）制定《全日制普通高级中学课程计划（试验）》，深化高中教育改革

基础教育课程改革一般是按学前教育、义务教育与高中教育三个学段来进行规划的。国家在研究制定九年制义务教育课程方案的同时，提出高中阶段课程改革分两步走的设想，即先对1981年颁布的普通高中教学计划进行调整，然后再正式着手研究和制定与九年制义务教育课程方案相衔接的高中课程方案。

国家制定高中课程方案，不仅是为了解决与义务教育课程方案相衔接的问题，更重要的一点是为了进一步改革普通高中教育，使其更好地适应21世纪我国经济与社会发展的需要，提高高中教育的质量与效益①。比较新中国成立以来历次颁布的高中教学计划，新普通高中课程计划具有以下主要特点：

一是该计划明确提出了普通高中的培养目标。教育是一种有目的、有计划和有组织地向受教育者施加影响，促进其身心发展并使之社会化的实践活动。我国《教育法》中关于教育方针的表述，不仅明确地对受教育者的

---

① 课程教材研究所，1999.20世纪中国中小学课程标准·教学大纲汇编：课程（教学）计划卷.北京：人民教育出版社：423.

身心发展提出了总的要求,而且对把受教育者培养成什么样的质量与规格也做出了明确的规定,并且这一教育目的,还需在各个学段的各级各类学校教育中加以具体化和落实。普通高中课程计划所提出的教育培养目标正是依据高中学生身心发展的特点与规律,将教育目的在普通高中阶段具体化,提出了高中阶段在德、智、体、美、劳等方面的质量与要求,提出了对高中学生在思想品德、科学文化、劳动技能、身体及心理素质等方面的培养目标。这一培养目标体现了面向 21 世纪的我国高中教育的性质、特点与素质教育的要求,无疑具有基础性、时代性与针对性。

二是该计划以现代课程论为指导,建立了以学科类课程为主和以活动类课程为辅的课程结构,并遵循“优化必修课、规范选修课、加强限选课”的原则来构建学科课程体系。这一课程计划对高中三个年级的课程类型、科目设置、修习方式及课时总量等进行了综合的研究。其课程结构体系不但有利于我们全面地贯彻党的教育方针,面向全体学生,体现素质教育的要求,而且有利于我们全面地落实高中阶段的培养目标,减轻学生过重的课业负担,促进他们全面发展。

三是该计划既有统一要求,又具有适度的灵活性,适应普通高中阶段不同办学模式的教学需要。我国普通高中肩负着为高等学校输送合格的新生以及为社会各行各业输送高素质劳动后备力量的双重任务。该课程计划规定了普通高中阶段课程的门类(共 12 门学科)、开设方式(包括必修、限定选修、任意选修)及各学科的总授课时数(如总课时数、周课时数等),但是,对学科课程开设的年级与年限并没有作出统一的规定,并且允许学校因地制宜,在一定范围内自行安排。与此同时,不同办学模式之间选课的要求不同,活动课的安排也不相同。

四是该计划提出了普通高中课程由中央、地方与学校三级管理的构想。该计划规定了(原)国家教委、省级教育行政部门和学校对于课程管理的职责与权限,同时给地方及学校以更大的办学自主权,以充分发挥地方与学校办学以及进行课程改革的积极性[①]。而在过去,教学计划一般是由中央教育行政部门颁发和地方教育行政部门转发,最后由学校遵照执行。这样的计划势必难以适应不同地区和学校的教学情况。因此,课程计划中对于高中课程分级管理的构想正是针对这种弊端进行的一项重大改革,无疑为高中课程改革增添了不少活力。

---

① 课程教材研究所,1999.20 世纪中国中小学课程标准·教学大纲汇编:课程(教学)计划卷.北京:人民教育出版社:402.

（三）实行教师职务聘任制度，调动教师的工作积极性

教师职务聘任制度主要是针对教师职务职位"铁交椅"，工资待遇"铁饭碗"，队伍建设"只能进不能出，只能升不能降"等问题所导致的种种人事管理弊端提出来的①。1986 年，党中央、国务院决定改革职称评定，在全国中小学首次实行教师职务聘任制度。作为教师管理与教师任用的一种重要制度，教师职务聘任制度的基本原则如下：一是根据工作任务的需要来设置教师的职务岗位，明确各个岗位的职责与任职要求；二是依据岗位任职的要求，选择合适的任职人选；三是明确聘期与双方的权利、义务，根据岗位进行聘任，并签订聘约。同时，在聘任期内受聘上岗人员履行相应的岗位职责，领取相应的职务工资，并享受相应的待遇。用人单位依据聘约进行管理，对被聘教师的履职情况开展考核评价，考核评价的结果则作为接下来续聘、解聘、职务变动以及奖惩的重要依据。

在职称设定方面，中小学均设高级、一级、二级、三级 4 个等级，但小学的级别和工资待遇与中学不对等，小学高级相当于中学一级，小学一级相当于中学二级。在评聘条件方面，主要依据教师表现、学历、任现职年限、完成工作量、班主任工作、继续教育等要素。为鼓励优秀、拔尖的教师，国家于 1988 年开始在小教职评系列中增设"中学高级教师"，又称"小中高"。

实施教师聘任制的目的是双重的：一是引入激励机制，挖掘在岗教师的工作潜力，调动他们的积极性，增强教师队伍的活力；二是引入竞争机制，解决教师合理流动的问题，优化教师队伍，增强教师队伍的竞争力②。这对于提高教师的整体素质、促进"应试教育"向"素质教育"转轨起到了重要作用。

第一，从制度上来说提高了广大中小学教师的社会地位。由于建立了中小学教师职务系列，使得我国中小学教师的专业技术人员身份的属性首次得到了明确。伴随着中小学教师职务聘任制度的实施，中小学教师职务被纳入与高校教师、医疗卫生技术人员和工程技术人员等职务具有同等地位的专业技术职务范畴，因而从根本上提升了广大中小学教师的社会地位。与此同时，广大中小学教师的教书育人工作也赢得了社会的广泛尊敬，从而进一步有利于稳定中小学教师队伍。

第二，改善了广大中小学教师的生活条件，提高了他们的工资待遇。实

---

① 赵敏，2004.论教师聘任制与人本管理思想的结合.高等教育研究(4)：33.

② 同上，第 34 页。

施中小学教师职务聘任制度和以职务工资为主的结构工资制度,初步建立了中小学教师的工资正常晋升机制。因此,许多中小学教师在首次职务聘任后工资待遇都不同程度地提高了。尤其是一些教育教学能力较强,工作成绩比较突出而工资水平又偏低的中青年教师,其生活条件的改善和工资待遇提高的幅度更大。这更好地贯彻、执行了党和国家"尊重知识、尊重人才"及"按劳分配"的政策。

第三,改革了中小学的教师管理办法及人事分配制度。在中小学教师职务聘任制度的实施过程中,国家逐步引入了公平的竞争与激励机制,进一步促进了中小学的内部管理体制以及教育教学的改革,在一定程度上提高了办学效益,为接下来进一步改革人事分配制度打下了良好的基础。在首次中小学教师的职务聘任过程中,广大的中小学校和各级教育行政部门弄清了教师队伍的年龄、学历、教育教学能力以及工资水平等基本情况,并建立和健全了教师人事档案及教师业绩考核档案,为国家进一步有效培养、培训、补充以及合理使用与科学管理教师队伍等提供了重要的参考依据。

第四,在很大程度上激发了广大中小学教师教书育人的积极性和创造性。实行教师职务聘任制度,强调履行好岗位职责,强化对教师德、能、勤、绩的考核,这非常有利于鼓励教师奋发向上,激励教师认真做好自己的本职工作,不断提高自身的教育、教学水平。这样一来,教师职务聘任制度的实施,使越来越多的中小学教师更加热爱教育事业,更加乐于从教,安心从教,并积极投身于教育教学研究之中。

第五,有效地破除了过去论资排辈的体系的弊端,使一大批优秀的中青年教师脱颖而出。据统计,截至1995年底,全国45岁以下的中小学高级职称教师已达14 109人,占中小学高级职称教师总人数的10%左右。

总之,整个教师队伍自中小学教师职务聘任制度实施以来,发生了巨大的、可喜的变化,这不但非常有利于提高中小学教师队伍的整体素质以及教育教学质量,而且起到了我国其他人事分配制度难以替代的重要杠杆作用。

(四) 颁布九年义务教育全日制初级中学英语教学大纲

为推进基础教育从"应试教育"向"素质教育"转轨,1992年国家教委颁布了《九年义务教育全日制初级中学英语教学大纲(试用)》,明确提出了"提高中华民族的思想道德素质、文化科学素质和身体心理素质"的教学目标要求,培养学生运用语言进行交际的能力。为了改变"以教师为中心"和学生被动学习的局面,1992年大纲提出发挥教师的指导作用,充分调动学生的学习主动性和积极性①。课时方面大纲规定三年制 400 课时，四年制 536 课时，一级要求 276 课时，二级要求 400 或 536 课时。同时，大纲还提出了有关考试、考查的目的、作用、方式、标准等说明的内容，如表 1-4 所示。2000年《九年义务教育全日制初级中学英语教学大纲（试用修订版）》颁布实施，提出树立符合素质教育精神的英语教育观，充分利用现代化教育资源，开拓学习渠道，对教学评价的目的、作用、原则、方式和标准进行了说明，如表 1-5 所示。

表 1-4　1992 年九年义务教育全日制初级中学英语教学大纲（试用）节选

教　学　目　的	教　学　要　求	教学中应该注意的几个问题
通过听、说、读、写的训练，使学生获得英语基础知识和为交际初步运用英语的能力，激发学生的学习兴趣，养成良好的学习习惯，为进一步学习打好初步的基础；使学生受到思想品德、爱国主义和社会主义等方面的教育，发展学生的思维能力和自学能力。	分为两级。从一年级起学习两年的，为一级要求，根据需要和可能继续学习一或两年的为二级要求。大纲对听、说、读、写和语音、词汇、语法分别提出一、二级要求。一级词汇要求掌握 350 个左右最常用词和 100 条左右习惯用语及固定搭配，应会读、听得懂、会拼写，在口、笔头练习中能够运用。此外，还应认读 300 个左右单词及相关的习惯用语及固定搭配。二级要求三年制掌握 600 个左右常用词和 200 条左右习惯用语及固定搭配，四年制掌握 700 个左右常用词和 200 条左右习惯用语及固定搭配，在口笔头练习中能够运用。此外，三年制和四年制还应分别认读 400 与 450 个左右单词及相关的习惯用语及固定搭配。	（一）遵循英语教学规律，寓思想教育于语言教学之中（二）加强基础知识和基本训练，着重培养为交际运用语言的能力（三）听、说、读、写全面训练，不同阶段各有侧重（四）尽量使用英语，适当使用母语（五）发挥教师的指导作用，充分调动学生的主动性和积极性（六）提高课堂教学质量，积极开展课外活动（七）增加语言材料和语言实践的量，提高英语教学的质量（八）充分利用直观教具和电化教学手段，努力创造英语环境

为解决初高中教学衔接的问题，1993 年编制了《全日制高级中学英语教学大纲（初审稿）》，课时要求为高一、高二必修 306 课时，高三选修 120 课时，共计 426 课时，与义务教育初中教学大纲相衔接，保证了中学英语课程改革完整、顺利地进行，如表 1-6 所示。

---

① 刘道义，郑旺全，2018.改革开放 40 年中国基础英语教育发展报告.课程·教材·教法（12）：12-20.

表 1 - 5 2000 年九年义务教育全日制初级中学英语教学大纲(试用修订版)节选

教 学 目 的	教 学 要 求	教学中应该注意的几个问题
激发和培养学生的学习兴趣,帮助学生树立自信心,养成良好的学习习惯,发展自主学习的能力,形成有效的学习策略,使学生掌握一定的语言基础知识和基本技能,建立初步的语感,获得初步运用英语的能力,为真实交际打下基础,开发智力,培养观察、记忆、思维、想象和创造能力,了解文化差异,培养爱国主义精神,增强世界意识,使学生初步形成健全的人格,为学生的可持续发展打下良好的基础。	学生应能从口头和书面材料中获取所需信息,能就熟悉的话题用英语进行简单的口、笔头交流,能对事物进行简单的描述并做出自己的判断。学生应对课内外英语活动具有积极的态度,能克服英语学习中产生的畏惧心理和困难,能根据自己的情况,合理安排和计划自己的学习,在学习中发挥自主意识和创新精神。学生应具有一定的跨文化交际的意识,对异国文化采取尊重和包容的态度。 　　一级词汇要求掌握 450 个左右单词和 100 条左右习惯用语及固定搭配;二级要求掌握 800 个左右单词和 200 条左右习惯用语及固定搭配,还要求扩大 400—500 个认读词汇。	(一)树立符合素质教育精神的英语教育观 (二)体现学生的主体地位,发挥教师的指导作用 (三)突出语言的实践性,注意培养学生综合运用英语的能力 (四)尽量使用英语,适当利用母语 (五)积极开展课外活动,发展学生语言学习兴趣 (六)充分利用现代化教育资源,开拓学习渠道

表 1 - 6 1993 年全日制高级中学英语教学大纲(初审稿)节选

教 学 目 的	教 学 要 求	教学中应该注意的几个问题
在义务教育教学的基础上,巩固、扩大学生的基础知识,发展听、说、读、写的基本技能,培养在口头上和书面上初步运用英语进行交际的能力,侧重培养阅读能力,并使学生获得一定的自学能力,为继续学习和运用英语切实打好基础,使学生受到思想品德、爱国主义和社会主义等方面的教育,增进对所学语言国家的了解,发展智力,提高思维、观察、注意、记忆、想象、联想等能力。	分别对听、说、读、写的技能和语音、词汇、语法提出了高中二年级和三年级的要求。高二和高三分别累计要求掌握 1 100 和 1 200 个左右常用词和一定数量的习惯用语及固定搭配。此外,高二和高三还要分别学习 500 和 800 个左右的单词和一定数量的习惯用语及固定搭配,只要求理解。	(一)遵循英语教学规律,寓思想教育于语言教学之中 (二)着重培养学生运用英语进行交际的能力 (三)进行听、说、读、写综合训练,侧重培养阅读能力 (四)尽量使用英语,适当使用母语 (五)处理好语言教学和文化的关系 (六)发挥教师的指导作用,调动学生的主动性和积极性 (七)提高课堂教学质量,指导学生开展课外活动 (八)充分利用直观教具和电化教学手段,努力创设英语环境

1996 年国家教委颁布了《全日制普通高级中学英语教学大纲（供试验用）》，其教学目的与 1993 年大纲基本相同，但加上了"增进对外国，特别是英语国家的了解，激发学生的学习兴趣"。教学要求略有降低，增加了"除课文外，补充阅读量一级应达到 10 万字左右，二级应达到 20 万字左右"。一级词汇要求掌握 500 个，再学习 500 个，加上初中掌握的 600 个，共 1 600 个词。二级词汇要求掌握 1 200 个，再学习 740 个，共 1 940 个词。在教学中应该注意的几个问题方面，除第二条"处理好语言基础知识和语言能力之间的关系，努力培养学生运用英语进行交际的能力"以外，其他与 1993 年大纲相同。2000 年对这一大纲进行了修订，颁布了《全日制普通高级中学英语教学大纲（试验修订版）》，规定高中总课时量为 384 课时，提出树立符合素质教育精神的英语教育观，运用现代教育技术，开发各种教育资源。

表 1-7 2000 年全日制普通高级中学英语教学大纲（试验修订版）节选

教 学 目 的	教 学 要 求	教学中应该注意的几个问题
在义务教育初中英语教学的基础上，使学生巩固、扩大基础知识，发展听、说、读、写的基本技能，提高初步运用英语进行交际的能力，侧重提高阅读能力，使他们在学习英语的过程中受到思想品德、爱国主义和社会主义等方面的教育，增进对外国文化，特别是英语国家文化的了解，在学习中发展学生的智力，培养创新精神和实践能力，形成有效的学习策略，为他们的可持续发展奠定基础。	略高于 1996 年大纲。除泛读要求不低于 10 万字外，泛听要求，一级总量应达到 40 小时左右，二级应达到 40 小时以上。要求掌握 1 200 个词，还要求学习 750 个左右单词和一定数量的习惯用语及固定搭配。	（一）树立符合素质教育精神的英语教育观 （二）处理好语言知识和语言运用的关系，培养学生用英语进行交际的能力 （三）听、说、读、写综合运用，侧重培养阅读能力 （四）尽量使用英语，适当利用母语 （五）处理好语言和文化的关系 （六）确立学生的主体地位，发挥教师的指导作用 （七）提高课堂教学质量，积极开展课外活动 （八）积极使用现代化教育技术，广泛利用和开发各种教育资源

第四节　新一轮基础教育英语课程改革与实施（1999—2018 年）

基础教育是关系国家、民族前途和命运的千秋大业。我国基础教育的发展为经济、科技、文化等各个方面的发展做出了巨大贡献。然而，令人遗憾的是,不得不说我国基础教育的现状跟时代发展的要求以及其肩负的历史重任之间还存在着巨大的反差,例如,固有的知识本位和学科本位的问题并没有得到根本的改变,尤其是传统的应试教育不仅势力强大,而且所产生的危害影响深远。基础教育还没有摆脱"应试教育"的惯性和束缚,素质教育的推进步履艰难。为了贯彻落实中共中央、国务院《关于深化教育改革全面推进素质教育的决定》及国务院《关于基础教育改革与发展的决定》,教育部决定要大力推进基础教育课程改革,调整与改革我国基础教育的课程体系、结构和内容,努力构建符合素质教育要求的新基础教育课程体系。于是,新一轮基础教育英语课程改革应运而生。

一、教育形势回眸

21 世纪之初,在党中央和国务院的直接领导下,新中国成立以来的第八次基础教育课程改革正在全国各地顺利推进,其迅猛之势令世人瞩目。这次改革,步伐之大,速度之快,难度之大,都是前七次[1]改革所不可比拟的。它将实现我国中小学课程从知识本位、学科本位向关注每一个学生发展的历史性转变[2]。全国的广大教育工作者满怀热情,以高度的历史和社会责任感积极投入这场改革潮流之中。毋庸置疑,它必将对我国基础教育甚至整个教育的发展产生深远的影响。

(一)《面向 21 世纪教育振兴行动计划》的颁布

党的十一届三中全会以来,我国的教育事业取得了举世瞩目的成就:九年义务教育的普及以及青壮年的扫盲工作都取得了历史性进展;成人教育与职业教育发展迅速;高等教育的规模得到稳步扩大。办学条件与教育质量得到不断改善,教育体制与教学改革得到进一步深化,尤其是教育法律制度的基本框架已经初步形成,从而为 21 世纪教育的振兴打下了坚实的基础。可是,不可否认,我国的教育发展水平仍然很低,教育理念和方法、教育结构和体系以及人才培养的模式仍然难以满足现代化建设的需要。无论是当前还是未来,具有国际领先水平的创新人才的缺乏已成为制约我国创新和竞争力的一个主要因素。因此,顺应时代的发展与要求,振兴我国的教育事业,是实现社会主义现代化宏伟目标和实现中华民族伟大复兴的客观需要。我们必须认真遵循邓小平同志关于"教育必须面向现代化,面向世界,

---

① 前七次课程改革分别是:1949—1952 年、1953—1957 年、1958—1965 年、1966—1976 年、1977—1985 年、1986—1991 年、1992—2000 年。

② 教育部基础教育司,2002.走进新课程:与课程实施者对话.北京:北京师范大学出版社:1.

面向未来"的战略方针,高举邓小平理论的伟大旗帜,抓住机遇,深化改革,锐意进取,推动中国的教育事业蓬勃发展。

1998 年 12 月 24 日,教育部印发了《面向 21 世纪教育振兴行动计划》,它是在实施《中国教育改革和发展纲要》与《中华人民共和国教育法》的基础上国家提出的跨世纪的教育改革与发展建议。我们必须全面规划,突出重点,把握关键,着力实施。该行动计划的主要目标是：到 2000 年,要在全国范围内基本上消除青壮年文盲,基本上普及九年义务教育,大力推进素质教育。要不断完善职业教育培训与继续教育体系,努力使在职人员与城乡新增劳动力均能普遍接受各种形式和各种层次的教育培训。要积极稳步地发展高等教育,使我国高等教育的入学率达到 11％左右。通过加强科学研究,进一步促进大学发展高技术产业,为培育社会经济发展的新增长点做出积极贡献。同时,针对国家创新体系的目标,培养一批高水平的创新人才。进一步深化改革,积极主动适应社会经济的发展,建立新的教育体制基本框架。到 2010 年,国家要全面实现"两基"目标,使高中教育在城市和经济发达地区逐步得到普及,使国民人口的受教育年限逐步达到发展中国家的先进水平。同时,使高等教育的规模得到进一步扩大,入学率接近 15％,使若干所高校以及一批重点学科能够进入或接近世界的一流水平,使终身学习的体系得到基本的建立,进而为国家知识创新体系和现代化建设提供充足的人才资源支持和贡献。

（二）中共中央、国务院《关于深化教育改革全面推进素质教育的决定》的发布

知识经济时代,科学技术正在突飞猛进地发展,国力的竞争也越来越激烈。国力的强弱越来越取决于各类人才的数量和质量,教育在形成综合国力中处于愈来愈基础的地位。这对于培育我国 21 世纪的新一代至关重要。我国正处于建立社会主义市场经济体制与实现现代化战略目标的关键时期。新中国成立五十年来,尤其是改革开放以来,教育改革和发展取得了举世瞩目的成就。但是,面对新的形势,由于主、客观的原因,我们的教育理念,教育体系,人才培养模式以及教育的内容与方法均相对滞后,影响了年轻人的全面发展,不利于提高全民整体素质。全党和全社会必须以邓小平理论为指导,为了我国社会主义事业的繁荣发展,为了中华民族伟大复兴的大局,贯彻落实党的十五大精神,全面推进素质教育,深化教育改革,健全中国特色的社会主义教育体系,努力为实施科教兴国战略奠定坚实的人力基础。

1999 年 6 月 13 日中共中央、国务院发布的《关于深化教育改革全面推进素质教育的决定》中明确提出要全面推进素质教育,积极培养适应 21 世纪中国式现代化建设所需要的社会主义新人。全面推进素质教育,必须坚持面向全体学生,为全体学生的全面发展积极创造相应的条件,坚决依法保障适龄儿童与青少年学习的基本权利,严格尊重学生的身心发展特点与教育规律,使广大学生积极主动、生动活泼地得到发展。大力深化教育改革,为实施素质教育创造良好条件。同时,地方各级人民政府要继续将"两基"作为整个教育工作的"重中之重",要确保 2000 年时"两基"目标的实现与达标后的巩固及提高。各地方要从实际情况出发,努力改造薄弱学校,积极提高义务教育阶段的整体办学水平。在 2000 年后要继续实施"国家贫困地区义务教育工程",继续加大对贫困地区和少数民族地区的扶持力度,继续加大发达地区对少数民族贫困地区的教育对口支持力度,要切实解决好广大农村初中辍学率偏高的问题,与此同时要大力提高我国义务教育阶段残疾儿童少年的入学率。建立新的基础教育课程体系,积极调整与改革课程结构、内容和体系,试行国家课程、地方课程与学校课程。要努力改变课程过于强调学科体系、脱离时代与社会发展以及学生实际的不良状况。加强课程的综合性与实践性,建立更新教学内容的机制,重视实验课程的教学,积极培养学生的实际操作能力。要进一步增强农村,尤其是那些贫困地区义务教育的课程、教材与当地经济社会发展的适应性。在促进教材多样化的同时,要进一步完善国家对基础教育教材的评审制度。要积极推进课程教学改革,努力提高课堂教学的整体质量,尤其是国家和地方要大力奖励和推广符合素质教育要求的优秀教学成果。全面推进素质教育需要不断地优化结构,建设高质量的教师队伍,提供基本保证。广大教师要热爱党,热爱社会主义祖国,忠诚于党和人民的教育事业;要树立正确的教育观、人才观和质量观,增强实施素质教育的自觉性;要不断提升业务素质和思想政治素质,为人师表,教书育人,敬业爱生;要有宽广厚实的专业知识及终身学习的自觉性,积极掌握必要的各种现代教育技术手段;要在工作中勇于探索与创新,遵循教育规律,积极参与教学及科研;要与学生平等和谐相处,尊重学生人格,因材施教,维护广大学生的合法权益。

二、教育理念追踪

(一) 为了中华民族的复兴,为了每位学生的发展

新课程改革的一个显著特征就是以学生为本,着眼于学生的"全人"发展,反对权威主义和精英主义,要求所有学生都能获得全面的发展①。本次课程改革的宗旨是"为了中华民族的复兴,为了每个学生的发展"。这体现

---

① 靳玉乐,2002.论基础教育课程发展的新理念.教育理论与实践(4):22-25.

了学生的发展与民族的复兴之间的辩证关系，国民的素质与国力的强盛之间的关系。事实上，中华民族的复兴建立在每个公民的素质都得到提高的基础上。公民素质教育的任务主要在于基础教育，因此，"为了每个学生的发展"应该是所有义务教育阶段的学科教师教学的共同出发点，"使每位学生都得到发展"应该是教师神圣的天职。新的英语课程标准指出，英语课程要面向全体学生，注重素质教育。课程特别强调要关注每个学生的情感，激发他们学习英语的兴趣，帮助他们建立学习的成就感和自信心，使他们在学习过程中发展综合语言运用能力，提高人文素养，增强实践能力，培养创新精神。作为一名英语教师，首先应该履行教师的天职，要以学生的发展为宗旨；其次要完成英语教师的使命，在英语教学的过程中使每一位学生的综合语言运用能力都得到发展。

李岚清同志在 2001 年全国基础教育工作会议上提出推进素质教育要突出抓好的四个方面的关键环节：一是积极推进课程改革；二是改进和加强德育；三是改革考试评价制度；四是建设高素质的教师队伍。课程改革被旗帜鲜明地提到了促进素质教育取得突破性进展的关键位置上。尤其是国务院颁布的《关于基础教育改革与发展的决定》，将形成适应时代发展要求的基础教育课程体系作为"十五"期间基础教育深化改革，素质教育取得明显成效的主要目标之一，明确提出"加快构建符合素质教育要求的新的基础教育课程体系"。如果说，"普及九年义务教育"使我国基础教育在教育数量上实现了跨越式发展，从而为推进素质教育创造了前提条件，那么可以说，新一轮基础教育课程改革将使我国基础教育在教育质量上实现跨越式发展，从而把素质教育落到实处。

英语课程要面向全体学生。面向全体学生的核心思想是使每一个学生都得到发展。义务教育是全民教育的一部分。义务教育不是精英教育，其目的不是培养特殊的尖子学生或少数高才生。因此，义务教育阶段的英语课程应该是为每一个学生开设的。我们设计的教学目标也应该是绝大多数学生能够达到的。当然，在保证课程面向每一个学生的同时，我们也应该积极地创造条件，满足那些有更多学习潜力的学生的需要。

英语学科是义务教育阶段的必修课，是 21 世纪公民基本素质教育的重要组成部分。因此，英语课程要注重素质教育。注重素质教育的含义是：英语教育应该与其他学科教育共同努力，促进学生素质的全面发展，提高学生的人文素养，增强实践能力和创新精神。因此，义务教育阶段英语学科的设置，其目的不是通过英语学科的学习和考试来淘汰一部分不适合学习英语的人，而是要使全体学生都能在原有基础上获得一定的英语语言素养。

英语课程的教学目的也不仅仅是培养学生的语言能力,而且要培养学生思维能力、想象能力和创新能力。另外,英语课程还要在教育教学中渗透情感教育,使学生在心智发展的同时,在情感上也逐渐成熟起来。

(二) 提高国民整体素质,培养创新精神和实践能力

1999 年 6 月,在第三次全国教育工作会议上,中共中央、国务院作出了《关于深化教育改革全面推进素质教育的决定》,强调全面实施素质教育应以培养学生的实践能力和创新精神为重点,以提高国民整体素质为根本宗旨,努力造就"有理想、有道德、有文化、有纪律"的德智体美全面发展的社会主义事业的建设者与接班人,从而赋予素质教育以新的内涵与时代特征,标志着我国的教育改革已经进入了一个新时代。

1992 年,在同应届高校毕业生代表座谈时,江泽民同志曾反复强调:要加快我国经济和社会的发展,国内外的大量事实表明,一个关键问题就是必须依靠科学技术的不断进步和全体劳动者素质的不断提高。中外历史上无数的事实证明,不把教育搞上去,不提高广大劳动者的科学文化素质,很难把经济建设搞好。过去我们在这方面认识不够,做得也不够,现在认识了,就应当急起直追[①]。在党的第十四次全国代表大会上,江泽民同志指出:科技进步、经济繁荣和社会发展,从根本上说取决于提高劳动者的素质,培养大批人才[②]。他在全国教育工作会议上讲道:在我们这样一个有近十二亿人口、资源相对不足、经济文化比较落后的国家,依靠什么来实现社会主义现代化建设的宏伟目标呢? 具有决定性意义的一条,就是把经济建设转到依靠科技进步和提高劳动者素质的轨道上来,真正把教育摆在优先发展的战略地位,努力提高全民族的思想道德和科学文化水平[③]。在第三次全国教育工作会议上,江泽民同志再次强调,各级各类教育都要把全面推进素质教育,提高受教育者的全面素质,作为教育工作的战略重点[④]。毫无疑问,把教育摆在优先发展的战略地位,着力提高全体国民的整体素质是素质教育的重要内容。

创新既是一个民族的灵魂,也是一个国家兴旺发达的不竭动力。众所周知,创新的关键在人才,而人才的成长要靠教育。只有教育水平提高了,科技进步与经济发展才会有后劲。面对世界科技飞速发展的严峻挑战,我

---

① 中华人民共和国教育部,中共中央文献研究室,2002.毛泽东 邓小平 江泽民论教育.北京:中央文献出版社:223 - 224.

② 同上,第 234 页。

③ 同上,第 246 页。

④ 同上,第 277 页。

们必须把增强民族创新能力提到关系中华民族兴衰存亡的高度，来认识教育在培育民族创新精神与培养创造性人才方面所肩负的历史责任和使命，着力提高国民的整体素质。创新精神和实践能力的培养是时代发展和国际竞争的要求，是高层次人才和高素质劳动者的必备条件。许多国家都把创新型人才的培养，作为构建国家创新体系的重要内容，作为教育发展和改革的主攻方向。因此，创新精神和实践能力的培养是素质教育进一步深化的必然要求。要培养学生的实践能力与创新精神，就必须从"把全面发展与个性发展对立起来"的误区中走出来，从"将全面发展理解为平均发展"的误区中解放出来，从"对教育平等"的片面理解中摆脱出来，为创新人才的脱颖而出创造有利的环境与条件。世纪之交，我们党把创新精神与实践能力的培养作为实施素质教育的重点，具有巨大而深远的历史意义。

三、重大教育举措

（一）制定《基础教育课程改革纲要》

改革开放以来，我国基础教育发展迅速，相应的基础教育的课程建设也取得了卓越的成效。尽管如此，我国基础教育的总体水平还偏低，旧有的课程已难以适应新时代发展之所需。为大力贯彻落实国务院《关于基础教育改革与发展的决定》和中共中央、国务院《关于深化教育改革全面推进素质教育的决定》的文件精神，教育部决定大力推进我国基础教育的课程改革，重新构建符合素质教育要求的新基础教育课程体系。2001 年 6 月教育部制定颁布了《基础教育课程改革纲要（试行）》（以下简称《纲要》），正式启动了新一轮基础教育课程改革，并出台了各学科课程标准。新课程体系涵盖了幼儿教育、义务教育及普通高中教育三个阶段。

《纲要》指出本次课程改革的基本目标是贯彻党的教育方针，以邓小平同志的"三个面向"与江泽民同志的"三个代表"重要思想为指导，全面推进素质教育。新课程的培养目标应该呼应时代的要求，培养学生的集体主义与爱国主义精神，热爱社会主义，积极继承和发扬中华民族的优秀文化传统；使学生遵守国家法律与社会公德，具有社会主义民主和法治意识；使学生逐步形成正确的三观（世界观、人生观与价值观）；使学生具有努力为人民服务的社会责任感；使学生具有初步的科学与人文素养以及环境意识、实践能力和创新精神；使学生具有基础知识以及基本技能与方法，以适应终身学习的需要；使学生具有良好的心理素质与体魄，养成健康的生活方式与审美情趣，成为"四有"新人。

《纲要》把本次课程改革的具体目标描述为：改变课程过于注重知识传

授的现象,强调形成主动积极的学习态度,从而使获得基本知识和基本技能的过程成为学会学习以及形成正确价值观的过程;改变课程结构科目过多,过分强调学科本位以及缺乏整合的情况,整体设置九年一贯①的课时数比例和课程类别,并设置综合课程以满足不同地区以及学生发展的需求,反映了课程结构的选择性、综合性及均衡性;改变课程内容过于注重书本知识,繁、难、偏、旧的现状,加强课程内容与现代社会、技术发展和学生生活之间的联系,关注学生的学习经验与学习兴趣,并选择终身学习所需的基础知识与基本技能;改变课程实施过于强调死记硬背、机械训练的被动学习的现状;鼓励学生乐于探索、积极参与、勤于动手,培养学生收集信息、加工信息,获取新知识以及分析、解决问题及沟通与合作的能力;改变课程评价过于强调选拔与甄别的功能,发挥评价主要在于促进学生全面发展、教师不断提高与改进教学实践的功能;改变过去课程管理过于集中的现象,增强课程对地方、学校与学生的适应性,实行国家、地方和学校的三级课程管理②。

与此同时,《纲要》对九年一贯义务教育课程如何进行整体设置提出了明确要求。小学阶段规定以综合课为主,低年级开设语文、数学、艺术(或美术、音乐)、品德与生活、体育等课程;中、高年级开设语文、数学、英语、科学、品德与社会、综合实践活动、艺术(或美术、音乐)、体育等课程;初中阶段采取分科与综合相结合的课程设置,主要包括语文、数学、外语、科学(或化学、物理、生物)、思想品德、历史与社会(或地理、历史)、艺术(或美术、音乐)、体育与健康和综合实践活动。积极鼓励各地开设综合性课程。同时,鼓励学校努力创造条件多开选修课。尤其是在义务教育阶段的语文、艺术与美术等课程中要大力加强写字教学;主张高中阶段以分科课程为主。为了使学生不仅达到基本要求,而且实现个性发展,主张各学科的课程标准要体现不同层次的要求。积极试行学分制管理,在开设必修课的同时,应设置丰富多彩的选修课。

总之,《纲要》的颁布为我国基础教育课程改革描绘出了一幅宏伟的蓝图,并对全体教育工作者提出了全新的要求。《纲要》的实施,在全国基础教育领域产生了很大的影响,"以人为本"的思想在教育领域已被广大教育工作者广泛重视。

---

① "一贯"是指将各类课程按纵向的发展序列组织起来。就一门课程而言,要强调连续性,使课程内容在螺旋式循环上升中加深、拓展,并不断得到强化、巩固;就各门课程关系而言,要强调"顺序性",使不同课程有序地开设,前后相互连贯,同时使课程门类由低年级到高年级逐渐增加,从而使学生的学习产生累积效应,促进学生的可持续发展。参见于向东,2007.基础教育课程改革研究.上海:华东师范大学出版社:50。

② 教育部基础教育司,2002.走进新课程:与课程实施者对话.北京:北京师范大学出版社:254.

（二）全面推进素质教育

为贯彻落实《中华人民共和国义务教育法》和《中华人民共和国未成年人保护法》等有关法律文件,实施好《中华人民共和国国民经济和社会发展第十个五年计划纲要》以及大力推进基础教育的改革与发展,2001 年 5 月国务院印发了《关于基础教育改革与发展的决定》(以下简称《决定》)这一重要文件。

首先,《决定》明确坚持基础教育优先发展,确立了基础教育在整个社会主义现代化建设过程中的重要战略地位。作为科教兴国的重大奠基工程,基础教育对提高中华民族整体素质,培养各级各类人才以及促进社会主义的现代化建设等无疑具有全局性、基础性以及先导性的作用。我们要以邓小平同志"三个面向"及江泽民同志"三个代表"重要思想为指导,坚持教育必须为人民服务,为社会主义建设服务,必须与生产劳动及社会实践相结合,大力培养德、智、体、美等全面发展的社会主义事业的建设者与接班人。同时,要保持教育适度地超前发展,不仅要把基础教育摆在优先的地位,而且要使之作为教育事业发展和基础设施建设的重点领域。

其次,《决定》强调,在"十五"期间,地方各级人民政府一定要坚持将扫除青壮年文盲和普及九年义务教育当作教育工作的"重中之重"。同时,要进一步扩大九年义务教育的人口覆盖范围,使青壮年非文盲率保持在 95% 以上,使初中阶段学生入学率达到 90% 以上;使学前教育得到进一步发展,使高中阶段学生入学率达到 60% 左右。此外,要大力发展高中阶段的教育,促进教育协调发展。要适当扩大高中规模,挖掘现有学校的潜力,鼓励那些有条件的地区实行完全中学的高、初中分离,有步骤地在大中城市及经济发达地区普及高中阶段教育。鼓励各种社会力量采取多样化形式发展高中教育。要注意保持普通高中和中等职业学校的合理比例,促进二者之间协调发展。要大力支持已普及九年义务教育的中西部农村地区发展高中教育,鼓励发展普通教育和职业教育融通的高级中学。大力加强乡(镇)中心幼儿园建设,并发挥它们对村办幼儿园的指导作用,重视发展学前教育。

再次,《决定》提出要保障经费投入,完善管理机制,积极推进农村义务教育可持续健康的发展。我国农村义务教育不仅量大面广而且基础薄弱,加强农村义务教育是事关农村经济社会发展全局的一项战略任务,因此是实施义务教育的重点与难点①。各级政府部门要将实施科教兴国战略落实

---

① 司晓宏,2009.优化教育资源配置,促进西部农村义务教育优质发展.教育研究(6)：17 - 21.

到义务教育上来,尤其要大力发展农村教育,努力解决好我国农业、农村及农民"三农"问题,切实重视与加强农村义务教育,提高劳动者整体素质。

此外,《决定》还要求扎实推进素质教育,深化教育教学改革。要实施好素质教育,就必须全面贯彻落实党的教育方针并认真贯彻实施中共中央、国务院《关于深化教育改革全面推进素质教育的决定》,要转变教育观念,重视培养学生的实践能力与创新精神,为他们的全面发展与终身发展打下坚实的基础。与此同时,还要不断完善教师教育体系,大力加强中小学的师资队伍建设,继续深化人事制度改革,持续推进办学体制改革,确保基础教育改革与发展的顺利进行。

(三) 积极推进中小学考核与评价制度改革

中小学考核与评价制度的改革随着素质教育的全面推进日益受到社会各界的广泛关注,各地积极探索和积累了许多有益的经验。但是,中小学考核与评价制度还不符合全面推进素质教育的要求。这突出体现在只重视了甄别和选拔功能,而忽略了其改进和激励的功能;在注重学习成绩的情况下忽略了学生的个体差异与全面发展;只注重学习结果而忽视学习过程,并且评价方法非常单一;比较健全的教师与学校评价体系尚未真正形成。为使《关于基础教育改革与发展的决定》和《关于深化教育改革全面推进素质教育的决定》的精神得到进一步的贯彻落实,必须坚持教育创新,全面推进素质教育,积极对中小学的考核与评价制度进行改革。

改革中小学考核与评价制度必须全面贯彻党的教育方针,从德、智、体、美等方面对学生的发展进行全面的评价,培养学生热爱社会主义、热爱党、热爱祖国,要诚实守信,乐于助人,具有终身学习的愿望与能力、良好的心理素质、强健的体魄以及健康的审美标准。改革中小学考核与评价制度的根本目的在于更好地提高教师的教学水平和学生的综合素质,确保学校素质教育得到真正实施。

充分发挥以评价促发展的积极作用,使评价过程成为促进教师教学发展与改进教学的过程。对教师、学生、学校的评价内容应该坚持多样化原则。我们不但要重视学生的学习成绩和效果,而且要重视学生的思想道德品质以及各种潜能的发展,尤其是学生的实践能力和创新能力。既要重视教师的职业道德修养,也要重视教师业务水平的提高;在重视学校整体教学质量的同时,我们也要重视在学校的课程管理和教学实施环节中贯彻素质教育的思想,形成开放包容、生动活泼的良好教育氛围。评价标准不仅要注意对教师、学生与学校的统一要求,而且要注意个体差异和不同的发展需求,从而为教师、学生及学校自身有特色、有个性的发展提供一定的空间。

评价方法应坚持多样化。对教师、学生和学校的评价不仅要关注结果，而且还应关注发展与变化的过程。要将总结性评价和形成性评价相结合，使发展、变化的过程成为评价的重要组成部分。要重视教师、学生和学校在评价过程中的作用，使教育行政部门、教师、学生和家长共同参与，成为多元互动的活动。建立旨在促进学生发展的评估体系，并建立有利于促进教师专业水平和教师职业道德素养的评估体系，建立健全有利于提高学校办学质量的有效评价体系。

同时，改革中小学招生考试制度。在普及九年制义务教育的地区，公立学校在义务教育阶段免于考试，各类进行办学体制改革的小学、初中和民办学校也不允许通过考试选择新生。中央直辖的所有省、自治区、直辖市均具有普通高中会考的统筹决策权。是否组织普通高中毕业会考由省教育行政部门提出，并报省人民政府批准和教育部备案。对于那些不再进行普通高中毕业会考的地方，应当建立健全普通高中毕业考试制度。继续深化高考制度改革，积极探索高等学校招生方式，综合评价、择优录取。高校招生制度的改革应继续有利于高校的人才选拔。高考内容的改革将更加重视考查考生的能力与素质，积极指导与加强学生综合素质的培养。应结合统一性和选择性设置高考科目，在满足高校人才选拔的同时，促进学生的个性发展和全面发展。应进一步探索基于文化考试的综合性评价以及最优的录取选拔方式，推进高校选拔方法的改革。

（四）颁布《英语课程标准》

开始于 1999 年底的新一轮基础教育课程改革通常被称作新课程改革，它将过去人们熟知的"教学大纲"改为"课程标准"。这种改变不只是术语使用上的变化，总体框架和体例上的变化，还隐含着深刻的教育观和课程价值观的变化[①]。课程标准与教学大纲的显著区别在于，前者对学生应该具有的基本素质提出了明确的要求，而对达到这一素质的手段和过程则不做硬性规定。在某种程度上，教学大纲的大而化之，笼而统之的语言描述使教材编写者和一线教师在使用大纲时感到难以把握[②]。用新课标取代教学大纲，有利于真正实现"一纲多本"，甚至"多纲多本"，给教材编写、教学实施及教学评价提供了广阔空间和更大的灵活性。

与以往的教学大纲相比较，2001 年 7 月颁布的《全日制义务教育普通

① 吕良环，2003.外语课程与教学论.杭州：浙江教育出版社：66.

② 胡文仲，2006.胡文仲英语教育自选集.北京：外语教学与研究出版社：48.

高级中学英语课程标准(实验稿)》的理论基础更深,结构更全面,内容更广,指导性更强①。课程标准采用国际通用的分级方式,统筹考虑义务教育小学、初中与高中课程设置,将英语课程目标按照能力水平设为九个级别,顺应了与国际接轨的需要。课程标准从小学三年级至高中毕业整体设计英语课程,有利于大中小学英语教育"一条龙"的衔接。各地区可以根据国家课程三级管理的有关政策规定,根据当地的条件和需要,适当调整相应学段英语课程的目标。教育基础和师资条件暂不具备的地区或学校,以及把英语作为第二外语开设的学校,可以适当降低相应学段英语课程目标的要求。英语教育基础和条件较好的(如从一年级起就开设英语课程的地区或学校),在不加重学生负担的前提下,可以适当提高相应学段级别的要求。为了有效地培养学生综合语言运用能力,课程标准根据现代语言教学理论,改造了传统的语言知识结构体系,增加了"功能和话题"这方面的内容,扩展了语言知识的内涵,加强了语言的实用性,突出了语言的社会功能,标志着基础英语课程发展进入了一个新的阶段。

表 1-8　2001 年《全日制义务教育普通高级中学英语课程标准(实验稿)》节选

课 程 性 质	基 本 理 念	课 程 目 标
外语是基础教育阶段的必修课程,英语是外语课程中的主要语种之一。英语课程的学习,既是学生通过英语学习和实践活动,逐步掌握英语知识和技能,提高语言实际运用能力的过程;又是他们磨砺意志、陶冶情操、拓展视野、丰富生活经历、开发思维能力、发展个性和提高人文素养的过程。	(一)面向全体学生,注重素质教育 (二)整体设计目标,体现灵活开放 (三)突出学生主体,尊重个体差异 (四)采用活动途径,倡导体验参与 (五)注重过程评价,促进学生发展 (六)开发课程资源,拓展学用渠道	基础教育阶段英语课程的总体目标是培养学生的综合语言运用能力。综合语言运用能力的形成建立在学生语言技能、语言知识、情感态度、学习策略和文化意识等素养整体发展的基础上。语言知识和语言技能是综合语言运用能力的基础,文化意识是得体运用语言的保证,情感态度是影响学生学习和发展的重要因素,学习策略是提高学习效率、发展自主学习能力的保证。这五个方面共同促进综合语言运用能力的形成。

　　2011 年教育部对新课程标准进行了修订,颁布了《义务教育英语课程标准(2011 年版)》,指出"英语课程具有工具性和人文性双重性质。就工具性而

① 何安平,2004.高中英语课程改革理论与实践:《普通高中英语课程标准(试验稿)》解析.长春:东北师范大学出版社:4.

言,英语课程承担着培养学生基本英语素养和发展学生思维能力的任务……
就人文性而言,英语课程承担着提高学生综合人文素养的任务……"课程标
准从民族素质教育的高度、从国家发展的角度明确了外语教育对人的发展
的重要意义。

《义务教育英语课程标准(2011 年版)》更好地渗透了社会主义核心价
值体系,明确了英语课程对国家发展和对学生发展的意义和价值。课程标
准指出,英语作为一门国际语言,是使中国更好地了解世界、使世界更好地
了解中国的重要桥梁。开设英语课程能够为提高我国整体国民素养,培养
具有创新能力和跨文化交际能力的人才,提高国家的国际竞争力和国民的
国际交流能力奠定基础。同时,课程标准的前言中还强调了义务教育阶段
的英语课程对学生发展的价值,指出开设英语课程,不仅有利于他们更好地
了解世界,学习先进的科学文化知识,传播中国文化,增进他们与各国青少
年的相互沟通和理解,还能为他们提供更多的接受教育和职业发展的良好
机会。学习英语能帮助他们形成开放、包容的性格,发展跨文化交流的意识
与能力,促进思维发展,形成正确的世界观、人生观、价值观和良好的人文
素养[①]。

表 1－9 《义务教育英语课程标准(2011 年版)》节选

课 程 性 质	基 本 理 念	课 程 目 标
义务教育阶段的英语课程具有工具性和人文性双重性质。就工具性而言,英语课程承担着培养学生基本英语素养和发展学生思维能力的任务。就人文性而言,英语课程承担着提高学生综合人文素养的任务。工具性和人文性统一的英语课程有利于为学生的终身发展奠定基础。	(一)注重素质教育,体现语言学习对学生发展的价值 (二)面向全体学生,关注语言学习者的不同特点和个体差异 (三)整体设计目标,充分考虑语言学习的渐进性和持续性 (四)强调学习过程,重视语言学习的实践性和应用性 (五)优化评价方式,着重评价学生的综合语言运用能力 (六)丰富课程资源,拓展英语学习渠道	通过英语学习使学生形成初步的综合语言运用能力,促进心智发展,提高综合人文素养。综合语言运用能力的形成建立在语言技能、语言知识、情感态度、学习策略和文化意识等方面整体发展的基础之上。语言技能和语言知识是综合语言运用能力的基础;文化意识有利于正确地理解语言和得体地使用语言;有效的学习策略有利于提高学习效率和发展自主学习能力;积极的情感态度有利于促进主动学习和持续发展。这五个方面相辅相成,共同促进学生综合语言运用能力的形成与发展。

---

① 教育部基础教育课程教材专家工作委员会,2011.义务教育英语课程标准解读：2011 年版.北京：北京师范大学出版社：30.

　　2003 年教育部颁布的《普通高中英语课程标准（实验）》，规定七级为高中学生的毕业要求，八级为高考要求，九级供有兴趣和有潜能的学生选修。2014 年 12 月，教育部开始修订普通高中课标，并于 2018 年 1 月颁布了《普通高中英语课程标准（2017 年版）》，规定必修课程为高中毕业的基本要求，完成选择性必修课程方可参加高考，选修课程为学生自主选择修习的课程。这进一步体现了课程的基础性、多样性和选择性，体现了以学生的发展为本的课程理念。同时，必修课程要求累计掌握 2 000—2 100 个单词，学会使用一定数量的短语；选择性必修课程要求累计掌握 3 000—3 200 个单词，学会使用一定数量的短语；选修课程要求累计掌握 4 000—4 200 个单词，学会使用一定数量的短语；初高中课外阅读总量不少于 30 万字[①]。这一要求是新中国成立以来最高的。

表 1－10　《普通高中英语课程标准（2017 年版 2020 年修订）》节选

课 程 性 质	基 本 理 念	课 程 目 标
普通高中英语课程是高中阶段全面贯彻党的教育方针、落实立德树人根本任务、发展英语学科核心素养、培养社会主义建设者和接班人的基础文化课程。 英语属于印欧语系，是当今世界广泛使用的国际通用语，是国际交流与合作的重要沟通工具，是思想与文化的重要载体。学习和使用英语对汲取人类优秀文明成果、借鉴外国先进科学技术、传播中华文化、增进中国与其他国家的相互理解与交流具有重要的意义和作用。	（一）发展英语学科核心素养，落实立德树人根本任务 （二）构建高中英语共同基础，满足学生个性发展需求 （三）实践英语学习活动观，着力提高学生学用能力 （四）完善英语课程评价体系，促进核心素养有效形成 （五）重视现代信息技术应用，丰富英语课程学习资源	普通高中英语课程的总目标是全面贯彻党的教育方针，培育和践行社会主义核心价值观，落实立德树人根本任务，在义务教育的基础上，进一步促进学生英语学科核心素养的发展，培养具有中国情怀、国际视野和跨文化沟通能力的社会主义建设者和接班人。 基于课程的总目标，普通高中英语课程的具体目标是培养和发展学生在接受高中英语教育后应具备的语言能力、文化意识、思维品质、学习能力等学科核心素养。普通高中英语学科核心素养各要素的发展以三个水平划分。通过本课程的学习，学生应能达到本学段英语课程标准所设定的四项学科核心素养的发展目标。

[①]　刘道义，郑旺全，2018.改革开放 40 年中国基础英语教育发展报告.课程·教材·教法(12)：12－20.

第二章 改革开放 40 年中国基础教育英语课程目标的变革与反思

第一节 课程目标概述

一、课程目标的界定

课程目标(Curriculum Goals)是指课程本身要实现的具体目标,是期望一定教育阶段的学生在发展品德、智力、体质等方面达到的程度[1]。课程目标主要分为四类:① 认知类。包括知识的基本概念、原理和规律,理解思维能力。② 技能类。包括行为、习惯、运动及交际能力。③ 情感类。包括思想、观念和信念,如价值观、审美观等。④ 应用类。包括应用前三类来解决社会和个人生活问题的能力。课程目标的特点表现为:① 整体性。各类目标彼此关联,并非彼此孤立。② 连续性。较高年级的目标总是较低年级目标的继续发展和深化。③ 层次性。技能和情感的目标需要在知识的基础上培养和形成,知识的记忆比其理解低一个层次,知识的应用比其理解高一个层次。④ 积累性。没有低年级目标的积累,就难以到达高年级的目标。也就是说,课程目标受教育目的以及培养目标的制约和影响,是人们对于某一阶段课程与教学预期的结果。舒伯特认为,课程目标主要有四种类型的取向:普遍性目标取向、行为性目标取向、生成性(或称展开性)目标取向和表现性目标取向[2]。

二、课程目标的价值取向

确定课程目标是每一次课程改革的逻辑起点,我们不可能,也不应该

---

[1] 顾明远,1998.教育大辞典(增订合编本).上海:上海教育出版社:898.

[2] Schubert W H, 1996. Curriculum: Perspective, Paradigm and Possibility. New York: Macmillan Publishing Company: 38.

在不知道或不明白"为什么而教""为什么而学"的情况下就决定"教什么""学什么"或"如何去教""如何去学①"。课程目标是基于课程学习价值的认识,但是课程目标能否在整个课程活动中起到核心指导作用,在很大程度上取决于课程目标本身是否具有适切性与科学性②。课程与教学目标的价值取向是指在一定教育价值观指导下,人们对课程与教学目标的价值追求。正如美国著名学者艾斯纳(Elliot W. Eisner)所言:课程领域居于教育的核心,价值追求渗透于从课程目标的设定到课程实施、课程评价的每一环节③。教育价值观念不同,教育的价值取向不同,课程目标的取向就会有所不同。改革开放 40 年基础教育英语课程目标经历了从普遍性目标取向到行为性目标取向、生成性目标取向再到表现性目标取向的变革过程。

第二节　英语课程目标的变革

一、普遍性目标取向

1978—1984 年这一阶段,颁布了两个涉及基础教育英语课程的教学大纲④。这两个大纲分别是 1978 年颁布的《全日制十年制中小学英语教学大纲(试行草案)》及其 1980 年的修订版。关于英语教学目标的描述如表 2 - 1 所示。

表 2 - 1　1978—1984 年英语教学大纲关于教学(课程)目标的描述

教学大纲名称	主要内容描述
1978 年 《全日制十年制中小学英语教学大纲(试行草案)》	着重培养学生的阅读能力和自学英语的能力,及一定的听、说、写和译的能力,为其毕业后在三大革命运动中进一步学习与运用英语或进入高校学习打好基础。

---

① 钟启泉,2007.课程论.北京:教育科学出版社:107.

② 吕立杰,2008.国家课程设计过程研究:以我国基础教育"新课程"设计为个案.北京:教育科学出版社:104.

③ Eisner E W, 1984. No Easy Answers: Joseph Schwartz's Contributions to Curriculum. Curriculum Inquiry, 14(2).

④ 1982 年,教育部印发了《全日制六年制重点中学英语教学大纲(征求意见稿)》。这个大纲共包括四个部分:一、教学目的和要求;二、教学原则;三、教学方法;四、各年级教学要求和教学内容。但这个大纲没有全面地推广实施,故没有列入讨论范围。

教学大纲名称	主要内容描述
1980 年 《全日制十年制中小学英语教学大纲(试行草案)第二版》	对学生进行听、说、读、写、译等各方面的基本训练,一般侧重培养其阅读能力和自学英语的能力,为其进一步学习与运用英语打好基础。

从表 2-1 关于教学目标的描述可以看出,1978 年大纲及其修订版都特别强调培养学生的阅读能力和自学能力。阅读能力的培养是我国基础教育阶段英语教学的重要任务之一。英语学习中的阅读有助于理解和吸收书面信息,扩大词汇量,丰富语言知识,进而了解英语国家的社会文化背景。着重培养学生的阅读能力与当时我国英语教学的实际情况是相符的。将自学能力作为目标之一也是一大进步。但是,大纲在强调听、说、读、写能力的发展时,仍将翻译作为教学目的之一,则是深受当时语法翻译法的影响。这势必导致教师课堂上过于注重翻译性练习以及测试中翻译性试题的大量出现,客观上减少了学生学习英语的实践机会,同时也不利于培养学生的听说能力和英语思维。

就课程目标的价值取向来说,这一时期英语课程目标更倾向于"普遍性目标①取向"。普遍性目标取向存在以下缺陷:① 往往基于经验、哲学观或伦理观、意识形态或社会政治需要而引出,往往缺乏充分的科学根据。② 一般以教条、规定的形式出现。③ 含义常常出现歧义和不同的理解②。"普遍性目标"较抽象、含糊,不易落实,容易使课程与教学的目标落空③。在上述两个英语教学大纲中,"培养学生的阅读和自学能力"的表述就很模糊,不能为教学和评价提供具体指导。因为,一方面,学生阅读和自学能力的培养必须经过长期教学的积累以及大量的卓有成效的练习和不断的反思、总结而逐步形成;另一方面,究竟该采取什么样的措施和行为,如何培养学生的这类能力等,教师并不清楚;此外,学生对于"为什么自学? 自学什么? 怎么自学?"等问题更是不知所措。这种状况的产生也说明,处于恢复期的英语教学大纲的编写缺乏足够的科学的课程理论的指导。

---

① 普遍性目标(global objectives)是指将一般教育宗旨或原则,直接运用于课程领域,成为课程领域一般性、规范性的课程目标。它是对课程全局的总体考虑和安排,具有普遍性、方向性、指令性特点。
② 钟启泉,2007.课程论.北京:教育科学出版社:119.
③ 张传燧,2008.课程与教学论.北京:人民教育出版社:88.

二、行为性目标取向

1985—1991 年这一阶段共颁布了三个英语教学大纲,即 1986 年的《全日制中学英语教学大纲》和 1988 年的《九年制义务教育全日制初级中学英语教学大纲(初审稿)》以及 1990 年的《全日制中学英语教学大纲(修订本)》。其中,"初审稿"明确规定义务教育全日制初级中学英语教学之目的在于通过听、说、读、写的基本训练,使学生获得英语的基础知识以及为交际初步运用英语的能力。

语言的基本功能是交际。语言教学的最终目的就是培养学生的交际能力。然而,传统的英语教学大多注重英语基础知识的传授,忽视对学生交际能力的培养。1986 年的《全日制中学英语教学大纲》在科学性方面较过去的教学大纲有了很大改进,但也只是在"教学原则"中提出着重培养学生运用语言进行交际的能力,而在"教学目的"中仍然只是泛泛地提出培养学生在口头及书面初步运用英语的能力。

1988 年英语教学大纲改变了传统的结构性大纲形式,吸收了功能法的思想,把语言功能放在了首要的地位,从而保证了语言基本功能的发挥,成为义务教育英语教学大纲的一大特色。功能法主张单纯地理解语言形式的用法及机械地操练句型,只能培养学生听、说、读、写的一般技能,而不能培养其交际能力。

因此,就课程目标的价值取向来说,这一时期英语课程目标更倾向于"行为性目标[①]取向"。教学中行为目标取向不仅强调学生知识的获得,也强调基本技能的培养。其优点在于它克服了普遍性目标模糊性的缺陷,具有精确性、具体性和可操作性。为了达到大纲规定的"为交际"初步运用英语的能力之教学目的,英语教学不仅要注意基础知识(如语音、词汇和语法等)的教学,还要注意语言功能及其意念的教学。尤其是通过听说法的训练,使学生学会运用语言形式表达某些功能与意念,并达到交际的目的。因此,大纲后附有《功能意念项目简表》,且把它放在了《语音项目表》《词汇表》及《语法项目表》之前,以突出它的重要性。功能表中一共列出了 30 个功能及意念项目,并在每个项目下都列出了一些最基本的英语句型。此外,大纲在"教学要求"中提出学生要能使用《功能意念项目简表》中的表达法进行简单的交谈。大纲还在"教学中应该注意的几个问题"中的第二项中提出要根

---

① 　行为性目标(behavioral objectives)是指以显性化、精确性、具体的、可操作的行为的形式加以陈述的课程目标。它指明了课程与教学过程结束后学生身上所发生的行为变化。

据学生的实际，编写各种有助于广泛开展交际活动的材料，以求达到教学目的。

众所周知，传统的英语教学大纲一般以语言结构为纲。一方面，它以语法项目为主要脉络来组织教学内容；另一方面，它以语言形式为主要线索来编写教材，并将学生掌握语言的正确形式作为教学之目的。教师将教学重点放在训练学生运用语言的准确性上。由于教材过于注重语法结构的系统性及完整性，注意语言形式之循序渐进，忽视了语言的内容与意义，且很少考虑这些结构的实用性与现实性，因而不能满足培养学生的交际能力的需求。除此之外，由于忽视语言本身所表达的实际意义，因此，在教学中就必然会影响到对学生交际能力的培养。师生之间只关注语言结构正确与否，而很少考虑如何进行交流。事实上，即使一个语法正确的句子，如果使用场合不当，仍然无法达到交际的目的。例如，汉语中"上哪儿去啊？""哪里来的？""你中饭吃过了吗？"这些句子已成了人们见面时打招呼的常用语，具有表达"问候"的功能。然而，在英语里，"Where are you going?""Where have you been?"和"Have you had lunch?"三个句子却没有这种"问候"功能；与之相反，英语母语人士还会误认为你在干预其私人生活，属不礼貌的话语。事实上，即使是同一语言"功能"，也常常具有不同的表达方式。例如，"Why don't you..."这一句型虽然形式上是疑问句，但却可以用来表示一种有礼貌的请求及建议①。因此，如果我们只教给学生语言形式上的正确，而不要求他们懂得学习目的语的习俗及惯例，脱离日常交流之实际，不考虑交流的场合、对象与方式等，也是无法完成教学目的的。

初步运用英语交际的能力既包括口头交际的能力，即能说简单的英语，又包括书面交际的能力，即能阅读生词不超过2％的所学语言知识范围内的材料，理解率为70％，并能仿照所学的题材写出简单的书信等。语音、语法、词汇的基本知识和听、说、读、写的基本训练都要加强，其中要着重培养初步使用英语的交际能力。基础知识和基本训练是手段，也是目的，而着重培养能力则是初中英语教学的最终目的。这就要求教师在教学过程中不要过多地强调语言形式，不要单纯地为语法而教学，而要使语言形式与内容联系起来，与学生的实际联系起来。

然而，行为目标强调课程目标的预先计划和静态说明，存在强调有效控制和简单化问题，忽视了学习者积极主动、动态的过程和不可预知性的事实

---

① 王道,1990.培养学生为交际运用英语的能力——试析义务教育初中英语教学大纲的特色.山东外语教学(3)：78-79.

等缺陷①。由于作为主体的人的富有创造性的行为往往不可预知，当行为目标把课程开发视为一个可预先决定和操纵的机械过程，即在教育过程之前或教育情境之外而预先设定的时候，就把目标与手段、结果与过程间的有机联系割裂开来，课程开发与教学设计过程的创造性、人的学习的主体性也就被忽略或压制了。何况也并不是所有的课程要素都能够转化成外显的行为以供观察、测量。因此，这一时期，课程目标的表述虽然更先进，但仍过于粗糙，缺乏对学生学习过程与个性发展以及创造性等的关注。

三、生成性目标取向

1992—2000 年这一阶段以促进学生的发展为目的，有效地提高学生的整体素质，着重培养学生运用语言进行交际的能力和用英语获取信息、处理信息的能力。为此，适当提高对学生语言运用能力的要求，以实现语言教学从对语言知识的传授和讲解向对语言能力的培养过渡，从而使英语教学由"应试教育"向"素质教育"转轨。关于课程目标的描述如表2-2所示。

表 2-2　1992—2000 年英语教学大纲关于教学(课程)目标的描述

教学大纲名称	主　要　内　容
1992 年 《九年义务教育全日制初级中学英语教学大纲(试用)》	使学生通过听、说、读、写的基本训练，获得英语基础知识及为交际初步运用英语的能力，激发他们的学习兴趣，养成良好的英语学习习惯，为他们将来进一步学习打好初步的基础；使广大学生受到思想品德、爱国主义和社会主义等方面的教育，发展他们的思维能力和自学能力。
1993 年 《全日制高级中学英语教学大纲(初审稿)》	基于义务教育初中阶段的教学，巩固和扩大学生的基础知识，发展其听、说、读、写的基本技能，培养其在口头上与书面上初步运用语言进行交际的能力，侧重培养其阅读能力，并使其获得一定的自学能力，为他们将来继续学习与运用英语切实打好基础，使他们受到思想品德、爱国主义及社会主义等方面的教育，增进他们对所学语言国家的了解，发展他们的智力，提高他们的观察、注意、思维、记忆、想象及联想等方面的能力。
1996 年 《全日制普通高级中学英语教学大纲(试验)》	与 1993 年大纲基本相同。其中加上了"增进对外国，特别是英语国家的了解，激发学生的学习兴趣"。

① 　钟启泉，2007.课程论.北京：教育科学出版社：120.

教学大纲名称	主　要　内　容
2000 年 《九年义务教育全日制初级中学英语教学大纲(试用修订版)》	激发与培养学生的学习兴趣,帮助他们树立自信心,培养良好的英语学习习惯,发展他们的自主学习能力,形成有效的学习策略,使他们掌握一定的语言基础知识与基本技能,形成初步的语感,获得初步运用英语之能力,为真实交际打下基础,开发他们的智力,培养其观察、记忆、思维、想象及创造能力,了解不同国家的文化差异,培养他们的爱国主义精神,增强其世界意识,使他们初步形成健全的人格,为他们的可持续发展打下良好基础。
2000 年 《全日制普通高级中学英语教学大纲（试验修订版）》	在义务教育初中阶段英语教学的基础上,使学生巩固和扩大他们的英语基础知识,发展他们的听、说、读、写的语言基本技能,提高他们初步运用英语进行交际的能力,侧重提高他们的阅读能力,使其在学习英语的过程中受到思想品德、爱国主义及社会主义等方面的教育,增进其对外国文化,尤其是英语国家文化的了解,在学习中发展他们的智力,培养他们的实践能力与创新精神,形成有效的学习策略,为他们今后的可持续发展奠定基础。

　　这一阶段教学大纲对课程目标的表述逐步趋于全面。新大纲的教学目的不只局限于 1986 年教学大纲所说的为进一步学习打好初步基础,还增加了"激发学生的学习兴趣","使他们受到思想品德、爱国主义及社会主义等方面的教育","发展他们的思维能力"。强调外语教学的内容要渗透思想道德的因素,要寓思想教育于语言教学之中,以帮助学生正确认识世界,培养其良好的品德。1993 年教学大纲则增加了"增进学生对所学语言国家的了解,发展他们的智力,提高他们的思维、观察、注意、记忆、想象和联想等方面的能力"。1996 年教学大纲还加上了"增进对外国,特别是英语国家的了解",这包含了国际理解教育。2000 年的两个教学大纲则提出帮助学生养成良好的英语学习习惯,树立自信心,培养他们的自主学习能力,形成有效的学习策略,使他们掌握一定的语言基础知识与基本技能,形成初步的语感,获得初步运用英语之能力,为真实交际打下基础,开发他们的智力,培养其观察、记忆、思维、想象及创造能力,了解不同国家的文化差异,培养他们的爱国主义精神,增强其世界意识,使他们初步形成健全的人格,为他们的可持续发展打下良好基础,在学习中发展学生的智力,培养他们的创新精神和实践能力等。这就将英语教学与学生的终身发展联系起来,体现了素质教育的精神。

　　因此,就课程目标的价值取向来说,这一时期英语课程目标逐步具有

"生成性目标①取向"的特点。生成性目标考虑到学生兴趣的变化、能力的形成和个性的发展,倾向于把过程与结果、手段与目的有机统一起来,让学生在教育过程中产生自己的目标,而不依赖教师把课程目标强加给学生②。英国学者斯腾豪斯也认为课程不应以事先规定的、限制教师行为的目标为中心,真正的教育是使人类更加自由、更富于创造性,教育即引导儿童进入知识之中的过程,教育成功的程度即是它所导致的学生不可预期的行为结果增加的程度③。

事实上,英语教学中传授基础知识是为培养语言运用能力服务的。单纯理解语言形式的用法与机械地操练句型只能培养学生的听、说、读、写技能,而不能培养他们的交际能力。因为,交际能力不只是一般的听、说、读、写技能,而是属于较高层次的能力要求。它包括"技能",但却超出"技能④"。正如心理语言学的研究所证明的那样:掌握必要的语言知识,是获得一定语言能力的先决条件,语言能力的培养过程能促进语言知识的巩固和加深理解,为培养语言能力的发展创造条件。为此,英语教学要着重培养学生综合运用语音、词汇和语法来进行听、说、读、写的交际能力。因此,在语言训练的过程中,教师不要过多地要求学生做语言形式的练习,而要使语言形式和语言意义相联系,尤其要和学生的生活实际相联系,使他们的言语技能能够自然地发展成为运用语言进行交际的能力。

四、表现性目标取向

1999 年秋启动的新一轮基础教育课程改革旨在落实"以学生的发展为本"的课程理念,第一次把各门课程的教学大纲改成了课程标准,以体现课程本身的灵活性。2001 年 6 月 7 日教育部颁发的《基础教育课程改革纲要(试行)》明确提出,国家课程标准是教材编写、教学、评估和考试命题的依据,是国家管理与评价课程的基础,应体现国家对不同阶段的学生在知识与技能、过程与方法、情感态度与价值观等三方面的基本要求,规定各门课程的性质、目标、内容框架,提出教学和评价建议⑤。

---

① 生成性目标(evolving objectives,又称发展性目标或展开性目标)是在教育情境之中随着教育过程的展开而自然生成的课程目标。它不是由外部事先规定学习者要达到的结果,它关注的是学习活动的过程。
② 钟启泉,2007.课程论.北京:教育科学出版社:121.
③ Teahouse L,1975. An Introduction to Curriculum Research and Development. London:Heinemann Educational Book Ltd.:82.
④ 刘道义、魏国栋,1992.《九年义务教育全日制初级中学英语教学大纲》说明.课程·教材·教法(6):20-23.
⑤ 2001.基础教育课程改革纲要(试行).人民教育(9):6-8.

在知识与技能、过程与方法、情感态度与价值观构成的三维目标中，知识是人们在改造世界的实践中所获得认识和经验的总和，技能是指通过练习而形成的对完成某种任务所必需的活动方式，过程是指为达到教学目的而必须经历的活动程序，方法是指师生为实现教学目标和完成教学任务在共同活动中所采用的行为或操作体系，情感态度与价值观是人对亲身经历的事实的体验性认识及由此产生的态度行为习惯。其中，知识与技能目标是达成过程与方法目标、情感与态度目标的基础，是学生经历、体验学习过程，形成学习方法的前提，也是提高能力，培养情感，形成态度和价值观的载体；过程与方法是掌握知识与技能以及形成情感态度价值观的中介机制，也是实现三维目标的关键；情感、态度与价值观目标是掌握相应的知识与技能，逐步形成科学的过程与方法的动力，它对前两个目标具有明显的调控作用。

三维目标是对学生发展要求的三个维度，是一个教学目标的三个方面，而不是三个目标。它们是统一的整体，相互依存、互为基础、不可分割。三维目标的有机整合是课堂教学的要求，是学生个体发展的需求，是新课改中师生角色重新定位的需要，促进课堂教学过程的动态生成。三维目标的提出构建了课堂教学的比较完整的目标体系，由以知识本位、学科本位转向以学生的发展为本，真正对知识、能力、态度进行了有机整合，体现了对人的生命存在及其发展的整体关怀。三维目标的确立对促进学生自主发展具有重要意义，注重学习主体的实践和体验，注重学习者的学习经历和学习经验，引导学生在学习中掌握方法，对直觉过程正确引导，有利于改变只重结果不重过程的现象。三个维度的交融体现了工具性与人文性的高度统一，体现了学科教学改革的方向，使日常的科学教育上升到追求真善美的境界。

过去的教学大纲虽然也提出了培养学生的道德品质、思想情感、跨文化交际意识以及智力与非智力因素等各方面的要求，但是就英语课程价值的认识来说，主要还是基于英语的工具性这个基础，强调的仍然是语言知识的学习以及语言技能的培养。

2001 年颁布的《全日制义务教育普通高级中学英语课程标准（实验稿）》把"培养学生的综合语言运用能力"列为基础教育阶段英语课程的总体目标，提出学生综合语言运用能力的形成应该以语言知识、语言技能、情感态度、学习策略和文化意识等五个方面的整体发展为基础。语言知识与语言技能是构成学生综合语言运用能力的基础，文化意识为学生恰当使用语言提供有效保障，情感态度成为影响学生学习及学生发展的重要因素，有效的学习策略是发展学生的自主学习能力、提高学生学习效率的保证。以上五个方面相辅相成,共同促进学生综合语言运用能力的形成。课程目标结构和关于综合语言运用能力的描述如表2-3所示。

图 2 - 1　课程目标结构图

表 2 - 3　《英语课程标准》中关于综合语言运用能力的一般描述

项　目	《义务教育英语课程标准》	《高中英语课程标准》
语言技能	二级含听、说、读、写,玩、演、视、听,其他级含听、说、读、写	二级含听、说、读、写,玩、演、视、听,其他级含听、说、读、写
语言知识	各级均含语音、语法、词汇、功能、话题	各级均含语音、语法、词汇、功能、话题
情感态度	小学侧重唱做模仿,开口,参与,求教;初中侧重于乐学,信心,合作,理解,表达,求教	高中侧重于学习动机,主动参与和交流,国际合作
学习策略	小学重视基本策略;初中侧重不同的交际策略,认知策略,调控策略,资源策略	高中重视不同的认知策略,调控策略,交际策略,资源策略

项　　目	《义务教育英语课程标准》	《高中英语课程标准》
文化意识	小学侧重了解英语和最常见的交往沟通；初中侧重日常生活中的沟通和对外国文化的初步了解	高中侧重跨文化的沟通与了解

同时，课程标准基于语言知识、语言技能、情感态度、学习策略以及文化意识这五个方面的综合表现，对我国基础教育阶段英语课程目标的各个级别进行总体描述。各级目标的描述多采用"能够做……"的语言形式表示，多为定性要求，对词汇量和课外阅读量提出定量要求。新课程一至九级应达到的综合语言运用能力目标如表 2 - 4 所示。

表 2 - 4　一至九级英语课程目标的总体描述

级别	目　标　总　体　描　述
一级	学生乐于听他人讲英语，对英语具有好奇心。能根据教师的简单指令做动作、做事情（如涂颜色、连线）以及做游戏。能唱简单的英文歌曲，说简单的英语歌谣，进行简单的角色扮演。能在图片的帮助下读懂、听懂简单的小故事。能表达简单的情感与感觉，交流简单的个人信息。能书写字母与单词，对英语学习中所接触的外国文化习俗有兴趣。
二级	学生对英语学习有持续的爱好与兴趣。能用简单的英语交换有关个人、家庭和朋友的简单信息，并互致问候。能依据所学内容表演歌谣和小对话。能在图片的帮助下读懂、听懂并讲述简单的故事。能根据图片或提示写出简单的句子。在学习过程中主动请教、积极参与、乐于合作。乐于了解异国的文化与风俗习惯。
三级	学生对英语学习表现出积极性和初步的自信心。能听懂有关熟悉话题的语段以及简短的故事。能就学校及家庭生活等熟悉的话题与教师或同学交换信息。能读懂小故事以及其他文体的简单书面材料。能借助图片或根据范例写出简单的英语句子。能参与简单的角色扮演等活动。能尝试使用适当的学习方法，努力克服各种学习过程中的困难。能意识到语言交际中存在的文化差异。
四级	学生明确自己的学习需要与目标，对英语学习表现出较强的自信。能在日常交际情景中听懂对话以及小故事。能就熟悉的生活话题交流简单的意见和信息。能读懂短篇故事，写简单的书信和便条。能通过使用不同的教育资源，从口头以及书面材料中提取信息，增长知识，解决简单的问题并描述结果。能在学习中互学互助，克服困难。能合理计划与安排各种学习任务，积极探索适合自己的学习方法。在日常学习和日常交际中注意到中外文化的差异。

续　表

级别	目　标　总　体　描　述
五级	学生有较明确的积极主动的英语学习动机和学习态度。能听懂熟悉话题的陈述并积极参加讨论。能就日常生活的各种话题交换信息,陈述意见。能读懂供 7—9 年级学习阅读的简单报纸、杂志等读物,克服生词障碍,基本理解大意。能根据阅读目的合理运用阅读策略。能根据教师提示起草、修改小作文。能与他人交流合作,解决问题并报告结果,共同完成学习任务。能对自己的学习进行客观评价,梳理总结学习方法。能利用多种教育资源开展学习。进一步深化对文化差异的理解和认识。
六级	学生具有较强的自主学习意识,进一步增强英语学习的动机。能理解口头、书面材料中表达的观点,并能发表自己的见解。能有效使用口头、书面语言描述个人经历。能在教师的指导帮助下计划、组织以及实施各种英语学习活动。能主动拓宽、利用学习资源,多渠道地获取信息。能根据自我评价的结果不断调整学习的目标与策略。能体会交际中语言的文化内涵和文化背景。
七级	学生有明确可持续的自主学习意识和学习动机。能就较广泛的话题开展信息交流,提出问题并陈述自己的观点。能读懂供高中生阅读的英语原著改写本和英语报刊。具有初步的英语实用写作能力。能利用各种教育资源开展学习。具有较强的自调能力,初步形成适合自己的学习方法与策略。理解日常交际中的文化差异现象,初步形成跨文化交际的意识。
八级	学生有较强的自主学习能力与自信心。能就熟悉的话题跟讲英语的人开展比较自然的交流。能就口头、书面材料内容发表评价性的见解。能写出语句连贯、结构完整的短文。能自主策划、组织、实施各种英语实践活动,如商讨、制订计划、报告实验以及调查结果。能有效利用网络等各种教育资源来获取、加工信息。能自觉评价自己的英语学习效果,形成有效的学习策略。了解交际中的文化内涵与文化背景,对异国文化采取包容、尊敬的态度。
九级	学生有一定的英语自主学习能力。能听懂有关熟悉话题的演讲、辩论、讨论、报告的主要内容。能就国内普遍关心的环保、人口、和平、发展等问题用英语进行交谈,阐述自己的态度与观点。能做到日常生活的口头翻译。能利用各种机会用英语进行有效交际。能借助字典阅读题材较为广泛的文学作品与科普文章。能用常见的应用文体完成一般的写作任务,并具有初步使用英语文献的能力。能自主开拓学习的渠道,丰富英语学习资源。具有较强的世界意识。

2011 年教育部颁布了《义务教育英语课程标准(2011 年版)》,提出义务教育阶段英语课程的总目标是:通过英语学习使学生形成初步的综合语言运用能力,促进心智发展,提高综合人文素养。综合语言运用能力的形成建立在语言技能、语言知识、情感态度、学习策略和文化意识等方面整体发展的基础之上。语言技能和语言知识是综合语言运用能力的基础;文化意识有利于正确地理解语言和得体地使用语言;有效的学习策略有利于提高学

习效率和发展自主学习能力；积极的情感态度有利于促进主动学习和持续发展。这五个方面相辅相成，共同促进学生综合语言运用能力的形成与发展，既体现了英语学习的工具性，也体现了其人文性，既有利于学生发展语言运用能力，又有利于学生发展思维能力，从而全面提高学生的综合人文素养。

《义务教育英语课程标准（2011 年版）》的颁布与实施标志着我国基础教育英语课程改革已经进入一个新的发展阶段。本次修订在 2001 年《全日制义务教育普通高级中学英语课程标准（实验稿）》的基础上，以 2010 年《国家中长期教育改革和发展规划纲要（2010—2020 年）》为指导，力求巩固和深化 21 世纪课程改革所提出的以学生发展为本的课程理念，总结十年基础教育课程改革所取得的成绩与经验，在深入分析当前课程改革存在的问题的基础上，提出未来十年课程改革的目标与实施指导建议，着力解决过去十年改革尚未解决的问题。对于广大的一线英语教师来说，深入理解修订后的英语课程标准，对实施好新课程具有十分重要的意义。

2014 年 3 月，教育部发布了《关于全面深化课程改革 落实立德树人根本任务的意见》，提出了"核心素养"这一重要概念，要求将研制与构建学生核心素养体系作为推进课程改革、深化发展的关键环节。

为了全面体现英语学科的育人价值，在充分吸收和借鉴国内外有关核心素养的理论和实践研究成果的基础上，结合中国基础教育英语课程的现实需求，2017 年修订的《普通高中英语课程标准》第一次提出学科核心素养是学科育人价值的集中体现，是学生通过学科学习而逐步形成的正确价值观、必备品格和关键能力。英语学科核心素养主要包括语言能力、文化意识、思维品质和学习能力四个方面，其中，英语语言能力构成英语学科核心素养的基础要素，文化意识体现英语学科核心素养的价值取向，思维品质体现英语学科核心素养的心智特征，学习能力构成英语学科核心素养的发展条件，四者相辅相成，不可分割。英语学科核心素养主要由语言能力、思维品质、文化意识和学习能力四方面构成。学生以主题意义探究为目的，以语篇为载体，在理解和表达的语言实践活动中，融合知识学习和技能发展，通过感知、预测、获取、分析、概括、比较、评价、创新等思维活动，构建结构化知识，在分析问题和解决问题的过程中发展思维品质，形成文化理解，塑造学生正确的人生观和价值观，促进英语学科核心素养的形成和发展①。核心

① 王蔷，2015.从综合语言运用能力到英语学科核心素养——高中英语课程改革的新挑战.英语教师(16)：6-7.

素养概念的提出,旨在充分体现和发挥英语学科的育人功能,落实立德树人的根本任务,是我们国家顺应世界教育改革发展潮流,从国家战略的高度,为新世纪教育改革确立的发展方向。围绕英语核心素养来设计和实施英语课程,必定会成为我国英语教育改革的一个里程碑①。

英语学科核心素养涵盖了与语言有关的重要素质,体现了落实"立德树人"的育人要求,与中国学生发展核心素养中的"文化基础、自主发展及社会参与"高度吻合和对应,其中,学习能力属于自主发展的一部分,语言能力和思维品质属于文化基础的一部分,文化意识既属于文化基础的一部分,又属于社会参与的一部分②。英语学科核心素养的提出,明确了在发展学生综合语言知识运用能力的过程中,帮助学生学习、理解和鉴赏中外优秀文化,培育中国情怀,拓展国际视野,增进国际理解,逐步提升跨文化沟通能力、多元思维能力、学习能力和创新能力,最终形成正确的世界观、人生观和价值观。

核心素养较之于三维目标既有传承又有超越。传承更多地体现在"内涵上",而超越更多地体现在"性质上"。作为核心素养主要构成的关键能力和必备品格,实际上是三维目标的提炼和整合,把知识、技能和过程、方法提炼为能力,把情感态度价值观提炼为品格。能力和品格的形成即是三维目标的有机统一。相对于三维目标,素养更具有内在性和终极性的意义。素养是素质加教养的产物,是天性和习性的结合。素养完全属于人,是人内在的秉性,素养使人成为人,素养决定人的发展取向。教育的终极任务就是提升人的素养(教育价值所在)。素养让我们真正从人的角度来思考教育、定位教育。素养导向的教育更能体现以人为本的思想。核心素养则是素养系统中具有根本性和统领性的成分,是人之为人之根本。核心素养是素养系统中具有基础性的成分,是人进一步成长的基础和可能,是人进一步成长的内核。学科核心素养既是一门学科对人的核心素养发展的独特贡献和作用,又是一门学科独特教育价值在学生身上的体现和落实。学科核心素养是学科本质观和学科教育价值观的反映。通过厘清学科

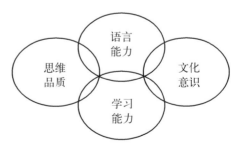

图 2-2　英语学科核心素养图

---

① 程晓堂,赵思奇,2016.英语学科核心素养的实质内涵.课程·教材·教法(5):79-86.
② 束定芳,2017.关于英语学科核心素养的几点思考.山东外语教学(2):35-41.

核心素养,清晰地界定和描述本学科对人的发展的价值和意义,体现本学科对学生成长的独特贡献,从而使学科教育真正回到服从服务于人的发展的方向和轨道上来。总之,只有抓住学科核心素养,才能抓住学科教育的根本①。学科核心素养是学科和教育的有机融合。从三维目标走向核心素养,是学科教育高度、深度和内涵的提升,是学科教育对人的真正的回归。

《英语课程标准》突破了狭隘的语言工具论思想,将外语教育与素质教育紧密结合起来,具有"表现性目标"的特点。表现性目标是唤起性的,而非规定性的,旨在培养学生的创造性,重视人的个性发展,尊重人的个性差异,尤其是教师和学生在课程教学中的自主性、创造性,因而超出了现有的文化工具并有助于发展文化,明显地反映出人文主义的追求。《英语课程标准》在重视技能和知识板块的同时,首次把"情感、策略和文化"引入整体课程框架,并根据不同级别提出细化的教学目标。《英语课程标准》重视语言的人文性,将语言的学习与生存境界、人格提升结合起来,有利于真正实现素质教育,促进学生的全面发展。

第三节　关于英语课程目标变革的反思

英语课程目标是英语课程本身要实现的具体目标与意图,是指导课程编制过程最重要的一项准则,是确定课程内容、教学目标和教学方法的基础。在确定课程目标的时候,首先要明确的是课程与培养目标和教育目的之间的衔接关系,确保这些要求能够在课程中得到体现,其次是深入研究学生的特点、学科的发展以及社会的需求等各个方面,并在此基础上确定行之有效的课程目标。英语课程目标的选择需关注英语教育的差异性,体现创新性和可操作性。

一、英语教育的差异性

1976年10月,中国的外语教育开始逐渐得到恢复。1978年初,教育部颁布《全日制十年制中小学教学计划试行草案》。《草案》规定,中学学制为五年,小学学制也为五年。有条件的学校,外语课从小学三年级开始开设,尚不具备条件的学校,外语课从初中一年级开始。1978年6月,国务院批

---

① 余文森,2016.从三维目标走向核心素养.华东师范大学学报(教育科学版)(1):11-13.

转教育部《关于 1978 年高等学校和中等学校招生工作的意见》,提出文理科都考外语,但暂不计入总分,作为录取时参考。

1978 年 8 月 28 日至 9 月 10 日,教育部、高教部在北京召开的全国外语教育座谈会上通过了《加强中小学外语教育的意见》。《意见》要求:第一,外语课程的开设要有长远规划。第二,大力发展英语教育。中学英语课和语文、数学等课程一样,是一门重要的基础课,应当受到重视。第三,在重点中学及那些有条件的城市中学开设英语课程。三至五年内,城市中学与城镇中学要普遍开设英语课程,并加强重点中学之英语教学;农村中学在条件具备后应逐步开设英语课程;在保证质量的前提下,重点小学及有条件的大、中城市小学应逐步开设英语课程。第四,建议从 1979 年开始,凡学英语的学生在小学升初中和初中升高中时都要求参加英语考试。

针对中小学英语师资问题,座谈会提出了一系列解决办法:如组织多种形式的在职和脱产进修学习;聘请外籍教师;中央及地方的广播与电视台积极为广大中小学英语教师开设专门的英语教学讲座;从社会上招聘一批外语教师等。1981 年颁布的《全日制六年制重点中学教学计划》及《全日制五年制中学教学计划试行草案的修订意见》把语文、数学和外语三门学科列为重点科目。

1982 年 5 月 27 日至 6 月 3 日,教育部召开全国的中学外语教育工作会议,并颁布了《关于加强中学外语教育的意见①》,肯定了自 1978 年全国外语教育工作座谈会以来所取得的成绩,指出造成中学外语教学质量差的主要原因:一是对中学外语教育长期重视不够;二是外语语种设置缺乏长远考虑;三是外语师资水平低,数量奇缺。针对存在的问题,《意见》提出中学外语教育应坚持从实际出发,区别要求,讲求实效,努力提高外语教学的质量。

1978 年,教育部制定颁布了《全日制十年制中小学英语教学大纲(试行草案)》。这部大纲是我国颁布的唯一的一个包括小学和中学两个阶段的教学大纲。《大纲》详细说明了中小学英语教学的目的与要求、教学原则和教学方法,并对小学三年级到高三各年级的教学要求和教学内容作了具体的规定。1980 年对《大纲》进行了修订。

伴随着改革开放的春风,以上政策意见的出台及大纲的颁布结束了我

---

① 课程教材研究所,1999.20 世纪中国中小学课程标准·教学大纲汇编:外国语卷(英语).北京:人民教育出版社:156.

国英语教育的混乱局面，统一了思想，重塑了英语教育工作者的信心，确立了英语在基础教育中的地位，为英语课程的发展打下了基础。

1978 年 5 月 11 日《光明日报》公开发表《实践是检验真理的唯一标准》一文，开始了一场以突破"两个凡是"为直接目的的广泛而深刻的思想政治运动。通过关于真理标准问题的大讨论，明确了"实践是检验真理的唯一标准"，将解放思想、实事求是的思想路线提高到新的理论高度，为各项事业，包括教育在内的改革开放，奠定了坚实的思想理论基础。

1982 年颁布的《关于加强中学外语教育的意见》提出中学外语教育应从实际出发，区别要求，讲究实效，积极创造条件，努力提高外语教学质量，有计划地逐步地发展。在大纲设计时考虑到了小学、初中和高中 3 个不同的起点，并据此提出了具体的要求：一是重点中学及师资条件较好的中学，应争取在三至五年内达到全日制六年制重点中学外语教学的要求；二是具备一定条件，但是在英语教材使用方面具有困难的中学及班级，可适当降低教学要求与放慢教学进度；三是不具备或者不完全具备师资条件的中学，在报经主管部门批准后，可以暂时不开设外语或者只在部分班级开设外语；四是那些有条件的中学应从初中一年级起开设外语。由于师资缺乏，部分学校及班级也可以从高中一年级起开设外语，适当增加课时；五是已经开设外语的小学要保证教学质量，并努力解决好与中学的衔接问题；六是凡学过英语的初中学生在参加中考时都要求考英语，并规定从 1983 年开始英语考试的成绩全部计入总分①。

根据上述要求，全国多数地区因师资力量欠缺等原因而停止开设外语课程。一部分全日制中学，特别是农村和边远地区的学校，从高中一年级起开设英语课。这就使相当多的在初中不具备条件学习英语或英语学得不好的学生能在高中有重新学习英语的机会。

二、课程目标的创新性

2001 年颁布的《全日制义务教育普通高中英语课程标准（实验草案）》规定我国基础教育英语课程的开设从小学三年级开始。借鉴国际上广为认可的分类方法，按照能力水平将英语课程目标设置为一至九级等九个级别，其中六年级结束时要满足的基本要求是第二级，九年级结束时要满足的基本要求是第五级，高中毕业的基本要求是第八级。在第二、五、八级之间设

---

① 课程教材研究所，1999.20 世纪中国中小学课程标准·教学大纲汇编：外国语卷（英语）.北京：人民教育出版社：157.

置第三、四、六、七级作为过渡级，以利于指导所有层次的教学，使课程具有一定的灵活性与开放性。这种设计遵循了不同年龄学生的身心发展需求与特征，体现了语言学习的规律。与此同时，它还考虑到了我国地域辽阔、民族众多以及社会经济与教育发展极不平衡的现实情况，使国家英语课程标准具有灵活性、整体性与开放性。英语课程的分级目标结构如图 2 - 3 所示。

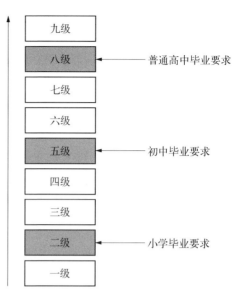

图 2 - 3　英语课程分级目标结构

虽然课程目标的级别并不完全对应基础教育阶段的各个年级，但是，为便于课程的整体实施，本分级目标对 3—6 年级、7—9 年级与高中各学段或各年级的教学与评价以及教材的编写等提出了循序渐进和稳步上升的指导性要求。英语课程从 3 年级开设的学校，3、4 年级的学生应达到一级目标的要求，5、6 年级的学生应达到二级目标的要求；7—9 年级的学生应分别达到三、四、五级目标的要求；高中阶段的学生应分别达到六、七、八级目标的要求。第九级则作为外语特色学校与外国语学校高中毕业课程应达到的目标的指导级。这一级别的课程目标要求也可以作为部分学校少数英语特长生在基础教育阶段的培养方向[1]。

各地区可以根据当地的条件与需要，根据国家课程三级管理的有关文件规定，对相关学段英语课程的目标进行适当的调整。对于那些教育基础差，暂不具备师资条件的学校或地区，还有那些把英语作为第二外语来开设的学校，相应学段英语课程目标的要求可以适当降低。在不加重学生负担的前提下，从一年级起就开设英语课程的学校或地区，英语教育条件和英语教育基础均较好，可以适当地提高相应学段级别的要求。

（一）英语课程分一至九级整体设计，体现了灵活性、开放性

基础教育阶段英语课程的基本目标是基于学生的语言技能、语言知识、情感态度、学习策略以及文化意识的发展，强调对学生进行综合语言运用能

---

[1]　中华人民共和国教育部，2001.全日制义务教育普通高级中学英语课程标准（实验稿）.北京：北京师范大学出版社：4.

力的培养。《英语课程标准》采用国际上通用的分级方式，将英语课程目标
设定为贯穿小学三年级到高中三年级英语课程的九级目标体系，按照学生
"能做什么事"对1—9级各级别的实际要求进行具体描述。这种目标体系
不仅反映了基础教育阶段学生能力发展循序渐进的过程，而且反映了课程
要求的有效衔接，使基础教育阶段的英语课程成为一个整体，打破了过去按
学段来划分目标的一贯体系①。这一改革措施不仅有利于解决不同学段之
间英语课程的衔接问题，也有利于学生根据自己的需要进行选择性学习。
另外，英语课程的九级目标体系还有利于不同地区、不同学校根据实际情况
调整本地区、本学校的课程目标，保证国家英语课程标准的整体性、灵活性
和开放性。

（二）培养学生综合语言运用能力

语言教学的目的究竟是什么呢？社会语言学和心理语言学认为，语
言的学习和使用是一个心理过程。语言信息的处理不仅与人的大脑思维
密切相关，而且也与语言之外的其他一些知识和因素有很大的关系，如人
的感觉、体验、认识、文化知识以及情感（动机、兴趣等）。从情感角度来
说，人们在语言学习中总是自觉或不自觉地受一定动机的驱使，在遇到困
难时总是需要信心和意义来持续学习活动；从技能角度来说，要熟练掌握
语言技能就必须有一定的语言实践量，必须在实践中感悟语言、体验学习
过程，从而发现规律，形成策略；从语言运用角度来说，人们在使用语言时
总是和时间、地点、社会情境以及交流的对象有关，因此，人们就必须考虑
在特定的情况下使用特定的语言形式，以便达到交流的目的。总之，语言
学习和运用具有很强的综合性，绝不是单纯的知识传授和技能训练所能
奏效的。

《英语课程标准》吸纳了现代英语教学研究的一些最新理论成果，并确
定了本次课程改革的重点，即改变传统英语课程教学那种过分强调词汇知
识的识记以及语法的讲解与操练而忽视对学生英语实际运用能力的培养。
新课程强调教学应基于学生的学习兴趣、认知水平以及生活经验，倡导任务
型教学途径，鼓励学生积极参与、乐于合作、注重体验，转变学习方式，使语
言学习过程成为学生积极思考、大胆练习、提高跨文化交际意识以及形成自
主学习能力的过程，最终发展学生的综合语言运用能力②。

为了有效地培养学生的综合语言运用能力，课程标准根据现代语言教

---

① 教育部基础教育司，2002.全日制义务教育英语课程标准解读.北京：北京师范大学出版社：41.
② 同上，第62页。

学理论,改造了传统的语言知识结构体系,增加了"功能和话题"这方面的内容,扩展了语言知识的内涵,加强了语言的实用性,突出了语言的社会功能。根据目标要求,整个基础教育阶段学生将学习 66 个功能意念项目和 24 个话题。功能意念包括人际交往、态度友好、情感、时空等 11 个领域。话题涉及社会生活、天文地理、自然环境等许多方面。学习并掌握这些功能和话题,将有效地促进学生综合语言运用能力的形成。

从改革开放之初侧重培养学生的英语阅读能力,到后来培养学生为交际初步运用英语的能力,到培养学生的交际能力,再到现在培养学生的综合语言运用能力,这种发展带来了语言文字表达上的变化,同时也反映了人们对语言学习本质的认识以及对语言与社会发展和人的发展之间的关系的理解。

(三) 发展学生的英语学科核心素养

基础教育课程承载着党的教育方针和教育思想,规定了教育目标和教育内容,是国家意志在教育领域的直接体现,在立德树人中发挥着关键作用。2003 年,教育部印发的普通高中课程方案和课程标准实验稿,指导了十余年来普通高中课程改革的实践,坚持了正确的改革方向和先进的教育理念,基本建立起适合我国国情、适应时代发展要求的普通高中课程体系,促进了教育观念的更新,推进了人才培养模式的变革,提升了教师队伍的整体水平,有效推动了考试评价制度的改革,为我国基础教育质量的提高作出了积极贡献。但是,面对经济、科技的迅猛发展和社会生活的深刻变化,面对新时代社会主要矛盾的转化,面对新时代对提高全体国民素质和人才培养质量的新要求,面对我国高中阶段教育基本普及的新形势,普通高中课程方案和课程标准实验稿还有一些不相适应和亟待改进之处。

2013 年,教育部启动了普通高中课程修订工作。本次修订深入总结 21 世纪以来我国普通高中课程改革的宝贵经验,充分借鉴国际课程改革的优秀成果,努力将普通高中课程方案和课程标准修订成既符合我国实际情况,又具有国际视野的纲领性教学文件,构建具有中国特色的普通高中课程体系。2014 年 3 月,教育部发布了《关于全面深化课程改革 落实立德树人根本任务的意见》,提出了"核心素养"这一重要概念,要求将研制与构建学生核心素养体系作为推进课程改革深化发展的关键环节。为建立核心素养与课程教学的内在联系,充分挖掘各学科课程教学对全面贯彻党的教育方针、落实立德树人根本任务、发展素质教育的独特育人价值,各学科基于学科本质凝练了本学科的核心素养,明确了学生学习该学科课程后应达成的正确价值观、必备品格和关键能力,对知识与技能、过程与方法、情感态度价值观三维目标进行了整合。课程标准还围绕核心素养的落实,精选、重组课程内容,明确内容要求,指导教学设计,提出考试评价和教材编写建议。

2017 年教育部颁布了《普通高中英语课程标准(2017 年版)》,明确提出发展英语学科核心素养,落实立德树人根本任务。普通高中英语课程的总目标是全面贯彻党的教育方针,培育和践行社会主义核心价值观,落实立德树人根本任务,在义务教育的基础上,进一步促进学生英语学科核心素养的发展,培养具有中国情怀、国际视野和跨文化沟通能力的社会主义建设者和接班人。基于课程的总目标,普通高中英语课程的具体目标是培养和发展学生在接受高中英语教育后应具备的语言能力、文化意识、思维品质、学习能力等学科核心素养。普通高中英语学科核心素养各要素的发展划分为三级。通过本课程的学习,学生应能达到本学段英语课程标准所设定的四项学科核心素养的发展目标。

学科核心素养是学科育人价值的集中体现,是学生通过学科学习而逐步形成的正确价值观、必备品格和关键能力。2017 年版课程标准指出,普通高中英语课程具有重要的育人功能,旨在发展学生的语言能力、文化意识、思维品质和学习能力等英语学科核心素养,落实立德树人根本任务。实施普通高中英语课程应以德育为魂、能力为重、基础为先、创新为上,注重在发展学生英语语言运用能力的过程中,帮助他们学习、理解和鉴赏中外优秀文化,培育中国情怀,坚定文化自信,拓展国际视野,增进国际理解,逐步提升跨文化沟通能力、思辨能力、学习能力和创新能力,形成正确的世界观、人生观和价值观。可见,中国学生发展核心素养是党的教育方针的具体化、细化。在日常教学中,教师只有将学科核心素养的目标转化为具体的课堂教学目标和学生的课堂实践活动,并在这一过程中根据学生表现作出及时的教学调整,确保学生在提升语言能力的同时,通过多元思维,逐步形成跨文化认知、积极的生活态度和正确的行为取向,发展学生的英语学科核心素养,落实立德树人的根本任务①。

一方面,在英语教学中落实立德树人的任务是课程深化改革所需。作为一门语言,英语课程教学不只是简单的对听说读写的学习。更重要的是,让学生认识到世界的多样性,促进学生的心智发展,还能够让学生在体验中外文化的异同中形成跨文化意识,陶冶爱国主义情操,形成社会责任感和创新意识,提高其人文素养。与其他学科一样,英语课程的教师除了传授知

---

① 王蔷,李亮,2019.推动核心素养背景下英语课堂教—学—评一体化:意义、理论与方法.课程·教材·教法(5):114－120.

识、培养能力外,也必须对学生进行德育教育,要把德育贯穿于整个教学过程中,不仅要教好书,更加要育好人。另一方面,这也是学生身心发展所需。社会意识的多元化、多样化以及多变性促使国民道德观、人生价值观问题日渐突出。处于身心发展关键时期的学生,对社会认识经验不够,对道德辨识能力不足,个性人格倾向不稳。如果不及时加以正确引导,将对青少年的一生造成重大影响。教师作为人类灵魂的工程师,既是学生知识学习的设计者和组织者,也是学生思想成长的引路人和指导者。英语教师在传授英语语言知识的同时,加强立德树人意识引导,让学生在学习知识的过程中,切身感受到教师的关怀与关爱,以便加强他们的自我道德修养,使其真正趋向成熟[1]。

　　我国传统文化包含了丰富的有关个人修身养性(成德立人)的思想观点,其中许多内容在今天仍具有重大的借鉴与传承价值,如仁爱思想、孝亲爱国、正义、礼敬谦和以及诚信自律等。我国传统文化和传统教育中包含的丰富思想和优良传统,为民族的、科学的、现代的学生核心素养指标体系的构建提供了重要借鉴[2]。2014 年 10 月 15 日,习近平总书记在文艺工作座谈会上指出:"中华优秀传统文化是中华民族的精神命脉,是涵养社会主义核心价值观的重要源泉,也是我们在世界文化激荡中站稳脚跟的坚实根基。"中国学生发展核心素养要把根扎在中华优秀传统文化的土壤中,同时充分吸收革命文化与社会主义先进文化的丰厚营养,坚定文化自信,在全球化、信息化时代的大背景中烙上深深的中华文化底色[3]。

① 罗大珍,郑艳,2016.学科教育教学中立德树人意识引导研究:以英语课程为例.校园英语(7):29 - 31.
② 林崇德,2017.构建中国化的学生发展核心素养.北京师范大学学报(社会科学版)(1):66 - 73.
③ 同上。

第三章 改革开放 40 年中国基础教育英语课程内容的变革与反思

第一节 课程内容概述

一、课程内容的界定

课程内容(Curriculum Content)是构成课程的基本的、内在的要素,反映了不同的课程价值观、课程结构观以及不同的课程设计观。国外课程理论关于课程内容的概念,主要有两种观点:一是课程知识社会学观点,认为课程内容反映了社会权力控制的法则,是在教育机构范围内要向学生灌输的知识,也就是教育知识或课程知识;另一种是技术学观点,认为课程内容是一门课程中所包含或所传授的知识,也是指一些学科中特定的观点、事实、法则与问题等[①]。这两种观点都把课程内容局限在间接经验或理论知识,有一定的片面性。

课程内容是课程的核心要素,从总体上讲,课程内容是根据课程目标,有目的地选择的一系列直接经验和间接经验的总和,是来源于人类的经验体系,并按照一定的逻辑序列组织、编排而成的知识与经验体系[②]。可见,课程内容的基本性质是知识,它具有直接经验和间接经验两种形态。直接经验是指与学生现实生活及其需要直接相关的社会知识、自然知识及其技能的总和;间接经验是指理论化、系统化的书本知识。

二、课程内容与教材

课程内容并不等同于教材。教材,又称教科书,是指以语言符号(例如

---

① 江山野,1991.简明国际教育百科全书·课程.北京:教育科学出版社:69.
② 钟启泉,2007.课程论.北京:教育科学出版社:141.

文本和图形)的形式反映某些课程内容的教学用书。它通过事实、原理和系统形式阐明课程内容中的理论知识体系,是课程内容的直接物质载体。广义上讲,教材是指课堂内外教师与学生所使用的所有教学材料,例如课本、作业簿、故事书、辅导材料、补充练习、自学手册、活动挂图、计算机光盘、录音录像带、影印材料、报纸和杂志、广播和电视节目、幻灯片、卡片、照片、教学物品等。狭义的教材就是教科书,是根据教学大纲(课程标准)的要求,专门为学生的上课与复习而编写的。教科书是一门课程的核心教学教材。从目前的角度来看,除了学生用书以外,教科书几乎总是配备教师用书。许多教科书还配有练习簿、活动簿以及辅助阅读材料,如活动挂图、卡片和视听资源等。

第二节　英语课程内容的变革

课程内容是课程的核心要素,也是课程改革的重点之一。每一次课程改革必将引发课程内容的变化,从最初的注重语音、词汇和语法到注重功能和话题,英语课程内容日益丰富,也越来越贴近学生的生活,富有时代的气息。

一、语音、词汇、语法构成的"老三样"

1978—1984 年这一阶段的两个英语教学大纲对各年级教学内容进行了明确的规定。例如,教学大纲对初中各年级教学内容规定如下:

(1)初中一年级教学内容:① 词汇:400 个左右单词(累计 950 个左右)和一定数量的惯用词组;基本拼读规则和构词法规则。② 语音:连续、失去爆破、句子重音、节奏、降调和升调。③ 语法:归纳小学阶段出现过的语法项目;词类的概念;物主代词的绝对式与反身代词;常用介词;现在完成时与过去进行时;形容词、副词比较的等级(续);简单句的基本概念及句子成分①。

(2)初中二年级教学内容:① 词汇:400 个左右单词(累计 1 350 个左右)和一定数量的惯用词组及构词法。② 语音:同初中一年级;长句的语调。③ 语法:定冠词和不定冠词;现在完成进行时、过去完成时及过去将来

① 课程教材研究所,1999.20 世纪中国中小学课程标准·教学大纲汇编:外国语卷(英语).北京:人民教育出版社:128.

时和被动语态；复合句的基本概念、并列复合句和主从复合句（状语从句、宾语从句）。

（3）初中三年级教学内容：① 词汇：450 个左右单词（累计 1 800 个左右）和一定数量的惯用词组。② 语法：动词不定式（小结）；被动语态（续）；间接引语和定语从句①。

从以上描述中可以看出，这一时期基础教育英语课程内容为语音、语法、词汇"三大块"，尤其注重语法知识的传授和识记，因为教学深受当时流行的语法翻译法的影响。具体分析可知，为达到"着重培养学生的阅读能力和自学英语的能力"这个目标，从小学三年级开始，到经过 8 年的英语学习，要求学生掌握基本的语音和语法，掌握 2 800 个单词和一定数量的惯用语；那些在初中一年级学习英语的人在经过 5 个学年的英语学习，要求掌握基本的发音与语法以及掌握 2 200 个左右的单词与一定数量的惯用语。小学三年级至初中二年级分别对语音、词汇、语法三方面提出具体要求，而初中三年级到高中二年级则只分别对词汇和语法提出具体要求，语音教学主要在起始阶段和低年级阶段进行。

二、日常交际用语、语音、词汇、语法构成的"四大块"

1992 年英语教学大纲关于教学内容的描述在语言知识原有三大块"语音、词汇、语法"的前面增加了"日常交际用语"。2000 年修订的《九年义务教育全日制初级中学英语教学大纲（试用修订版）》又在此"四项内容"的基础上增加了"话题"的内容，从而使英语教学的内容更加丰富全面，反映了社会发展对外语教学的最新要求。

1992 年颁布的《九年义务教育全日制初级中学英语教学大纲（试用）》通过四个附表一目了然地列出了初中阶段应教授的日常交际用语、语音、词汇、语法等四个方面的内容。

（1）日常交际用语方面：教学大纲在《日常交际用语简表》中特别规定了 30 项日常交际用语，将它们作为编写教材、进行教学与检查学生口头表达能力的依据。无论是一级要求还是二级要求，都要求学生初步掌握部分或全部口头交际的内容，并能够进行简单的对话，且要求学生进行大量的语言实践练习。因此，教师必须要转变教学观念，正确地处理讲与练的关系，从传统的"教师中心"转到"学生中心"上来，从旧的知识教学模式中解放出

---

① 课程教材研究所，1999.20 世纪中国中小学课程标准·教学大纲汇编：外国语卷（英语）.北京：人民教育出版社：130.

来,走能力训练型教学新路子①。

（2）语音方面：教学大纲的《语音项目表》基本上包括了初中英语语音的主要内容。过去，许多人认为语音教学的主要任务就是单词的拼读，即只重视单词的发音，不重视语调的训练。因此，初中英语教学大纲把语调作为一个大的项目列出，体现了英语语音教学的改革精神，无疑是符合时代发展要求的。

（3）词汇方面：本阶段教学大纲中英语词汇量由原来的 1 250 个单词降为 1 000 个单词，其中的 700 个左右常用词要求学生能听、说、读、写，其余 300 个左右的单词及相关的习惯用语与固定搭配只要求学生认识和理解，且单词学习方面，由原来的每课时 2.5 个单词下降为每课时 2.2 个单词。这 1 000 个单词都是参考了原教学大纲和外国的 17 种词表资料后编写出来的，并按使用频率分为 1—6 级，其中 1 级是最常用的。

（4）语法方面：本阶段教学大纲对语法教学进行了调整，降低了要求和难度，对原教学大纲中的构词法、感叹句、过去完成时及过去将来时进行了删减，对动名词作主语与定语等的用法都降低了要求，只要求理解，而其他方面则要求听、说、读、写"四会"，并提出了量化要求。例如：英语二级要求规定学生应能听懂没有生词、语速每分钟为 90—100 个词的文章，要求三年制学生的书写速度为每分钟 10 个词左右，要求学生的阅读能力每分钟达到 40—50 个单词等。

1993 年的《全日制高级中学英语教学大纲（初审稿）》在"教学内容"部分中不仅列出了语言知识（包括语音、词汇、语法等）的教学内容，还详细地列出了日常交际的用语，总共 41 项（1992 年的大纲为 30 项），并要求教师要有计划地教学生运用这些语言形式进行交流。选择这些项目的主要依据，一是基于中学师生之间及学生之间对话的需要；二是因为在初中教学大纲中已有的日常交际用语的基础上增加了日常交际活动所需要的用语。此外，教学大纲还在"教学要求"部分提出学生要能听懂以略慢于正常语速进行的日常生活交流，并能运用《日常交际用语》中的表达方法来进行简单的交流。

2000 年修订的《九年义务教育全日制初级中学英语教学大纲（试用修订版）》第一次在英语教学四项内容"日常交际用语、语音、词汇、语法"的基础上增加了 16 个与学生学习、生活息息相关的"话题"，以激发和培养学生的学习兴趣，发展自主学习的能力，培养爱国主义精神，增强世界意识，为学

---

① 李加丽，1994.浅谈对初中英语教学大纲的理解.黔东南民族师专学报(4)：87-90.

生的可持续发展打下良好的基础。

　　这一阶段英语课程内容虽然得到扩展，但难度却有所下降，目的就是适应"应试教育"向"素质教育"转轨，有利于培养学生的交际能力。

三、语言知识、语言技能、情感态度、学习策略、文化意识构成的"五方面"

　　2001年颁布的《全日制义务教育普通高级中学英语课程标准（实验稿）》目的在于培养学生的语言综合运用能力，对学生的语言知识、语言技能、情感态度、学习策略以及文化意识等五个方面均提出了相应的内容标准。其中，对语言四项技能听、说、读、写提出了一到九级的目标要求；对语言知识中的语音、语法、词汇、功能、话题分别提出了二级、五级和八级的目标要求；对情感态度、学习策略、文化意识也提出了二级、五级和八级的目标要求。

　　（1）语言知识方面。语言知识是构成和发展语言技能的重要组成部分和重要基础。学生在基础教育阶段应学习、掌握的英语基础知识主要包括语音、词汇、语法、功能、话题等五方面的内容。

　　（2）语言技能方面。语言技能是构成交际能力的重要组成部分。语言技能包括听、说、读、写以及对这四项技能的综合运用能力。听、说、读、写既是学习的内容，又是学习的手段。其中，听、读是输入和理解技能，说、写是输出和表达技能，四者在语言学习与交际过程中相辅相成，密不可分。学生通过大量的专项和综合性语言实践，形成综合语言运用能力，为真实交际打下坚实的基础。

　　（3）情感态度方面。情感态度是指兴趣、动机、意志、自信、合作精神等影响学生学习过程和学习效果的相关因素以及在学习过程中逐渐形成的祖国意识和国际视野。保持积极的学习态度是学生学好英语的关键。在教学过程中，教师应不断地激发与强化学生的英语学习兴趣，引导他们逐渐地将学习兴趣转化为稳定的学习动机，使他们正确认识自己，树立自信心，磨炼克服困难的意志，乐于与他人合作，养成和谐以及健康向上的品格。同时，通过英语课程，还应增强学生的祖国意识、家国情怀，培养其国际视野。

　　（4）学习策略方面。在英语教学中，教师应帮助学生建立适合自己的有效学习策略。学习策略一般包括认知策略、调控策略、交际策略以及资源策略等，其中认知策略是指学生为完成具体学习任务而采取的步骤及方法；调控策略是指学生对学习进行规划、实施、反思、评价及调整的策略；交际策略是指学生为争取更多的交际机会、维持交际并提高交际效果而采取的各种策略;资源策略是指学生合理并有效地利用多种媒体进行学习以及运用英语的策略。

（5）文化意识方面。语言具有丰富的文化内涵,是人们从事社会生活的主要工具。当人们在交际语境中使用语言时,语言便与文化以复杂多样的方式联系起来。也就是说,语言表达文化现实[①]。在外语教学中,文化是指目的语国家的历史地理、生活方式、传统习俗、风土人情、行为规范、文学艺术以及价值观念等。因此,让学生接触并了解英语国家的社会与文化有益于他们对英语的理解和使用,有益于加深他们对中国文化的理解与认识,有益于培养他们的国际视野。教师应根据学生的年龄特点和认知能力,在英语教学中逐步拓宽文化知识的内容和范围。在学习英语的起始阶段,教师应努力使学生对英语国家文化与中外文化的异同有初步的了解,激发学生学习英语的兴趣。在英语学习的较高阶段,教师要通过扩大学生接触异国文化的范围,帮助他们拓宽视野,提高他们对中外文化异同的敏感性和鉴别力。语言本身就是文化的一部分,我们对蕴涵于所要学习的目标语（英语）中文化的深刻理解能够加深对语言本身的理解。语言学习的主要目的不仅仅是为了了解某一语言现象,而更重要的是获得运用所学语言进行跨文化交际的能力[②]。

修订后的《义务教育英语课程标准（2011 年版）》在课程内容方面仍旧指向学生在语言技能、语言知识、情感态度、学习策略和文化意识五个方面应达到的综合行为表现。与 2001 年的实验稿不同的是,对语言技能中的听、说、读、写等技能提出五个级别的不同目标要求,对语言知识、情感态度、学习策略和文化意识提出了二级和五级的目标要求。对于课程内容的修订主要依据过去十年课程标准（实验稿）在实验过程中所取得的成绩以及存在的问题。此次修订以全国义务教育阶段英语教学的中等发展水平为基准,考虑全国各地英语教育发展的阶段性和地区不平衡性等因素,同时也考虑小学教师水平不高、数量不足的现状,合理调整课程内容,科学控制课程容量,减轻学生过重的学习负担[③]。修改后的课程难度明显降低了。

---

① 克拉姆契,2000.语言与文化.上海:上海外语教育出版社:3.
② 胡文仲,1999.跨文化交际面面观.北京:外语教学与研究出版社:91.
③ 教育部基础教育课程教材专家工作委员会,2011.义务教育英语课程标准解读:2011 版.北京:北京师范大学出版社:32.

四、主题语境、语篇类型、语言知识、文化知识、语言技能和学习策略构成的"六要素"

《普通高中英语课程标准(2017 年版 2020 年修订)》提出了由六个要素构成的课程内容和内容标准,即主题语境、语篇类型、语言知识、文化知识、语言技能和学习策略。六个要素之间的关系以及每个要素所包含的子要素如图 3-1 所示。

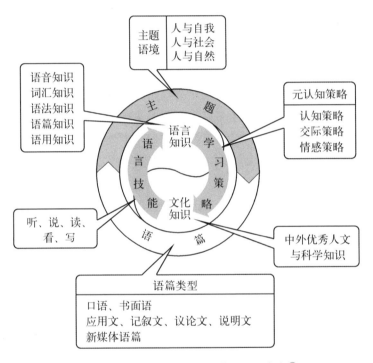

图 3-1 六要素整合的高中英语课程内容①

与 2001 年《全日制义务教育普通高级中学英语课程标准(实验稿)》相比,语言知识、语言技能和学习策略三项课程内容在名称上保持一致,将文化意识调整为文化知识,而情感态度不再作为课程内容,被主题语境和语篇类型取而代之,因为情感态度、价值观目标在过去 10 多年的英语教学中往往只是停留在表面,普遍存在喊口号、形式化与贴标签现象,并未得到真正的落实,难以实现育人目标。同时,新增加的主题语境与语篇类型等课程内容,强调语言学习要围绕意义在情境中展开,教师要基于语篇,围绕主题来

---

① 教育部基础教育课程教材专家工作委员会,2020.普通高中英语课程标准(2017 年版 2020 年修订)解读.北京:高等教育出版社:96.

创设语境,引导学生在解决问题的过程中,运用学习策略,获得语言知识,发展语言技能,形成思维品质,塑造文化意识,从而使课程内容的各要素形成一个整合、关联与发展的体系,也为学科核心素养的培养找到路径和依托①。

　　课程内容的六个要素是一个有机关联、完整统一的整体,它们相互渗透、相互融合、相互促进、相互转化。其中,主题语境处于统领地位,对主题的探究是课程的核心内容,也是教学活动的主线,更是教师帮助学生发展学科核心素养的关键。在课程内容的六个要素中,除了主题语境之外,其他五个要素都是按照必修、选择性必修及选修这三类课程来描述内容标准。无论是必修课程、选择性必修课程,还是提高类选修课程,课程内容的六个要素都需要突出其整合性与关联性的特点。在英语教学中重视主题意义的探究与挖掘,依托语篇,创设语境,在分析问题、解决问题的过程中,帮助学生获得语言知识,习得文化知识,运用语言技能,促进思维发展,引导学生树立正确的世界观、人生观和价值观。

　　具体而言,语言学习的过程应该是基于语篇所提供的主题语境,师生合作开展主题意义的探究过程。围绕需要解决的问题,教师引导学生从已有知识入手,获取具体语篇所传递的信息与相关知识,并在认知与语言实践中,通过梳理、概括、整合、建构等心智活动,训练语言技能、应用学习策略、优化认知结构。同时,又基于新的认知结构,学生通过描述、分析、判断、评价等语言实践及认知活动,尝试运用语言针对主题表达自己的理解与观点,逐步内化所学语言与知识。在此基础上,学生继续挖掘内涵,分析文体结构和语言特点,运用语言技能与学习策略,批判性地对主题意义进行评价与论证,逐步实现语言知识及文化知识的相互促进与转化,以及对语篇结构、语言特点和主题意义的深层理解,实现在新情境下的创造与想象的迁移创新②。

　　《普通高中英语课程标准(2017 年版 2020 年修订)》列出的主题语境包括人与自我、人与社会、人与自然三大范畴。这些主题语境是学生在高中阶段的语言水平下,以英语为媒介所应该学习的中外优秀人文和科学知识。这些主题语境不仅规约了语言知识及中外人文与科学知识的主题范畴,也为在英语教学中渗透情感、态度与价值观教育提供了条件。对主题意义的

---

① 教育部基础教育课程教材专家工作委员会.2020.普通高中英语课程标准(2017 年版 2020 年修订)解读.北京:高等教育出版社:95.

② 同上,第 111—112 页。

探究是学生学习语言的最核心内容。通过对主题语境的理解和对主题意义的探究，学生把语篇中所呈现的语言知识和文化知识整合起来进行学习，通过开展语言技能、学习策略运用等活动，在分析和解决问题的过程中发展语言能力、文化意识、思维品质及学习能力。

作为一门外语课程，英语学习的过程应该是学生对中外语言与文化的学习与赏析，以及培养跨文化交际能力的过程。教师要在以主题意义为引领的课堂上，通过创设与主题密切相关的语境，充分挖掘特定主题所承载的文化信息和发展学生思维品质的关键点，基于对主题意义的探究，以解决问题为目的，整合语言知识与语言技能的学习与发展，将特定主题与学生的生活建立密切的关联，鼓励学生学习和运用语言开展对语言、意义和文化内涵的探究，特别是通过对不同观点的讨论，提高学生的辨别和评判能力，厚植家国情怀。同时，通过中西文化的比较，培养学生的逻辑思维与批判性思维，引导学生建构多元文化视角，培养国际视野。尤其是在关于社会主义核心价值观等主题探究活动的设计上，教师要注意激发学生参与活动的兴趣，调动学生已有的基于该主题的经验，帮助学生深化对该主题的理解和认识。通过一系列相关联的、综合的语言学习和思维活动，培养学生的语言理解与表达能力，推动学生对主题的深度学习，帮助他们建构新概念，体验不同的生活，丰富人生阅历和思维方式，树立正确的人生观和价值观，从而实现英语课程在传承与体现优秀传统文化、革命文化、社会主义先进文化中的作用，彰显英语课程在立德树人中的意义与价值。

五、高中英语学分制与选修课的设计

自 1999 年底开始的新一轮英语课程改革将课程内容分为语言知识、语言技能、情感态度、学习策略、文化意识"五方面"之外，还特别对高中英语课程内容进行了重要的改革，提出了选修课和学分制的要求。各个级别的目标所描述的能力都是通过必修课程和选修课程的学习构建成的。这也成为这次英语课程改革的一个重要亮点。

2003 年教育部颁布了《普通高中英语课程标准（实验）》。在课程基本理念"（二）提供多种选择，适应个性需求"中明确指出，高中阶段的英语课程要有利于学生个性和潜能的发展，高中英语课程必须具有选择性，而课程的多样化是实现课程可选择性的基础。高中英语课程既要关注社会的需求，也要满足不同学生的发展需求。在完成共同基础的前提下，高中英语课程力求多样化，为每个学生提供自主选择和自我发展的机会，使学生在选择中提高自我规划和自主发展的能力，确立自己未来的发展方向。在课程设

计思路上,为了体现课程改革的指导思想,高中英语课程采取必修课与选修课相结合的课程设置模式(见表 3-1)。必修课程的目的是使学生获得基本的英语语言能力,形成积极向上的学习态度、灵活多样的学习策略以及跨文化交际意识和能力,为终身学习奠定基础。选修课程的目的是满足不同学生的就业选择、升学深造以及个人的兴趣和发展的需要。

表 3-1　高中英语课程结构(2003 年)

必修课程 (10 学分)			选修课程					
			系列 I 顺序选修课程			系列 II 任意选修课程		
模块名称	周学时	学 分	模块名称	周学时	学 分			
			英语 11	4	2	语言知识与技能类	语言应用类	欣赏类
			英语 10	4	2			
			英语 9	4	2			
			英语 8	4	2			
			英语 7	4	2			
			英语 6	4	2			
英语 5	4	2						
英语 4	4	2						
英语 3	4	2						
英语 2	4	2						
英语 1	4	2						

必修课程共 10 个学分,按模块英语 1—5 顺序开设。每个模块 2 个学分,36 学时,每周 4 学时。学生修满 10 个必修学分,达到七级目标要求即达到英语学科的毕业要求。学生在修习必修课程的同时或之后,可以自主选修高中阶段其他的选修课程。

选修课程分为两个系列。系列 I 的课程是在必修课模块 1—5 的基础上顺序开设的课程,共有英语 6—11 等 6 个模块,每个模块 2 个学分。学生完成模块英语 6—8 的学习,可以达到八级目标要求,完成模块英语 9—11

的学习，可以达到九级目标要求。所有学校应保证开设模块 6—8，积极创造条件尽快开设模块 9—11。系列Ⅱ的课程为任意选修课程。这个系列的课程分为语言知识与技能类、语言应用类和欣赏类，不规定学生选修的门类和次序。现阶段，各学校可在每门课程中选择开设 1—2 个模块，并创造条件尽快开设更多的课程供学生选修。

　　《普通高中英语课程标准(2017 年版 2020 年修订)》明确规定普通高中英语课程由必修、选择性必修、选修三类课程构成。必修课程(6 学分)为全体学生必须修习的课程，旨在构建英语学科核心素养的共同基础，使所有学生都能达到英语学业质量水平一的要求，满足高中毕业基本要求。选择性必修课程(8 学分)供有学习兴趣和升学考试需求的学生选修，与必修课程形成递进关系；学生在完成选择性必修课程的 8 学分后，方可参加高考。高考应以必修课程和选择性必修课程的内容以及学业质量水平为命题主要依据。选修课程作为学生自主选择修习的课程，既包括国家在必修与选择性必修基础上设置的提高类课程，也包括学生三年间可以任意选修的基础类、实用类、拓展类和第二外国语类等校本课程。开设选修课程的目的是满足地方和学生发展的需要，供不同水平、不同兴趣和不同需求的学生任意选修。高中英语选修课的开设基于批判性思维能力的培养，体现了课程标准倡导的立体化课程功能，实现了对必修课的动态延伸；加强了学科知识综合化，促进了学生的综合素质发展；搭建了教师合作教研的平台，促进了教师的专业发展；丰富了英语课程的多元目标，构建了新一代中学生的能力模型①。

　　同时，《普通高中英语课程标准(2017 版 2020 年修订)》提出了学业质量水平标准的要求，用以代替 2003 年《高中英语课程标准(实验)》的六至九级的课程评价体系。它规定在高一一年级一个半学期内大多数高中学生需要完成 6 个学分的必修课，达到学业质量水平一，以满足高中毕业的要求；对有升学需求的学生，则需要完成选择性必修课程，通过继续修完 8 个学分，达到学业质量水平二，即可参加高考。如果学生有兴趣或者需求，还可以在完成选择性必修课程后，继续选择修习选修课程系列中的提高类课程，达到学业质量水平三。此外，在高中三年内的任何学期，学生都可以选择修习选修系列中的基础类、实用类、拓展类、第二外国语类等课程，以丰富学习内容，拓展学习领域，发展学习兴趣。《普通高中英语课

---

① 李俊，2013.基于批判性思维能力培养的高中英语选修课教学探析.江苏教育学院学报(社会科学版)(5)：131－134.

程标准(2017 年版 2020 年修订)》使用学业质量水平的划分使高中三年各个学段的教学任务更加明确,对学校、教师与学生在教学实践中有更强的指导意义①。

表 3 - 2 高中英语课程结构(2017 年版 2020 年修订)

类别	必修课程 6 学分	选择性必修课程 0—8 学分	选修课程 0—6 学分					
提高要求 ↑			英语 10(2 学分)	提高类	基础类	实用类	拓展类	第二外国语类
			英语 9(2 学分)					
			英语 8(2 学分)					
高考要求 ↑		英语 7(2 学分)						
		英语 6(2 学分)						
		英语 5(2 学分)						
		英语 4(2 学分)						
毕业要求 ↑	英语 3(2 学分)							
	英语 2(2 学分)							
	英语 1(2 学分)							

六、英语教材建设

(一) 基础教育英语课程恢复阶段(1978—1984 年)

这一阶段人民教育出版社根据 1978 年印发的《全日制十年制中小学计划(试行草案)》与《全日制十年制中小学英语教学大纲(试行草案)》的文件精神,编印出版了两套英语教材,一套是小学三年级到小学五年级的小学英语课本(试用本),每学期 1 册,总共 6 册;另一套是中学英语课本(试用本),初中每学期 1 册,总共 6 册。高中英语每学年 1 册,总共 2 册,1981 年秋季出版。配合课本编有《教学参考书》。小学和初中教材于 1978 秋开始使用。这两套试用教材具有以下特点:

---

① 古明,2018.《普通高中英语课程标准(2017 年版)》与《普通高中英语课程标准(实验)》对比研究.
现代教育科学(11):93 - 100.

(1) 较好地处理了思想教育与语言教学之间的关系。众所周知,英语教学的任务是使学生更好地学习英语,促进社会主义现代化。因此,教材是根据英语教学规律的要求编写的。同时,还注意选择内容健康,有助于学生树立正确观念、培养良好素质的材料,即将思想教育融入语言教学,将思想教育渗透到教科书中,使学生在学习英语的同时,在思想上也能受到教育熏陶。

(2) 在对学生进行语言知识教学与能力培养的关系方面,教材更加重视能力的培养。每一册课本自始至终都特别关注英语拼读规则的教学,同时辅以国际音标以及构词法方面的知识,以便能够更好地培养学生学习与记忆单词的能力。

(3) 在听说以及读写的关系方面,教材采用了综合训练与阶段侧重的方法。中学低年级阶段以句型教学为主,着重培养学生的初步听说能力;中学高年级则以课文为主,主要培养学生的阅读理解能力。

1982 年人民教育出版社在以上基础上,根据《全日制中学英语教学大纲》重新编订了初级中学英语课本 6 册,每学期 1 册,同时,配合课本还编辑出版了 6 册《教学参考书》、5 册《练习册》等资料,对原试用课本的内容进行了调整,降低了难度,减轻了分量。在原十年制试用本的基础上,1984 年编订了高级中学英语课本 3 册,每学年 1 册,以衔接初中课本;配合课本还编辑出版了《教学参考书》《练习册》《阅读训练》《听力训练》(配有录音磁带),并录制出版了教学录音磁带。

(二) 基础教育英语课程发展阶段(1985—1991 年)

在教材方面①,根据国家教委制订的《九年制义务教育全日制初级中学英语大纲(初审稿)》,人民教育出版社以及部分地区分别编写了新的英语教材,其中主要是人民教育出版社和英国朗文出版集团有限公司合作编制的义务教育三年制、四年制英语教材(实验本),另外还有北京师范大学九年制义务教育五四学制教材总编辑委员会编写的五四学制初中英语实验课本、广东省九年义务教育教材编辑委员会编写的初中英语实验教材、四川省九年制义务教育教材编写委员会编写的九年制义务教育初中英语(实验本)。这几套教材虽然在特点、难度、分量、程度以及编排体例等方面都有所不同,但它们有一个共同的特点,都采用了功能与结构相结合的方法进行编写,从

---

① 1990 年,英语学科已受到空前的重视,小学开设英语课的势头越来越高。尽管国家教委没有组织力量研究小学英语课程和教材,但为了满足小学对英语教学和教材的迫切需要,人民教育出版社与新加坡泛太平洋公司合作编写了小学英语教材(Primary English for China)共四册,于1992 年投入使用,在小学英语领域产生了很大影响。

而标志着教材"一纲多本"的开始。

　　由人民教育出版社和英国朗文出版公司合作编制的初中英语教材(Junior English for China，JEFC)严格按照义务教育大纲的目的与要求来确定教学内容。编者在继承我国以往行之有效的教学经验的同时，努力体现现代语言教学理论的最新成果，使教材符合教学实际以及学生的认知规律，使新教材更好地适应 20 世纪末 21 世纪初中国经济与社会发展的需要。这套教材有三年制初中英语 3 册，四年制初中英语 4 册。此外，根据《全日制高级中学英语教学大纲(初审稿)》的要求，人民教育出版社通过开展与英国朗文出版公司的合作，共同编写了与义务教育初中英语相衔接的高中英语教材(Senior English for China，SEFC)。1993 年秋季，该教材的第一册在义务教育初中英语教材实验地区进行试用。

　　中英合编的这套教材的主要特点是：一是融思想教育于语言教学之中，重视培养学生的思想情感，提高文化素养，教学内容贴近现代生活，符合学生的需要。二是在编写思路上注重语言结构与语言功能相结合。教材从学生的身心特点出发，关注他们的学习需要与学习兴趣，而不是像旧教材那样以语法项目为主要脉络来组织与安排教学内容。教材既考虑了语音、词汇和语法结构等因素，又考虑了语言的功能、意念、话题，同时尽可能地使它们有机结合起来。此外，为便于学生综合运用语言知识，教材紧密联系学生的生活实际，为他们提供较为自然、真实的语言材料，设置情景以及多种形式的交际性活动，从而使学生的言语技能得以发展成为运用语言进行交际的能力。三是听、说、读、写四个方面全面训练，在入门阶段注重学生口语能力的培养，初二以上的年级则注意加强学生读、写能力的培养。四是教材系列配套。以教科书为主，再配以教师教学用书、直观和音像教材、练习册、阅读训练等，提高了语言的复现率，使教材具有一定的弹性。五是教材装帧讲究、双色印刷、图文并茂，总体上给人焕然一新之感，有利于激发学生的学习兴趣。

　　我国的中小学教材很长时期内采用国定制，即由国家指定教科书的编写和出版，并以行政指令的方式，规定教科书的使用，这一形式已不适应改革发展的需要。而且我国地域辽阔、人口众多、经济文化发展不平衡，仅有一套统编教材供全国使用，已不能满足教育发展的需要①。因此，原国家教委提出教材编写由国定制转向审定制，编写面向不同地区的不同类型的教材。我国中小学教材从"一纲一本"到"一纲多本"，趋向多样化，从而为不同

---

① 葛越，2012."八套半"教材之内地版教材的研究.长沙：湖南师范大学硕士学位论文.

地区选用不同的教材提供了条件,同时也引入了优胜劣汰的竞争机制,激励和促进教材的质量不断提高。

1988 年 8 月,国家教委颁布《九年制义务教育教材编写规划方案》,委托人民教育出版社等 10 多家单位与地区组织,编写不同风格、不同层次、供全国不同地区与不同条件的学校使用的多种教材,出现了比较有影响的"八套半"教材(见表 3-3)。

表 3-3 "八套半"教材编写情况

教 材 类 型	编 写 单 位	使 用 地 区
五四制教材	人民教育出版社	全国
五四制教材	北京师范大学	全国
六三制教材	人民教育出版社	全国
六三制教材	八所高师院校出版社	因编写力量及经费等问题未完成
内地版六三制教材	四川省教委、西南师范大学	内地地区
沿海版六三制教材	广东省教育厅、华南师范大学	沿海地区
发达城市六三制教材	上海市教育局	上海市
发达农村六三制教材	浙江省教委	浙江省
农村小学部分复式教学教材(只有小学部分,算半套)	河北省教育科学研究所	全国复式学校

沿海版教材是"八套半"教材之一,是由广东省承担编写,面向南方沿海经济文化较发达地区的一个版本。它按"情景—结构—交际"的思路编写,注重口语和交际能力的训练,改变了几十年来过分强调语法结构的编写模式,融道德品质教育于学科教学之中,改进教材的功能设计,把教学方法融入教材,注重交际情境的设计,体现沿海地区的地方特色①。它力求改变旧的人才观,打破传统的学科知识中心的教材体系,建立以素质教育为中心的教材体系,采取开放的内容结构形式,借鉴我国以往教学改革所取得的成功经验,在教材的编写中采用先进的教学思想和教学方法,确

---

① 徐名滴,庄兆声,余进利,1998.从沿海版教材的实践看我国课程改革问题.教育理论与实践
(2):28-32.

立学生在教学活动中的主体地位,转变教学模式。将沿海地区的经济、文化特点及人文特色融于义务教育教学大纲的统一要求之中,对教学内容进行新的设计,探索具有沿海特色的教材体系。在教材内容中增加诸如人口、能源、生态、环境等现代公民所必需的知识,以体现教材的时代性特征。沿海版教材力求突破传统的结构体系,采用一种开放式的体系来编排教材,具有鲜明的沿海地区特色,为教材注入了生机和活力①。沿海版教材富有时代感和现实性,重视把沿海地区人们所熟悉的材料通过对话的形式安排到各课中让学生操练,同时还注意加强功能意念项目的训练,学生由于在课内学到的东西在课外也用得上,大大提高了学习兴趣,调动了学习的主动性和积极性。

相对于沿海版教材来说,内地版教材主要是面向经济文化基础比较薄弱的边远地区、农牧地区和山区,以及教学设备较差的学校。该教材是由四川省教委牵头,同西南师范大学合作编写而成的六三制义务教育教材,先后三轮在川、黔、滇、琼等省的 5 000 多所中小学、30 余万名学生中开展教学试验。除了教材编写所应遵从的总的几点原则之外,内地版教材最具特色、最鲜明的指导思想是立足内地经济、文化、教育在当时的发展的实际状况,以及其在此后若干年内可能达到的水平,选择与之相适应的教材内容、对学生提出适度的教学要求。在形式上,内地版教材建立起了合理的教材结构体系,又不失创新之处。在内容的安排上,该套教材编选了切合农村生产生活实际的知识。大量信息表明,内地版教材根据《九年制义务教育教材编写规划方案》的要求,立足内地农村实际,在编写过程中,对教材的知识选取、体系编排等进行了探索与尝试,力图适应内地农村和城镇学校的实际,整体质量较高,教学效果显著,符合内地学校实际,体现了我国中小学教材建设多样化的初衷,是我国编写农村版教材的一个尝试,受到广大师生欢迎。但由于某些原因,此套教材主要在四川地区使用,并且限于 1990 年代前期,后来被人民教育出版社的教材所取代。

“八套半”教材分别针对全国多数地区一般水平学校、经济文化发达地区和办学条件较好的学校、经济文化基础比较薄弱的边远地区和农牧地区与山区以及教学设备较差学校、全国复式学校、发达城市学校和发达农村学校的实际情况进行编写,改变了新中国成立以来中小学校教材“一纲一本”的局面,为全国不同地区和不同条件的学校提供了选择,适应了我国各地区

---

① 吴雪燕,2012.改革开放后“八套半”教科书的研究:背景、建设过程及反思.长沙:湖南师范大学硕士学位论文.

经济文化发展不平衡的状况①。"八套半"教材的出现,是教材由"一纲一本"向"一纲多本"转变的尝试,在我国中小学教材建设史上留下了绚丽的一页。各地区各学校可以根据各自的情况选用不同层次的教材,改变了我国不同地区的中小学生使用同一套统编教材的局面,有利于九年义务教育的普及。教材的审定制,增强了教材评价的客观性、公正性,也会导致优胜劣汰的局面,客观上会促进教材编写和出版质量的整体提高。教材的多样化,需要众多的专家、学者,尤其是一线优秀的中小学教师参与编写,无形中壮大了教材编写队伍,锻炼和培养了一大批编写教材的专家②。"八套半"教材的编写正式开启了教材多样化的新时代。

(三)基础教育英语课程调整阶段(1992—2000 年)

这一阶段的教材建设成绩斐然,其中 30 套小学英语教材、10 套初中英语教材和 7 套高中英语教材均通过教育部中小学教材审定委员会审查,被确定为课程标准试验教材,真正实现了教材的多样化。所有这些教材都是依据课程标准编写,其中约有一半的教材是在引进版的基础上结合中国国情编写的,也有部分教材是由中外专家合作编写,还有的教材是由中国专家编写,外国专家审定。以上这些教材虽然多样化,但是总体上遵循英语课程标准的原则,体现下列特点：

第一,注重提高学生的全面素质,充分体现"一切以学生的发展为本"的新课程理念。实验教材的编制坚持以学生的发展为出发点与归宿。这些教材在内容、程度与分量、结构体系、理论与实践、任务与活动设计等方面都注重遵循学生的生理及心理发展规律,关注他们这一阶段的年龄特征,注重激发他们的学习兴趣。教材内容丰富,富有时代气息,贴近学生生活,有助于培养学生的实践能力与创新精神,提高学生的人文素养。

第二,教材设计总体上注重"功能—结构—话题—任务"相结合,注重基于学生的认知规律来科学地组织语言材料,运用综合的教学方法促进学生构建知识、提高技能；教学注重以话题为中心,通过组织听、说、读、写各种活动来激发学生的学习兴趣,通过设计真实而生动的语言情景以及"任务型"活动,帮助学生获取、处理与使用各种信息,增强他们用英语解决实际问题的能力。

第三,充分重视转变学生的学习方式,突出学生主体。英语课程标准关

---

① 葛越,2012."八套半"教材之内地版教材的研究.长沙：湖南师范大学硕士学位论文.

② 方成智,2012.新中国教科书多样化的开端——"八套半"义务教育教科书研究.学术探索(1)：178－180.

注学生的学习过程,大力倡导学生自主学习、合作学习与探究学习。为解决因大班教学导致的学生语言实践量不够的问题,英语教材普遍采用小组活动(pair work or group work)的形式,有利于提高课堂教学的效率,对提高学生的素质也有着重要的意义。

第四,注重各相关学科的有机融合。积极引导学生面向社会、了解世界、增强国际意识,以开阔学生的视野,满足他们求知的欲望。

第五,注重教材的系列配套,提供丰富的教学资源,以增强教材的选择性、灵活性与开放性。教材不仅是一本教科书,还涵盖了多种形式的材料,如教师用书、学生用书、配套读物、活动手册、练习册、录音带、录像带、卡片、挂图、多媒体光盘等。

第六,增加了教材的评价机制。教科书及其配套的评价手册注重体现学生在评价中的主体作用,帮助学生反思与调控自己的整个学习过程,里面附有质性评价的样本以及行为评价的方法。教材中的评价不仅有助于学生掌握自我评价的方法,了解自己的成绩与不足,并有效地调控自己的学习过程,而且也有利于教师开展教学反思,通过教学反馈不断更新教学方法与手段,进而提高教学质量。

第七,注重教材的版式设计质量。英语教材在版面设计方面推陈出新,普遍采用四色胶印,精美的插图足以激发中小学生的兴趣。

(四)新一轮基础教育英语课程改革与实施阶段(1999—2018 年)

1. 教材多样化

2001 年至今,英语课程的进一步改革使得教材和其他课程资源的开发发生了深刻的变化。中小学英语教材建设成就突出表现在多元化、系列化、科学化、数字化四个方面,真正形成了教材多样化的局面①。2001 年 6 月,《基础教育课程改革纲要(试行)》颁布,标志着我国第八次基础教育课程改革正式启动。《基础教育课程改革纲要(试行)》指出要完善基础教育教材管理制度,实现教材的高质量与多样化,实行国家基本要求指导下的教材多样化政策,国家鼓励有关机构、出版部门等依据课程标准组织编写高质量、有特色的中小学教材,特别是适合农村和少数民族地区使用的教材。过去在我国长期占主导地位的"一纲一本"的局面被彻底打破,人民教育出版社、教育科学出版社、北京师范大学出版社、外语教学与研究出版社、广东省出版集团、湖南出版投资控股集团等相继投标编撰有关中小学教材。新课标教

---

① 刘道义,郑旺全,2018.改革开放 40 年中国基础英语教育发展报告.课程·教材·教法(12):12-20.

材的编写、审定实行国务院教育行政部门和省级教育行政部门两级管理,教材编写、出版、发行群雄逐鹿的时代真正来临①。2001 年至今,教材编写注重学生学习方式的转变,加强与现实生活联系,教材建设各项措施不断配套,改革力度加大,中小学教材建设进入空前繁荣时期。

新课程要求实现教材的高质量和多样化,不是雷同重复的多本化,这就要求每套教材都应有自己的特色,有其特有的价值与功能。教材在编写时应符合国家的实际情况,关注地方差异性,符合不同地区不同学生的学习特征。教材多样化在本质上就是教材的特色化。特别需要指出的是,当前和未来一段时间内我国实行教材多样化,不是单纯为了打破一种教材"统一"全国或基本上"统一"全国的局面,其根本目的是提高课程教材对不同地区、不同学校和不同学生差异的适应性和科学性,提高教材的内在质量②,全面贯彻党的教育方针,落实中共中央、国务院《关于深化教育改革全面推进素质教育的决定》,建构开放的、充满生机的有中国特色的社会主义基础教育课程教材体系,实现跨世纪素质教育目标,提高学生和国民的科学文化水平和身心素质③。

英语新课程标准明确指出,英语教材是指英语教学中使用的教科书以及与之配套使用的练习册、活动册、读物、自学手册、录音带、录像带、挂图、卡片、教学实物、计算机软件等。基础教育阶段英语课程使用的教材是学生学习和教师教学的重要内容和手段。教材要以课程标准规定的课程目标和教学要求为编写依据。在满足课程标准基本要求的前提下,教材应尽可能灵活多样,满足不同学生的需要。同时,教材还应融入先进的英语学习与教学的理念及方法。为更好地指导新课程的教学实施,提高教材的使用效果,2001 年以来各版本的英语课程标准均在实施建议部分提出了关于教材编写的原则或建议。

表 3 - 4　课程标准关于教材编写的原则或建议

课 程 标 准	教材编写原则或建议
《全日制义务教育普通高级中学英语课程标准(实验稿)(2001)》	1. 发展性和拓展性原则 2. 科学性原则 3. 思想性原则 4. 趣味性原则 5. 灵活性和开放性原则

---

① 石鸥,李新,2009.新中国 60 年中小学教材建设之探析.湖南师范大学教育科学学报(5)：5 - 10.
② 葛越,2012."八套半"教材之内地版教材的研究.长沙：湖南师范大学硕士学位论文.
③ 石筠弢,2000.教材多样化简论.课程·教材·教法(9)：31 - 35.

课　程　标　准	教材编写原则或建议
《普通高中英语课程标准（实验）(2003)》	1. 时代性原则 2. 基础性与选择性相结合的原则 3. 发展性和拓展性原则 4. 科学性原则 5. 思想性原则
《义务教育英语课程标准（2011 年版）》	1. 思想性原则 2. 科学性原则 3. 趣味性原则 4. 灵活性原则
《普通高中英语课程标准（2017 年版 2020 年修订）》	1. 坚持思想性原则，落实立德树人根本任务，培养学生的英语学科核心素养 2. 以英语课程标准为依据，满足学生的多元发展 3. 以主题为引领，以活动为重点，整体设计教材学习单元 4. 采用真实的英语语言素材，帮助学生增长知识，丰富生活经验 5. 遵循语言学习的客观规律，满足学生的个性化学习需要 6. 教材编写应具有开放性，注重培养学生的自主学习能力 7. 教材要渗透信息技术在英语教学中的应用

尤其是《义务教育英语课程标准（2011 年版）》在教学实施建议部分，提出了结合实际教学需要，创造性地使用教材①。在教学中，教师要善于根据教学的需要，对教材加以适当的取舍和调整。

（1）根据所在地区的教学实际需要、学生现有水平、课时安排等，可对教材内容做适当的补充和删减。但对教材所做的补充和删减，不应影响教材的完整性和系统性。要避免仅仅为了满足考试需要而对教材做出取舍。

（2）根据实际教学目的和学生学习需求，对教材中的部分内容和活动进行替换，也可根据需要添加活动步骤，比如增加准备或提示性的步骤，从而降低学习难度。教师还可适当扩展教学内容或延伸原有的教学活动，比如增加属于相同主题且水平相当的阅读篇目或在阅读理解的基础

---

① 中华人民共和国教育部，2011.义务教育英语课程标准：2011 年版.北京：北京师范大学出版社：29－30.

上展开对话或讨论活动,或增加词汇学习活动或写作活动等,从而满足学生的需求。

（3）根据学生周围的现实生活对教材编排顺序做适当的调整。比如,现实生活中发生了某一重要事件,该事件与教材中某个单元的话题相关但进度不同步,在不影响教材的延续性和渐进性的前提下,可以提前学习这个单元,使学习内容与生活中发生的事件同步。

（4）由于客观条件的差异、学生现有水平的差异以及具体教学实际情况的差异,教师还可以对教材做其他方面的调整。比如,有时教材推荐或建议的教学方法不一定适合实际教学的需要。在这种情况下,教师可以采用最适合实际教学需要的方法。

2. 主要教材版本的简单比较

（1）人教版与香港朗文版英语教材。

外语教材的编写深受不同语言观的影响。香港不仅是一个国际化大都市,还是全球的金融中心。这里汇聚了不同的社会、经济、文化及商贸制度,彰显出独特的文化背景及其特殊的历史地位。这里的许多教材语言地道,更符合英语国家的表达习惯,直接与西方接轨。因此,把香港教材作为比较对象,对教材建设具有很好的参考借鉴作用。

总的来说,人教版教材较好地将德育与单元情感目标的设置渗透在对学生人文素养的培养之中。在阅读课文中设置了许多开放性问题作为学生热身和预习的内容,目的在于锻炼与培养学生的发散性思维。对于语言知识与语言技能的教学,教材坚持由易到难、循序渐进的原则,遵循学生的认知规律。教材在结构布局上按照话题与功能、任务相结合的模式,倡导建构主义理论与教学实践相结合。在教学方法上倡导复习、呈现、操练、练习和巩固的五步教学法,不仅结合了传统的操练巩固的做法,而且有所创新,融合了结构法与功能法。

无论是在用纸、排版、装订、印刷还是在版面设计、插图以及色彩运用等方面,香港朗文版英语教材都做得非常好,很能吸引人。教材将中小学英语教学进行整体设计,各阶段的教学目标与教学内容衔接自然,过渡平稳,使中小学英语学习的整体性与高质量得到保障,尤其是总体的衔接效果较好。同时,这套教材不仅具有先进的教学理念,合理的课程设计,科学的编排体系以及贴近学生生活的课程内容,而且图文并茂,还配有丰富的教学软件和教学资料等课程资源。教材注重设置真实的语言环境,关注学生的实际操作与运用,十分重视对学生的学习评价,不流于形式且易于操作。遗憾的是,这套教材过于聚焦我国香港的地方文化,无法直接推广至我国其他地区。

（2）译林版与外研版英语教材。

在教学内容的设置上，译林版《牛津高中英语》和外研社版《英语》（新标准）两套教材总体上体现了科学性和整体性，二者题材广泛，内容丰富，都很注重学生的语言综合运用能力的培养。其中，外研社版教材更重视培养学生的说与写的技能，关注语言输出以及学生之间的沟通与交流；而译林版教材侧重听的输入以及说和写的输出，并强调从多方面来强化对学生语言技能的训练。

校园生活、友谊与旅行是两套教材中出现最多的三个话题，都与学生的真实生活息息相关，其中的活动形式均以展示介绍、写作以及交流讨论最为常见。然而，关于两套教材使用者的满意度调查，结果却都不尽如人意，在使用方面也仍然存在很多不足之处，如老师的重视程度不足，学生的参与度不高，话题陈旧，使用方法不当，任务的设置不符合教学实际等。

（3）新旧人教版英语教材。

在编排理念上，新旧人教版教材虽然呈现方式不同，但都重视语言知识的学习规律，均按照听、说、读、写、做的顺序来安排教学内容。旧人教版教材主要以单元（Unit）的方式来安排教学内容。以七年级教材为例，七年级教材总共由 30 个单元构成，每个单元包含 4 课（Lesson），每课占一页，一个单元共四页。教材除目录之外，课后不仅附有练习册（Workbook），而且还列有单词、词组以及语音、语法项目等内容。与旧版不同的是，新教材虽然同样以单元的形式安排教学内容，但每个单元的学习却并不是以"课"的形式来组织，而是通过"话题"将知识内容串联起来，每个单元都分设 Section A（A 小节）、Section B（B 小节）以及 Self Check（自检）三个部分，每部分所占篇幅比例为 3 : 2 : 1。

在结构设计方面，新旧两版教材也明显不同，旧版教材由目录、内容、习题和附录几部分构成，附录则包括音标、语法、单词以及习惯用语。新版教材设有三个单独的单元，主要用于字母的学习。结构上除了有目录和附录之外，还在附录中加入了课文中的相关听力材料。教材目录非常人性化，内容涵盖了教学目标，学习知识的重点与难点，主要语法项目以及重点单词和词组等，让人一目了然。

（4）三套小学英语教材。

外语教学与研究出版社 2003 年《新小学英语》教材是根据国家《英语课程标准》（实验稿）的原则与要求编写而成，具有一定的前瞻性，目的在于培养有多元文化意识和国际视野的英语人才。这套教材坚持"题材—功能—

结构—任务"的编写原则，从小学三年级到高中三年级配套出版，注重上下衔接和连续性。教材可操作性较强，通过设计多种多样学练结合的教学活动为学生创设了丰富多彩的生活化语境，既遵循了语言教学的规律，又体现了素质教育的要求，具有较强的科学性。

湖南少年儿童出版社 2003 年《小学英语》教材将语言的交际功能融入其整体构思、内容以及教学方法中，紧密联系学生的生活实际，培养学生的综合语言应用能力，引导学生学会学习、自主学习及创新学习。教材通过游戏活动将知识目标与技能目标融会在一起，落实了话题、功能、结构、任务相结合的英语新课标理念。这套教材注重将中国节日和传统故事等文化资源融入日常的英语教学之中。教材编写中这种中国文化元素的融入方式为外语教学提供了新思路。

人民教育出版社 2004 年《小学英语》教材具有以下五个特点：一是图文并茂，装帧上更容易吸引学生的注意力；二是寓小学英语教学于游戏之中；三是听说领先，读写跟上；四是坚持音标教学与词汇教学同步进行；五是注重英语课堂中的隐性管理。在教材的设计与编写上，关注学生学习兴趣的培养，创设了多种真实性和实用性很强的语言材料和语言环境。形式多样的活动设计有利于学生培养用英语进行交流的自信心。教材不仅重视培养学生的英语学习策略和自主学习能力，而且重视加强中外文化的双向式交流，具有较强的灵活性和可操作性。

（5）人教版和外研社版高中英语教材。

在表层结构方面，人教版教材的编写体系遵循学科知识的逻辑顺序，在教学内容的选择上注重话题范围广泛，教材设置的各种各样的单元话题和学习任务非常贴近学生的日常生活，体现了对学生的人文关怀。但相较于外研社版教材，尤其在栏目的设置上，人教版教材缺乏多样性。在深层结构方面，人教版教材比较重视西方文化的学习，但对于本土文化的关注有所欠缺。

在表层结构方面，外研社版教材符合学生的身心发展特点，注重栏目设置的多样性以及插图设置的合理性，但在内容选择上这套教材不够体系化。在深层结构方面，外研版教材在文化意识上中西方文化学习兼顾，保持了较好的平衡，并且在语言因素方面还单独设置了语音板块，供学生学习，有利于培养学生的语音语调。

调查研究表明，两套教材都基本上符合学者刘道义关于好教材评价理论的标准与要求，比如都遵循了国家法规和新课程标准的要求，都考虑到了学生的实际需要以及各地英语教学改革的实际情况。但是，不足的是，这两套教材的词汇量都偏大,而且重点词汇的重复率又相对较低。这种状况不利于学生对英语词汇的记忆与掌握。

(6)牛津版与人教版初中英语教材。

两套教材都是以教育部制定的《全日制义务教育普通高级中学英语课程标准(实验稿)》为指导思想,坚持以学生为中心,促进学生的全面发展。两套教材都倡导任务型教学的原则,通过参与、体验、实践以及小组合作和互动交流等活动方式,让学生在教师创设的情景中完成学习任务,体现"在做中学,在学中用"的新理念。

牛津版教材的编写采用的是"模块建筑体系"(Building Blocks)。这种体系包括听、说、读、写四个模块,由一个一个的专题模块连接而成。人教版教材特别倡导采用任务型语言教学模式,主张将话题、语法结构与交际功能相结合,将听、说、读、写四项技能的训练与学习任务相结合,从而构建一套循序渐进的生活化的学习程序。教材按照先单词和句型、后语篇教学的顺序进行编写,体现先听说、后读写的原则,符合语言教学一般规律以及学生的认知规律。

第三节　关于英语课程内容变革的反思

课程内容不等于教材。教材是课程内容直接的物质载体,是通过不同事实、原理以及体系等来阐明课程内容中理论知识的体系,是以文字与图形等语言符号的形式来反映一定的课程内容的教学用书。广义的教材一般指课堂内、外教师与学生使用的各种教学材料,包括课本、练习册、辅导资料、活动与自学手册、故事书、补充练习、录音带、录像带、幻灯片、照片、卡片、教学实物、计算机光盘、复印材料、报纸杂志、广播电视节目等。狭义的教材一般指教科书,即根据教学大纲(课程标准)的要求,专门为学生上课与复习而编写的书本。教科书是各门课程的核心教学材料。从目前来看,教科书除了学生用书之外,一般都配有教师用书、活动册、练习册、配套读物以及音像带、卡片、挂图等。

一、如何正确处理语言教学与思想和文化的关系

(一)语言教学与思想教育的关系

1986 年《全日制中学英语教学大纲》明确提出要遵循语言教学的基本规律,将思想教育融于日常语言教学之中。中学英语教学的任务在于通过

听、说、读、写的基本训练，培养学生运用英语的实际能力。要依据英语教学的规律来选编教材，内容与编排体系要有利于培养学生听、说、读、写的能力，并力求语言地道。阅读训练的各种材料，既要满足语言教学的需要，又要注意内容健康向上，把思想教育浸润到教材及教学中去，使学生在学好英语的同时，培养良好的思想品德①。

英语教学的根本任务是培养学生运用英语的能力。但是，作为学校教育有机组成部分的英语教学，应当为学校的整体教育目标服务。英语教师应责无旁贷地对学生进行思想教育，把学生培养成具有社会主义理想和道德品质的人。进行思想教育，不能简单地理解为在英语课堂上空谈大道理，而是必须联系教学实际，在完成英语教学任务的过程中结合进行。

（1）注重英语教材的科学性与思想性的有效结合。英语是一门实践性很强的学科，编写英语教材必须按照英语特点和英语教学规律，努力做到语言地道，由浅入深，由简到繁，便于教师教和学生学。另一方面，又必须注意思想内容健康，有助于学生树立正确的思想观点，培养良好的道德品质。这样，随着英语教学的进行，学生在学好英语的同时，思想上也受到好的影响。如教材中反映尊师爱生、团结友爱、助人为乐的道德风尚以及我国社会主义建设和历史文化的题材，无疑会使学生受到思想品德和热爱社会主义祖国的教育，为他们全面发展健康向上的人格打下良好的基础。

（2）注重将思想教育渗透到英语教学全过程。英语教学过程不仅是传授知识、训练技能的过程，同时也是培养学生智力、培养辩证唯物主义观点、提高思想认识的过程。例如，阅读训练的材料不仅关注语言教学的需要，而且还关注内容是否健康、是否有利于学生树立正确的世界观与价值观。英语教学要注意培育学生的智力，尤其是创造力。这不仅有助于学习英语和其他学科，也有助于将来的工作。英语知识的内在规律是人们经过长期总结后归纳出来的。学生在学习过程中通过从感知到认知、从具体到抽象、从感性认识发展到理性认识的认识活动，可以提高认识能力。语言不是随便可以学好的，非下苦功不可。尤其是技能训练，如准确的语音、流畅的口语及规范漂亮的书写等都必须经过长期、严格的训练方可获得。在教学过程中，学生的思想品质、学习态度都会得到塑造，而所有这些都只有在认真进行教学的前提下才能实现。

（3）注重教师言传身教。对学生进行思想品德教育，教师在教学过程

---

① 课程教材研究所，1999.20 世纪中国中小学课程标准·教学大纲汇编：外国语卷（英语）.北京：人民教育出版社：163.

中所起的表率作用是十分重要的。教师热爱教育事业,热心教学工作,认真备课,积极负责,关心学生,对学生会起到潜移默化的作用。对学生进行学习目的的教育,不是光靠讲大道理所能奏效的,而是要靠教师在教学中表现出来的工作精神去感染学生。教师的工作不仅仅是教书,更要育人,真正做到"学高为师,身正为范",以自己的言行帮助他们形成优良品质和健康人格,培养他们刻苦学习和钻研的精神,教育和引导学生形成正确的人生观、世界观、价值观。

《全日制义务教育普通高级中学英语课程标准(实验稿)(2001)》强调"英语课程要面向全体学生,注重素质教育"。课程特别强调要关注每个学生的情感,激发他们学习英语的兴趣,帮助他们建立学习的成就感和自信心,使他们在学习过程中发展综合语言运用能力,提高人文素养,增强实践能力,培养创新精神。

《义务教育英语课程标准(2011 年版)》也强调"注重素质教育,体现语言学习对学生发展的价值"。义务教育阶段英语课程的主要目的是为学生发展综合语言运用能力打基础,为他们继续学习英语和未来发展创造有利条件。语言既是交流的工具,也是思维的工具。学习一门外语能够促进人的心智发展,有助于学生认识世界的多样性,在体验中外文化的异同中形成跨文化意识,增进国际理解,弘扬爱国主义精神,形成社会责任感和创新意识,提高人文素养[①]。

《普通高中英语课程标准(2017 年版 2020 年修订)》明确提出"发展英语学科核心素养,落实立德树人根本任务"。普通高中英语课程具有重要的育人功能,旨在发展学生的语言能力、文化意识、思维品质和学习能力等英语学科核心素养,落实立德树人根本任务。实施普通高中英语课程应以德育为魂、能力为重、基础为先、创新为上,注重在发展学生英语语言运用能力的过程中,帮助他们学习、理解和鉴赏中外优秀文化,培育中国情怀,坚定文化自信,拓展国际视野,增进国际理解,逐步提升跨文化沟通能力、思辨能力、学习能力和创新能力,形成正确的世界观、人生观和价值观[②]。

(二)语言教学与文化的关系

1993 年《全日制高级中学英语教学大纲(初审稿)》中的教学目的规定"增进对所学语言国家的了解",并在《教学中应该注意的几个问题》中的第

---

① 中华人民共和国教育部,2011.义务教育英语课程标准:2011 年版.北京:北京师范大学出版社:2.

② 中华人民共和国教育部,2020.普通高中英语课程标准(2017 年版 2020 年修订).北京:人民教育出版社:2.

5条专门阐明了如何处理好语言教学和文化之间的关系。语言既是文化的一种重要载体，又与文化相辅相成，密不可分。学生掌握语法知识有助于他们正确地使用语言，熟悉有关文化知识则有助于他们理解语言及表情达意。因此，通过英语教学能使学生了解英语国家的文化以及社会风俗习惯，帮助学生学好英语、扩大视野。为此，在进行日常教学、编写教材时，应处理好语言与文化的关系问题①。克拉姆(Kramsch)指出，语言是人们从事社会生活的主要工具，当人们在交际语境中使用语言的时候，语言便与文化以复杂多样的方式相联系，也就是说，语言表达文化现实②。跟语言一样，文化不仅是多种多样的，而且又互不相同，各具特色。

随着社会的发展，各国之间的交流日趋频繁，在"地球村"中，不同国家的文化差异造成了跨文化交际的障碍。在英语学习中，如果不了解英语所承载的文化，我们就很难理解某些词语的意义，在交际中就会遇到障碍与挫折，严重时会导致"文化休克③"，使交际无效果或产生相反的效果。因此，学习语言必须了解文化，理解文化必须了解语言。一般说来，东西方的文化差异主要表现在以下几方面：① 由于文化背景不同而导致词语内涵及感情色彩方面的差异；② 由于历史文化渊源不同而导致的文化差异；③ 由于价值观的不同而导致的差异；④ 由于思维习惯的不同而导致的差异；⑤ 由于社交礼仪的不同而导致的差异④。由此可见，因为来自不同的语言和文化背景，人们之间相互了解和跨文化交际并不容易，常常会产生文化冲突，也正因为如此，外语学习不但要求学生掌握语音、单词与习惯用语以及语法等知识，而且还要了解彼此相关的社会文化。

由于语言与文化的密切关系，外语教学就不可避免地涉及文化学习。英语学习也必然离不开对英语国家文化的学习与理解。斯伯尔斯基(Splosky, B.)指出，语言本身就是文化的一部分，我们对蕴含于所要学习的目标语中文化的深刻理解能够提高对语言本身的深层理解。语言学习的主要目的不仅仅是为了了解某一种语言现象，更重要的是让学生获得运用所

---

① 普罗伯(Prober, L.)在谈到语言与文化的关系时曾提出，我们是说"语言与文化(language and culture)"，还是说"文化中的语言(language in culture)"本身就是一个问题。(in Hymes, D., 1964. Language in Culture and Society: A Reader in Linguistics and Anthropology, preface.)

② 克拉姆契, 2000.语言与文化.上海：上海外语教育出版社：3.

③ "文化休克(Cultural Shock)"是1958年美国人类学家奥博格(Kalvero Oberg)提出来的一个概念，是指一个人进入不熟悉的文化环境时，因失去自己熟悉的所有社会交流的符号与手段而产生的一种迷失、疑惑、排斥甚至恐惧的感觉。"休克"本来是指人体重要功能的丧失，如身体失血过多、呼吸循环功能衰竭等。但是，当一个长期生活于自己母国文化的人突然来到另一种完全相异的新的文化环境中时，其在一段时间内常常会出现这种文化休克的现象。

④ 饶纪红, 2005.跨文化交际中的中美文化差异.江西社会科学(4)：164-165.

学语言积极开展跨文化交际的能力①。由于学习英语的主要目的是交际，英语学习也就自然地要涉及不同文化之间的交际，即跨文化交际，并对学生进行跨文化意识的培养。跨文化意识是指对异国文化与本国文化的异同的敏感度，和在使用外语时根据目标语文化来调整自己的语言理解和语言产出的自觉性。这种敏感度是可以培养的，这种自觉性也是可以培养的。因此，在教学中教师应把培养学生的这种敏感度和自觉性作为一个重要任务，通过显性的教学活动和隐性的潜移默化让学生建立和提高这种敏感度和自觉性。

　　培养能与来自不同文化背景的人进行交流的人才是外语教学的重要任务，增强文化意识与跨文化学习是外语教学的主要目的之一。跨文化学习被认为是语言学习一开始就不可缺少的部分，外语学习的过程自身就是消除文化障碍、促进相互接纳的过程。同时，未来外语教学的重要课题之一仍然是关注学生文化视野的拓展以及跨文化交际意识与能力的培养。

　　《义务教育英语课程标准（2011 年版）》在教学实施部分提出"培养学生的跨文化交际意识，发展跨文化交际能力"。鉴于语言与文化是密切相关的，英语教学应有利于学生理解外国文化，加深对祖国文化的理解，进而拓宽文化视野，形成跨文化交际意识和初步的跨文化交际的能力。首先，教师应当结合教学内容，引导学生关注语言和语用中的文化因素，了解中外文化的异同，逐步增强学生对不同文化的理解力，为开展跨文化交际做准备。其次，教师应根据学生的语言水平、认知能力和生活经验，创设尽可能真实的跨文化交际情境，让学生在体验跨文化交际的过程中，逐步形成跨文化交际能力②。

二、如何处理英语教材编写与学生现实生活的关系

　　陶行知说过："生活即教育。"教育不能脱离生活，教育应"回归生活"，让"学生在生活中学会运用英语"符合主体教育的要求，它是在素质教育思想的指导下，通过教师有目的、有计划、有组织的引导，使学生张扬个性，积极主动地投入英语的运用中，掌握英语基础知识和基本技能，发展智力，养成良好的学习习惯，使其意志、品质、情感和行为得到充分发展；把英语带入生活符合中小学生的身心发展特点，在学习观上，充分尊重每一个学生的主体

① 胡文仲，1999.跨文化交际面面观.北京：外语教学与研究出版社：92.
② 中华人民共和国教育部，2011.义务教育英语课程标准：2011 年版.北京：北京师范大学出版社：28 - 29.

地位和主体人格，在学习过程中，强调师生互动，提倡民主和谐，让学生在一种宽松愉快的活动中，"愿用、乐用、会用"，促进学生身心的全面发展，发挥学生的主体性、能动性和创造性。

在大多数的学校，由于受到各方面条件的制约，学生接触英语还主要局限于英语课堂学习和英语课外作业（练习册、背诵课文、抄写默写单词等）。除此之外，学生很少通过其他途径接触英语。学生的活动主要是读和写。资源的单一，决定了学生学习、运用英语的形式的单一。在课外，学生主要忙于背课文、抄单词和完成练习册，缺少实际的交际训练。另一方面，频繁的考试，对学生造成很大的压力，他们宁愿多做一些试题让心里感到踏实，也不愿把时间花在无用的英语实践上，教师也是片面追求短期效益，考什么就重点训练什么。这显然是不符合"素质教育"的理念的。陶行知反对传统意义上的课程评价制度，反对为考试而教、为考试而学的做法。他说："学生是学会考，教员是教人会考，学校是变成了会考筹备处。会考所要的必须教；会考所不要的，不必教，甚至于必不教。于是唱歌不教了，图画不教了，体操不教了……所要教的只是书，只是考的书。"他指出，当时，"中国现代之会考制度是自杀杀人的制度①"。

英语课程的学习，既是学生通过英语学习和实践活动逐步掌握英语知识和技能、提高语言实际运用能力的过程，又是他们磨砺意志、陶冶情操、拓宽视野、丰富生活经历、开发思维能力、发展个性和提高人文素养的过程。随着新课程的进一步推广，课程资源的开发和利用已日益引起整个教育界的重视。

英语与人们日常生活的关系随着社会生活的不断进步和发展而变得越来越紧密。对于英语学习来说，社会是一个大课堂，英语教学不能脱离生活，要注重英语教学与社会生活的接轨，积极引导学生学会用所学知识为自己的生活服务，让日常的英语学习充满生活的气息，从而真正调动起学生学习英语的热情，培养他们的自主创新意识。为此，过去那种"繁、难、偏、旧"的课程内容必须得到改变，过去那种过于注重书本知识的弊端必须得以清除，必须进一步关注学生的学习兴趣与经验，加强课程内容和学生生活以及现代社会与科技发展的联系。课程应具有时代精神，课程内容要能够反映现代科技发展的最新成果，要为学生精心挑选他们终身学习必备的基础知识与基本技能。此外，课程不再盲目强调学科体系的逻辑性、完整性和严密性，不再单纯以学科为中心来组织教学内容，而是

① 王中华，2009.陶行知的生活课程观及其当代启示.教育探索(10)：6-8.

关注课程内容和学生经验的融合,使学生的现实生活成为他们新概念和新知识形成的基础。

课程内容的选择不仅要考虑受教育者现有的发展水平及其发展规律,还必须满足受教育者身心发展的需要,促进受教育者个性的自由发展①。课程内容要努力体现时代特点,切实反映学生生活经验,有效地改变学生学习生活脱离现实世界的状况,极大地激发学生学习的积极性和主动性。生活与英语相辅相成,生活能使学生领略到英语的无穷魅力,强化学生学习英语的成就感,英语则拓展学生的生活空间,扬起学生追求生活的热情。总之,"生活化"的英语课程引领学生进入英语世界,引导学生把所学内容和实际生活相结合,让英语融入学生生活,实现英语教学效果最优化。正如杜威所言,学校必须呈现现在的生活——对于儿童来说是真实而生气勃勃的生活,像他在家庭里,在邻里间,在运动场上所经历的生活那样②。

《全日制义务教育普通高级中学英语课程标准(实验稿)(2001)》和《义务教育英语课程标准(2011 年版)》均提出教材编写要体现"趣味性原则",即强调教材不仅要符合学生的知识、认知和心理发展水平,还要充分考虑不同年龄段学生的兴趣、爱好、愿望等学习需求。为此,教材应紧密联系学生的实际生活,选择具有时代气息的语言材料和丰富多彩的表现形式,创设尽量真实的语言运用情境,设计生动活泼、互动性较强的语言学习活动,提高学生的学习兴趣和学习动机。

《普通高中英语课程标准(2017 年版 2020 年修订)》则强调采用真实的英语语言素材,帮助学生增长知识,丰富生活经验。英语教学不仅要发展学生的语言能力,而且要使他们通过语言学习来获得跨学科知识和生活经验。英语教材是学生接触和学习英语语言的重要材料,也是学生了解世界,认识社会,形成正确的价值观念,培养积极的情感态度的重要途径。为此,教材在语言材料的选择方面应有利于学生增长知识,开阔视野,更新原有知识,获得更多生活经验,以及得到更多人生启迪。教材涵盖的知识要具有时代性,能激发学习兴趣,符合高中学生的认知发展水平。教材内容要反映当代中外青少年的生活和精神面貌,关注社会发展、科技进步和外语教育研究的最新成果,同时还要重视吸收和弘扬中华优秀传统文化③。

①　McNeil J D, 1981. Curriculum: A Comprehensive Introduction. Boston: Little, Brown and Cornpany: Chapter1, Chapter2.

②　杜威,1994.学校与社会:明日之学校.北京:人民教育出版社:6.

③　中华人民共和国教育部,2020.普通高中英语课程标准(2017 年版 2020 年修订).北京:人民教育出版社:110.

三、如何有效解决小学、中学英语教学衔接问题

国家教委早在 1990 年末就决定制定高中英语教学大纲，目的是与《九年义务教育全日制初级中学英语教学大纲》相衔接。义务教育初中英语教学的目的和教学方法变化较大，教学要求（特别在语言知识方面）有所降低，课时在众多学科中削减最多，三年制初中比以前减少了 100 个课时。1993年，使用实验新大纲与教材的部分初三毕业生升入了高中。当时，教委组织了人力，历时两年的酝酿、讨论、调查与研究，制定了《全日制高级中学英语教学大纲（初审稿）》，并通过了审查，以解决初、高中的衔接问题，于是新高中英语教学大纲从 1993 年秋季开始在全国部分学校开展实验。

新大纲中的教学要求与教学内容反映了设计者对语言本质动态发展的认识。新大纲尤其注重外语教学中语言形式、意义及功能三者之间的相互结合。在语言形式上，新大纲教学内容部分明确规定了学生需要掌握的语音、语法和词汇内容，并在教学要求中明确了这些技能所需要达到的水平。在语言意义上，新大纲在听、说、读、写各方面都有所体现。例如，在"读"的方面，新大纲要求三年级的学生能够根据上下文来理解作者的态度、观点以及段落的意义，能够根据已知的事实推断出文章中所隐含的意义。在"说"的方面，新大纲要求学生能围绕问候、建议和邀请等话题，运用《日常交际用语》中的表达方式，进行简单的交谈等①。

从新大纲的教学内容与教学要求来看，它在兼顾语言输入与输出的同时，尤其强调语言输入的作用。新大纲明确指出，在高中英语教学中，要综合开展听、说、读、写的训练，使学生的听说能力得到进一步的提高，同时，要侧重培养学生的阅读理解能力。阅读有助于学生扩大词汇量，丰富语言知识，进而了解英语国家的社会文化背景；听是理解与吸收口头信息的重要手段。在英语四项技能中，听和读都属于输入技能，要使学生具有较好的说和写的能力，就必须确保他们在日常的学习中有足够的输入量。因此，在英语教学中教师要努力为学生创造听读训练的条件，尤其要通过加强泛读训练提高学生的语言输入量。事实上，对语言输入的足够重视对我国的外语教学具有特殊意义。首先，英语对我国学生来说是作为外语而不是第二语言来学习的，学生的语言环境较差。因此，对语言输入的重视有利于我们弥补这方面的不足。其次，语言的学习必须经历"由

---

① 课程教材研究所.1999.20 世纪中国中小学课程标准·教学大纲汇编：外国语卷（英语）.北京：人民教育出版社：403－405.

量的积累到质的飞跃"这样一个过程。因此,没有足够的输入,学生难以达到语言学习的质的飞跃。

由此可见,高中英语教学大纲的新编保证了整个中学阶段英语课程研究的连续性和完整性。在制定 1996 年供试验地区用的高中各科教学大纲时,高中英语教学大纲(初审稿)基于课时减少对教学要求和内容做了必要调整,形成了《全日制普通高级中学英语教学大纲(试验用)》。

2001 年《全日制义务教育普通高级中学英语课程标准(实验稿)》将课程目标设定为九个级别并以学生"能够做某事"的表达具体描述各级别的要求。这种设计旨在体现基础教育阶段学生能力发展循序渐进的过程和课程要求的有机衔接,保证国家英语课程标准的整体性、灵活性和开放性。

《义务教育英语课程标准(2011 年版)》秉持"整体设计目标,充分考虑语言学习的渐进性和持续性"的课程基本理念,指出英语学习具有明显的渐进性和持续性特点。语言学习持续时间长,而且需要逐渐积累。本标准和与之相衔接的《普通高中英语课程标准》采用国际通用的分级方式,将基础教育阶段英语课程的目标按照能力水平设为九个级别。该设计遵循了语言学习的规律和不同年龄段学生生理和心理发展的需求和特点,也考虑到我国民族众多、地域辽阔、经济和教育发展不平衡的实际,旨在体现小学、初中和高中各学段课程的有机衔接和各学段学生英语语言能力循序渐进的发展特点,保证英语课程的整体性、渐进性和持续性,体现国家英语课程标准的整体性、灵活性和开放性。英语课程应按照学生的语言水平及相应的等级要求组织教学和评价活动。

义务教育阶段的英语课程以小学三年级为起点,以初中毕业为终点(即义务教育九年级),并与高中阶段的英语课程相衔接。整个基础教育阶段的英语课程(包括义务教育和高中两个阶段)按照能力水平设为九个级别,形成循序渐进、持续发展的课程体系。在九级目标体系中,一至五级为义务教育阶段的目标要求。其中,二级为六年级结束时应达到的基本要求,五级为九年级结束时应达到的基本要求。六至九级为普通高中的目标要求。其中,七级为高中毕业的基本要求,八级和九级是为愿意进一步提高英语水平的高中学生设计的目标。在九个级别的目标中,一级、三级、四级和六级为过渡级别。分级目标的设置有利于在课程实施中对教学和评价进行指导,同时也为课程的灵活性和开放性提供了依据①。

---

① 中华人民共和国教育部,2011.义务教育英语课程标准:2011 年版.北京:北京师范大学出版社:5-6.

四、英语教材的"一纲多本"与统编教材

（一）教材编制"一纲多本"

改革开放40年,对我国中学英语教学的发展起着巨大推动作用的是"一纲多本①"的教材编写和使用政策,而且教材的编写也打破了以往一家垄断的传统。除人民教育出版社外,一些省市教育行政部门、教学科研机构、综合大学、师范院校等也参与了教材的编写。到1993年,共有五套初中教材出版使用:一是人民教育出版社与英国朗文出版公司合编的六三制和五四制教材(Junior English for China, JEFC)(人教版);二是北京师范大学五四学制教材编委会组织编写的五四教材(北师大版);三是广东、福建、海南等省为沿海经济发达地区编写的教材(广东版);四是四川省教科所和西南师范大学为内地城市和农村编写的教材(四川版);五是上海市课程教材改革委员会组织编写,也为经济发达地区使用的教材(上海版)②。这些教材除上海版是根据上海九年义务教育英语学科的课程标准编写的以外,其他几个版本的教材都是根据1992年的教学大纲编写的,出版前都在一定范围内进行过实验。高中教材则主要为人民教育出版社与英国朗文出版集团合作编写的高中英语教材(Senior English for China, SEFC)。

从全国范围内来看,人教版的JEFC和SEFC两套教材使用范围最广,影响也最大。这两套教材在编写上秉承了我国传统教材的一些实践证明为行之有效的编写原则,打破了以往的教材以语法为主要脉络组织和安排教学的模式,同时吸收了国外当代语言教学研究的新成果,将功能和结构结合起来,采用以结构为主、功能为辅的方法,按语法结构的繁简顺序编排教学内容,同时通过科学的设计,将功能项目有机地贯穿其中。这样,就要求学生在牢固掌握各项语法结构的同时,还要运用这些结构来实现大纲所规定的各项交际功能。中英合编的这两套教材具有以下特点:① 教材采用结构与功能相结合的模式编写,突出交际性,注重运用英语的交际能力。② 语言知识循环复现,区别定性定量要求。③ 语言输入量充足,语言实践机会增多。④ 语言自然、地道,富有生活气息,并增加了英美文化介绍。⑤ 系列配套,能满足不同教学需求。⑥ 设计新颖,图文并茂,富有趣味性和启

---

① 所谓"一纲多本",是指根据国家统一制定的课程标准(教学大纲)编制面向不同水平的经济文化发展地区的多种不同版本的教材。如面向大多数地区的"人教版",面向广东等地的"沿海版"及面向经济文化比较落后地区的"内地版"等。参见张传燧,2008.课程与教学论.北京:人民教育出版社:460。

② 刘道义,2008.基础外语教育发展报告(1978—2008).上海:上海外语教育出版社:217.

发性。

在这之后,经过 4 年(1991 年 5 月—1994 年 12 月)的努力,人民教育出版社和新加坡泛太平洋出版有限公司合作编写了小学英语教材(1—4 册)。这套教科书编写生动活泼,突出语言基础和对小学生的兴趣及听说能力的培养。这套教材在世纪之交普遍用于全国各地(除上海外①),产生了很大的影响。

在 1999 年正式启动的面向 21 世纪新一轮基础教育课程教材改革过程中,教育部根据新的国际国内形势的发展,特别是国内政治、经济、文化和教育实际,制定和完善了课程教材多样化建设的政策和管理制度。国家鼓励科研机构、高等学校、出版部门、社会团体和个人依据课程标准编写国家课程和地方课程规定的教材,并且积极鼓励开发信息化课程资源,增加课程的开放性和灵活性。这些政策是进行课程教材多样化建设的保证②。2001 年以来,新课程改革真正实现了教材的多样化。各种教材基本符合英语课程标准的精神,体现以下一些特点:一是充分重视学生的发展,注意提高学生的全面素质;二是大部分教材都遵循“功能—结构—话题—任务”相结合的途径进行设计;三是充分重视以学生为主体,促使学生学习方式的变革;四是注重学科融合;五是系列配套增强了教材的选择性、拓展性、灵活性和开放性;六是增加了评价的机制;七是教材的版式设计质量有了明显的提高③。

总之,“一纲多本”的教材编写和使用为英语教学提供了多样性选择,在很大程度上拓宽了教学视野,开拓了学用渠道,使英语课程资源更为丰富多彩。

(二)“统编教材”全国通用,缺乏竞争

新中国长期以来实行教科书国定统编制,不允许民间编写教材,也不允许学校和学生自由选择教材,全国使用的是统一编写的“一纲一本”的教材,这样的教材制度很难照顾到不同地区、不同学校的差异和实际需要,不仅造成了“万人一书”的局面,也增加了学校和教师对教材的依赖性④。事实上,从 1978 年到 1992 年间,正是 20 世纪中期结构主义语言教学理论盛行的时

---

① 　上海市于 1988 年开始了第一期课程改革的中小学英语教材编写。1993 年,全市小学一年级开始推行上海市英语教材。1996 年,全市小学六个年级全部采用了新英语教材。2001 年,上海市开始了第二期英语课程教材改革。

② 　石笋戣,2000.教材多样化简论.课程·教材·教法(9):31-35.

③ 　刘道义,2008.改革开放 30 年的中小学英语教材.英语教师(10):3-8.

④ 　张传燧,2008.课程与教学论.北京:人民教育出版社:455.

期,中小学英语教材的编写者也深受影响。他们阅读并参考了以结构主义理论为基础编写的大量国外引进版教材,如《英语 900 句》(*English 900*)、《新概念英语》(*New Concept English*)、《这样学英语》(*English This Way*)等,随后进行了教材的编写。当时,全国各地中小学都广泛使用一套通用教材(后被称为"统编教材")。这套教材关注中国学生的学习特点,关注中英文比较,强调对学生进行英语基础知识的传授、基本技能的训练,按照语法知识归纳与句型操练相结合的原则进行编排,注重模仿、记忆以及语言的准确性,并采用直观教具与录音配套教材。这套教材不仅对稳定教学秩序、确保教学质量起到了重要的作用,还对于拨乱反正、纠正不顾外语教学规律突出政治的错误倾向具有重要影响。

这套教材深受美国结构主义语言学理论影响,根据结构性大纲编写而成,因此英语语法结构成为教材设计的重点。可是,如何由易到难、由简而繁地编排语法结构是非常困难的。语言结构的难易是一种直觉的观念。然而,根据语言学来描述语言结构项目难易次序的合理性,在学习心理学上并不一定具有同等的合理性。因此,如果按大纲设计者主观的难易度来编排语言结构,学习心理上的效度必然有所缺乏。结构性大纲只说明结构(形式)能力,不能说明语义交际能力。因此,结构性大纲的以下缺陷也就显而易见了:一是学生只是单纯地学习英语语法系统,而得不到可以立即应用的学习反馈,其学习的动机与兴趣必然会遭到无情的扼杀;二是由于结构性大纲强调整个语法系统,忽视各部分语法规则的实用性,因而难以使学生掌握学习的重点;三是结构性大纲主张语式比语义更重要,但不重视语用,从而导致学生无法合理地使用语式表达真正的意图;四是结构性大纲常常把语法结构比较相似的句子合并在一起,但事实上,一般说来,语义相似的句子才会在一起出现[①]。例如:

(1) Put the book in the bag.

(2) Come to lunch on Sunday.

(3) Throw the bottle to the dustbin.

(4) Forgive his rudeness.

从语法结构来说,以上句子虽然都属于祈使句,但它们体现的语义功能却分别是"说明""邀请""劝告""请求"。因此,这种差异的存在会导致学生在写作或会话时常常词不达意。

此外,结构法本身的以下缺点也在"统编教材"中有明显的体现:一是

---

① 刘骏,1991.英语教学大纲设计理论评析.山东外语教学(1):72 - 74.

对语言的交际功能以及对学生综合语言运用能力的培养均重视不够,学用脱节。即使学生掌握了一些语言知识,但是听、说、读、写的能力仍然不强。二是忽视了语言的内容和意义,特别是对语言的实际运用不重视,过于强调语言知识的传授与句型操练,缺乏对学生生理与心理发展特征的研究。课本比较重视语言的形式,语言材料不够生动,缺乏交际意义,不利于培养学生的能力。同时,机械性的句型练习较多,导致学生缺乏学习的兴趣与积极性。三是教学要求偏高,学生阅读量偏小,再加上较高的生词率和较低的复现率,导致教学的难度加大。

五、教材建设的意义

教材是课程"培根铸魂、启智增慧"的重要依托,是课程标准与课堂教学之间的桥梁。教材要严格依据课程标准的要求来编写,要充分反映课程标准倡导的教育教学理念,也要覆盖课程标准要求的课程内容。同时,教材的容量、难度及教学活动的设计,要充分考虑实际教学的需要。教材编写还要遵循外语学习和外语教学的客观规律①。伴随着"一纲多本"的教材政策的实施,以及教材市场越来越开放与发达,教师必将肩负更多的责任与义务,这也反映在教材的编写、选择和使用等方面。教材可以被视为意识形态的体现,它反映了一种文化体系的世界观,属于社会上层建筑,强加于师生并间接地改变他们的文化观。

与其他学科的教材相比,英语教材不仅传播语言知识,而且承载更多外来文化,并培养学生的跨文化交际能力。在传统教学中,文化的内容通常会被无意识地忽略,而只会盲目地强调发音、词汇和语法的水平等知识结构。但是,教材中隐含的这些价值观将对学生产生潜移默化的作用。因此,有必要研究英语教材中的文化意识形态,这也是教育者在编写教材和教学过程中应注意的重要问题。教师不得盲目服从或崇拜教材,而应该分析教材,增强学生对文化差异的敏感性。

英语课程要实现育人目标,彰显育人价值,必须以教材为基础,帮助学生学会学习,尤其要通过教材引导学生讲好中国故事,正确看待外国文化,培养家国情怀,拓宽国际视野,落实立德树人的根本任务。英语教材既是英语教学的主要内容和载体,也是对学生进行思想品德教育的重要媒介。教材在内容选取、教学活动设计等方面应坚持思想性原则,体现英语课程的育人价值,有机融入社会主义核心价值观和人类命运共同体意识,将立德树人

---

① 梅德明,王蔷,2022.义务教育英语课程标准(2022 年版)解读.北京:北京师范大学出版社:164.

根本任务落到实处。教材编写要有利于引导学生形成积极、健康的情感态度，使学生通过英语学习，理解和鉴赏中外优秀文化，涵养家国情怀，坚定文化自信，促进国际理解，逐步形成跨文化沟通与交流的能力，发展逻辑思维和辩证思维，涵养审美情趣，树立正确的世界观、人生观和价值观。教材应以适当的方式介绍社会主义先进文化、革命文化和中华优秀传统文化，积极渗透爱国主义教育、革命传统教育、中华传统美德教育，以及民主与法治教育①。

尽管我国教材建设取得了一定的成绩，但也存在一些不足。首先，关于教材的理论研究不够。教材建设必须要有理论的指导。但是，长期以来我国中小学教材的理论研究非常薄弱。有一定影响的教材理论，基本上是国外专家的观点。为了提高我国教材质量，必须大力加强教材理论的研究，逐步形成具有中国特色教材理论体系。其次，教材的多样化水平不高。目前的教材多样化在一定意义上是多本化。教材的多样化通常指适应和满足不同层次学校需求的教材，教材的内容安排、呈现方式体现不同特色以及不同的地区教材政策的差异。最后，缺乏强大的教材编写队伍。长期以来，由于教材的统一性，势必造成了编者队伍的相对窄化。一旦实行教材多样化，最大的问题就是缺乏足够水平和数量的编者。未来，我国教材的发展必须加大现代化建设的力度，创新具有中国气派的教材理论，构建全社会共建共享的教材系统，健全优胜劣汰的教材竞争机制②。

---

① 梅德明，王蔷，2022.义务教育英语课程标准(2022 年版)解读.北京：北京师范大学出版社：165.
② 石鸥，李新，2009.新中国 60 年中小学教材建设之探析.湖南师范大学教育科学学报(5)：5－10.

第四章　改革开放 40 年中国基础教育英语课程实施的变革与反思

第一节　课程实施概述

一、课程实施的界定

课程实施(Curriculum Implementation)定义繁多,但概括起来,在以下方面学者们具有共识:① 课程实施是将编制好的课程计划付诸实践的过程,是实现预期的课程理想,达到预期课程目的,实现预期教育结果的手段。课程计划与课程实施是理想与现实、预期的结果与实现结果的过程之间的关系①。② 课程实施是通过教学活动将编制好的课程付诸实践。③ 课程实施的焦点是实践中发生改革的程度和影响课程实施的那些因素。课程实施不包括对课程实际效果的评价,但为评价做准备。关于课程实施的定义多为描述性的,一些观念性的问题还存在模糊认识,如仅仅将它等同于教学,有缩小其内涵之嫌。本书采用如下界定:课程实施是指一套规定好的课程方案实际的运行过程②,是课程编制的环节之一,也是达到预期课程目标的重要手段。

二、课程实施的影响因素

课程实施是一个复杂的过程,受许多因素的影响。辛德等把影响课程实施的主要因素归纳为四大类:第一,课程改革本身的性质,包括改革的必要性及其相关性、改革方案的清晰程度、改革内容的复杂性、改革方案的质

---

① 李定仁,徐继存,2004.课程论研究二十年(1979—1999).北京:人民教育出版社:91.

② 钟启泉,2007.课程论.北京:教育科学出版社:202.

量与实用性；第二，校区的整体情况，包括本地区对改革需求的历史、地方的适应过程、地方管理部门的支持、教职员队伍的培养与参与、时间安排与信息系统、部门与交流系统；第三，学校水平上的影响因素，包括校长的作用、教师之间的关系、教师的特点与行为取向等；第四，外部环境，包括政府部门的重视、外部机构的支持，以及社区与家长的协助等①。一般认为，课程实施是将课程方案付诸实践的过程，其中核心环节是教学活动，主要通过主导性教学方式来体现。

在一定阶段，课程实施常常通过主导性教学方式（Dominant Teaching Method）来体现。教学方式是指教学活动过程中实际呈现的形式，是教学过程中具体的活动状态，是教学方法的活动细节，像练习法中的示范与模仿以及讲授法中的讲述、讲演和讲解等。教学方式没有独立的任务，服从于某一方法所要完成的任务。同一教学方式常常可以用于不同的教学方法之中，不同的教学方式也往往可包含于同一教学方法之中。它能赋予教学方法以个人特征，使教师工作方法形成独特风格，也能影响学生掌握知识的个人特点②。主导性教学方式就是指在某一阶段众多教学方式中起主导作用、居主导地位的教学方式。

教学方式是教师在教学活动中基本的教学行为取向或倾向性的教学行为。它的形成及转变既受教师教学理念的影响，也受学生学习方式的制约。根据教师和学生在教学活动中的地位和作用，可将教学方式分为注入式、启发式、探究式三类。在注入式教学方式中，教师处于传授者、灌输者地位，学生则充当被动接受者角色；在启发式和探究式中，教师是引导者、组织者和促进者，学生则在教师的引导下去主动发现。

第二节　英语课程实施的变革

什么样的语言观就会产生什么样的教学方法。改革开放40年，在基础教育英语课程的变革与发展历程中，产生了语法翻译法、听说法、交际法、任务型教学法等几种主要的教学方法，对各个时期的英语课程实施产生了深刻的影响，推动了英语课程的不断发展。

---

① Snyder J B, Zumwalt K，1992. Curriculum Implementation. New York：Macmillan Publishing Company：404.

② 顾明远，1998.教育大辞典（增订合编本）.上海：上海教育出版社：714.

一、语法翻译法

语法翻译法(the Grammar-Translation Method)是外语教学中历史最长与使用最广泛的方法之一[①]。该教学法于十九世纪达到全盛时期,在十九世纪四十年代到二十世纪四十年代之间统治了整个欧洲[②]。语法翻译法产生于十八世纪中叶,是一种强调以语法讲解加翻译练习为主的方式来教学外语的方法。这种方法的理论基础源于康德的理性主义哲学与官能心理学[③]。在外语教学里这种方法创建了翻译的教学形式,注重利用语法与学生的理解力来提高教学效果,在锻炼学生的记忆能力、发展学生智慧、培养学生的阅读能力及逻辑思维能力等方面起到了积极的作用。语法翻译法比较注重培养学生的阅读能力与翻译能力。同时,在教学中重视语法规则与词汇的记忆,借助母语来辅助教学,翻译既是教学的手段,又是教学的目的[④]。

作为外语教学中历史最久的一种教学方法,语法翻译法具有以下优点:一方面,这一方法比较重视对语法知识的传授以及学生阅读和翻译能力的培养。教学过程中教师经常通过母语的翻译与比较,强调学生的语法学习,促进学生比较深刻地理解外语的抽象词义以及复杂的句子结构。另一方面,这一方法不需要什么教具与设备,使用比较方便,只要教师掌握了外语的基本知识,就可以进行外语教学。此外,这一方法容易对学生进行测试,班级管理也较容易。

诚然,语法翻译法对培养学生的英语阅读能力起到了一定的作用,但学生综合语言能力的发展包括听、说、读、写、译各方面的全面发展,只有阅读能力和翻译能力是远远不够的。语言是交流的工具,学生听说能力的培养至关重要。中国学生身上的"哑巴英语"现象就是传统英语教学过于注重语法与翻译、忽视听说能力培养的结果。

结合自身的教学经历,本人认为语法翻译法具有以下不足之处:一是过分重视语法知识与母语翻译,夸大了语法与母语在外语教学中的作用,不

① 左焕琪,2001.外语教育展望.上海:华东师范大学出版社:97.

② Richards J C, Rodgers T S, 2000. Approaches and Methods in Language Teaching. TESOL Quarterly, 36(4).

③ 18 世纪在德国形成的官能心理学认为,各种官能(如记忆力、理解力等)可以相互分离,单独地加以训练和培养。它认为记忆无意义的复杂的语言形式,能发展记忆能力,繁杂的语法训练可"磨炼智慧"。因此,死记硬背语法规则就成了语法翻译法教学的基本做法。参见田式国,2001.英语教学理论与实践.北京:高等教育出版社:46.

④ 张丽华,2003.论在英语教学中发挥传统语法翻译法的功效.教育评论(5):80-82.

利于培养学生的英语思维习惯；二是教学过程中不重视培养学生的口语和日常交际能力，语言的交际作用难以真正发挥；三是教学中用脱离现实生活的不常用的句子来锻炼学生的智慧，增加了学生的学习负担，影响了教学效果；最后，强调死记硬背，课堂气氛沉闷，难以激发学生的学习兴趣。此外，语音、词汇和语法教学也与课文阅读教学脱节。

由于英语教学大纲缺乏明确、详细的语言行为目标，在这一时期的英语教学过程中，无论是在英语教材的编写，还是在课堂的具体教学实践中，语法翻译法一直占着主导的地位，发挥着独特的优势。充分利用母语的优势，教师可以先讲课后所附的汉语语法讲解的内容，然后再对课文的句型与文章进行翻译教学。有学者指出，语法讲解和逐句翻译是语法翻译法课堂教学的主要活动①。同时，测试题也过多地考查零碎的语法知识，而没有考查学生实际使用语言的能力且试题缺乏丰富语境。教师为了应付这样的试题，不得不花大量的时间讲解语法知识，从而形成了"教什么，就考什么"和"考什么，就教什么"的怪现象。

总之，传统的语法翻译法是以教师为中心的教学模式，学生往往处于被动接受的学习状态。这种教学方法对培养学生的英语学习兴趣与发挥学生的主观能动性以及提高学生的创造能力等均产生了负面影响。在 1985 年开展的全国中学英语教学调查与分析的结果中就明确指出"造成学生英语水平低的重要原因在于教学观念与教学方法，即过于强调语法规则的讲授而忽视英语实际运用能力的培养"。

改革开放之前的 1963 年《全日制中学英语教学大纲（草案）》在第四部分"教学中应该注意的几点"中提出：要重视基本训练；要妥善安排入门阶段的教学；要注意语音教学和会话训练；要熟读多练；要加强课外活动②。此时的英语教学侧重基本的语音和会话训练，对教学设施的具体要求还不够明确，显得比较笼统。1978 年《全日制十年制中小学英语教学大纲（试行草案）》则明确提出了中小学英语教学中需要教师处理好的相互联系的几对关系：正确处理英语教学中政治思想教育和语言教学的关系、理论与实践的关系、听说与读写的关系以及教与学的关系，初步形成了比较系统和具有一定逻辑联系的原则体系。这无疑使广大英语教师在教学中"有章可循"，对提高教学质量具有重要意义。关于英语教学实施的描述如表 4-1 所示。

---

① 田式国，2001.英语教学理论与实践.北京：高等教育出版社：47.
② 课程教材研究所，1999.20 世纪中国中小学课程标准·教学大纲汇编：外国语卷（英语）.北京：人民教育出版社：109-112.

表 4 - 1　1978—1984 年英语教学大纲关于教学(课程)实施的描述

教学大纲名称	项目	主　要　内　容
1978 年《全日制十年制中小学英语教学大纲(试行草案)》	教学原则	(一)正确处理英语教学中政治思想教育与语言教学的关系 (二)正确处理英语教学中理论和实践的关系 (三)正确处理听说与读写的关系 (四)正确处理教与学的关系
1980 年《全日制十年制中小学英语教学大纲(试行草案)第二版》	教学原则	(一)英语教学要注意研究、总结中国学生学习英语的规律。只有这样,才能提高教学效率,使学生循序渐进地学到合符(原文如此)规范的英语 (二)中小学英语教学应重视培养学生实际应用英语的能力 (三)学习一种外语,必须通过听、说、读、写、译的综合训练,才能较好地掌握 (四)教师的主导作用在英语教学中应该特别加以强调

从表 4 - 1 可以看出,这一阶段对于英语教学原则的概括和论述日趋科学、合理。

(1)正确处理英语教学中政治思想教育与语言教学之间的关系。英语教学必须有利于转变学生的思想。要以马列主义的立场、观点和方法为指导,把政治思想内容渗透到教材和教学中,使学生在学好英语的同时,也受到政治思想教育。但中小学开设英语课的主要目的,是使学生打好一门外语的基础。为了有效地进行教学,必须遵循英语教学的规律,特别是中国学生学习英语的规律。只有这样,才能使学生由浅入深,由简到繁,循序渐进地学到符合规范的英语。

(2)正确处理英语教学中理论和实践之间的关系。培养学生一定的听、说、读、写、译的能力无疑是中小学英语教学的重要目的,但是,如果教师只向学生讲解语言知识,而不重视培养学生的英语实际运用能力,教学目的显然是无法达成的。为培养实际运用英语的能力,讲解一些有关的规则和用法也是必要的,但讲解是为了指导实践。无论是语音、词汇还是语法的教学,都必须符合"实践—理论—实践"这一重要的认识规律。

(3)正确处理听说与读写之间的关系。学习一门外语,必须通过听、说、读、写的综合训练。听说训练与读写训练二者相辅相成[①]。听说是读写

---

① 　贾冠杰,1996.外语教育心理学.南宁:广西教育出版社:115.

的基础,读写训练有利于巩固听说训练的成果,有利于提高学生掌握语言的准确性,反过来这又有助于提高学生的听说能力。在初级阶段,应以听说为主,读写为辅,先听说,后读写。在学生已经学完基本语法、掌握了一定数量的词汇并具有一定的听说能力与习惯之后,可着重培养学生的阅读理解能力,同时进行适当的听说训练①。

(4)正确处理教与学之间的关系。在英语教学中应特别强调教师的主导作用和表率作用。教师要忠诚党的教育事业,在业务上精益求精,力求语音准确,语法熟练,书写规范,不断提高自己的口语水平;要针对学生的特点,改进教学方法,认真备课,不断提高教学质量;教师要关心学生在德、智、体诸方面的健康成长,引导学生养成良好的学习习惯,获得正确的学习方法,使学生充分认识到:学好英语,非下苦功不可。

此外,1980 年大纲强调英语教学要注意研究、总结中国学生学习英语的规律。只有这样,才能提高教学效率,使学生循序渐进地学到符合规范的英语。

这一时期占主导地位的教师教学方式是"注入式",代表性的教学方法是语法翻译法。这一方法通过翻译的教学形式,注重利用语法规则与学生的理解力来提高课堂教学效果,有利于锻炼学生的记忆能力,发展学生的智慧,培养学生的阅读能力以及逻辑思维能力。尤其是传授那些抽象却又不得不记住的语法知识,用注入式对学生较为合适。大纲中指出,词的用法应以句型方式教给学生,词汇的讲解应采取归纳的方法;句型练习提供典型结构;课文教学应以句型练习和其他练习为主;翻译的方法还可用来检查学生对课文的理解②。

但是,注入式教学③强调教师中心、教材中心及课堂中心,教师主宰教学过程,漠视学生的内在兴趣、需求和意愿等,把教学过程完全等同于人类一般的认识与实践活动过程,将学生这一活生生的有思想感情与人格的发展主体视为纯粹的客体,完全将教学过程运作成一种支配自然界的过程。在注入式教学中,师生关系是对抗式、专制型的,教师的权威建立在对学生

---

① 课程教材研究所,1999.20 世纪中国中小学课程标准·教学大纲汇编:外国语卷(英语).北京:人民教育出版社:121.

② 课程教材研究所,1999.20 世纪中国中小学课程标准·教学大纲汇编:外国语卷(英语).北京:人民教育出版社:123-124.

③ 注入式教学(cramming),亦称"填鸭式教学",与"启发式教学"相对,指教师在教学过程中,视学生为接受知识的容器,不顾他们的知识基础、理解能力和学习兴趣,用强制方法向学生灌输知识,并要求他们呆读死记。引自顾明远,1998.教育大辞典(增订合编本).上海:上海教育出版社:2122。

压制的基础上,师生之间必然产生思想隔阂、情感障碍以及行为对抗①。

从教学效果来看,注入式不利于学生个性的发展,抑制了学生智力的发展,扼杀了学生的创造性,严重阻碍了学生独立学习能力的发展,大大影响了学生学习的积极性和主动性,造成了教与学,学与用的严重脱节,从根本上影响了教学效果。

二、听说法

关于课程实施,1986年颁布的《全日制中学英语教学大纲》提出了六项教学原则。1988年颁布的《九年制义务教育全日制初级中学英语教学大纲(初审稿)》则将教学原则改为教学中应该注意的几个问题,共提到了八个方面的问题。具体描述如表4-2所示。

表4-2 1985—1991年英语教学大纲关于教学(课程)实施的描述

教学大纲名称	项目	主 要 内 容
1986年《全日制中学英语教学大纲》	教学原则	(一)遵循语言教学规律,寓思想教育于语言教学之中 (二)精讲语言基础知识,着重培养学生运用语言进行交际的能力 (三)综合训练,阶段侧重 (四)尽量使用英语,适当使用母语 (五)发挥教师的主导作用,调动学生的积极性 (六)提高课堂教学质量,指导学生开展课外活动
1988年《九年制义务教育全日制初级中学英语教学大纲(初审稿)》	教学中应该注意的几个问题	(一)遵循英语教学规律,寓思想教育于语言教学之中 (二)加强基础知识和基本训练,着重培养为交际运用语言的能力 (三)听、说、读、写全面训练,不同阶段各有侧重 (四)尽量使用英语,适当使用母语 (五)发挥教师的主导作用,充分调动学生的主动性和积极性 (六)提高课堂教学质量,积极开展课外活动 (七)增加语言材料和语言实践的量,提高英语教学的质量 (八)充分利用直观教具和电化教学手段,努力创造英语环境
1990年《全日制中学英语教学大纲(修订本)》	教学原则	同1986年大纲

① 杨芳,2006.对注入式和启发式教学特征的重新审视.中国成人教育(5):105-106.

"遵循英语教学规律,寓思想教育于语言教学之中"要求我们在进行语言教学时,既要注意教学内容健康,培养学生良好的品德,又要寓思想教育于英语教学之中,即把思想教育渗透到教材与教学中,使学生在学好英语的同时,还在思想上受到好的影响,热爱社会主义祖国,热爱中国共产党,热爱人民。同时,还要学习一些英语国家有教育和教养意义的名人事迹与社会风貌。所有这些都应该以形象具体、潜移默化的语言传授给学生,切不要生硬地贴政治标签。

1988 年教学大纲在"教学中应该注意的几个问题"中特别强调要培养学生"为交际"运用语言的能力,明确要求英语教学要着重培养学生综合地运用语音、词汇和语法进行听、说、读、写的交际能力。在训练的过程中,教师不要过多地做语言形式方面的练习,而应努力使语言形式和语言意义相联系,使语言形式和学生的生活实际相联系,使语言技能发展成为运用语言进行交际的能力。

1988 年大纲同时规定,初中英语听、说、读、写要全面训练,不同阶段又有所侧重。起始阶段的教学主要从视听说入手,适当加大听说训练的比重;起始阶段以后,在继续发展学生听说能力的同时,则要重视培养他们的读写能力。检查学生的听、说、读、写能力,既要笔试,又要口试。所有这些都体现了义务教育大纲的改革精神①。

大纲还强调应充分调动学生的学习主动性与积极性的重要意义,积极开展课堂双边活动。在教学过程中,教师的主导作用在于充分调动学生的主动性和积极性,引导和帮助学生学习英语。因此,教师必须重视学生的需要、兴趣、主动性及创造性,尤其要给学生提供和创造真实的语言交际情景及机会,使学生能用语言自由表达思想情感。

此外,大纲还主张增加语言材料和语言实践的分量,充分利用直观教具与电化教学手段,努力创造英语学习环境,提高英语教学效率。

这一时期占主导地位的教师教学方式具有"启发式"特点,教师在教学过程中根据教学任务和学习的客观规律,从学生的实际出发,采用多种方式,以启发学生的思维为核心,调动学生的学习主动性和积极性,努力促使他们生动活泼地学习。鉴于语法翻译法对学生听说能力的极端忽视,本阶段教学大纲明确提出听、说、读、写全面训练,着重培养学生"为交际"初步运用英语的能力。学生交际能力的培养有赖于其听说能力的提高。因此,听

---

① 课程教材研究所,1999.20 世纪中国中小学课程标准·教学大纲汇编:外国语卷(英语).北京:人民教育出版社:206.

说法自然就成了本阶段代表性的教学方法。而听说法的贯彻和实施需要学生在教师的启发、引导下经过长期、大量的训练方能取得效果。

听说法(the Audio-Lingual Approach)是一种强调通过反复的句型结构操练来培养学生口语和听说能力的教学法。它最早于二十世纪四十年代在美国产生。第二次世界大战爆发后,美国军队为在短期内培养大批掌握外语口语能力的军人,采取一系列的措施和手段强化训练士兵的听说能力,听说法便应运而生。战后,该法被推广应用到学校外语教学中,并在二十世纪五六十年代风行美国和西方各国。美国结构主义语言学是听说法的语言学理论基础,它强调第二语言教学要从说话开始,从口语开始,通过掌握语言结构来学会目的语。听说法的心理学基础是行为主义心理学的刺激-反应论,它强调第二语言教学要注重通过大量的模仿与反复操练养成新的语言习惯,认为言语行为是通过刺激和反应的联结并加以强化而形成的习惯。

听说法的教学过程一般有 5 个阶段:认识(recognition)、模仿(imitation)、重复(repetition)、变换(variation)、选择(selection)①。听说法的主要特征表现在以下几个方面:① 注重口语,听说领先。口语是第一位的,读写是在听说的基础上派生出来的;初级阶段先练口语,以培养口语能力为主,读写为辅。② 注重以句型为中心,通过重复、模仿和记忆的方法反复进行操练,最终形成自动化的习惯。③ 注重尽量用直观手段或借助于语境、情景,直接用目标语来理解与表达,限制使用母语和翻译。④ 注重培养正确的语言习惯,严格、及时地纠正学习者出现的错误。⑤ 注重通过多种途径进行强化刺激,广泛地运用现代化的视听手段开展教学,如录音、录像、幻灯、电影、电视等。

听说法强调教学以句型为中心,听说领先,注重反复实践,形成习惯。其主要的优势是能在较短的时间内培养学生初步的英语口语能力,起到"立竿见影"的效果,它对于那些缺乏英语基础而又要急用的学习者比较实用。但由于它过于强调听说,忽视读写,且听说多是枯燥的机械性操作,句型操练脱离语境,因而不利于培养学生创造性地运用语言的能力。

作为英语教学的四项技能,听、说、读、写不可偏废,因为它们互相联系,互相影响,是统一的整体。在语言学习过程中,听和读是领会、吸收的过程,属于输入技能;读和写是表达和复用的过程,属于输出技能。输入是基础,输出是提高②。因此,没有领会和吸收,语言实践能力的培养就会成为无源

①　杭宝桐,2000.中学英语教学法(修订版).上海:华东师范大学出版社:21.
②　贾冠杰,1996.外语教育心理学.南宁:广西教育出版社:115.

之水,无本之木;同样,没有表达和复用,语言实践能力就得不到巩固。

听说关系非常密切。听是说的前提,说又有助于听,听懂了才能说得对,通过说才能检查听的质量,提高听的效果。听的质量影响说,说的质量也影响听。因此,英语教学中听和说要一起抓,以听保证说,以说提高听。读和写也是紧密相连。读是写的基础,写是读的提高。读为写提供语言和材料。写又促进学生对词形的辨认,从而有利于提高阅读速度。因此,教学中读和写也要一起抓,既要加强读,又不能忽视写。听、说属口语,读、写属书面语。书面语是在口语基础上发展起来的,学习口语有利于学习书面语,反之亦然。因此,在英语教学中,口语和书面语应一起抓,不能偏废。

外语是一门实践性很强的学科,"听"是进行交流实践的基础。但交流应是双向的,听是输入信息,而说是输出信息,听力不应只是单纯地"听",而应结合"说""读"和"写"的活动,这样才能体现外语教学的实践性①。诚然,听、说、读、写虽然相辅相成,密不可分,但它们各自又是一种独立能力,各种能力的形成都有自己的特殊过程。听是说的前提,但会听不等于会说;读是写的基础,但会读不一定会写。因此,听、说、读、写的生理机能是独立的,必须经过专门的训练才能培养出来。听说读写综合训练要贯穿英语教学全过程,但在不同阶段应该各有侧重。教师应认识到学生在不同阶段的年龄和心理特点,对学生的听说读写提出不同的要求。

初级阶段②的教学应以听说训练为主。这个阶段的主要任务是结合学习语音语调,发展听说能力,在听说的基础上开展读和写的训练。一般说来,口语是第一性的,文字是第二性的,先听说,后读写,这个语言学习的自然顺序或规律,是不能违背的。听说是语言交际的基本形式,通过听说训练,学生就容易学习地道的语音、语调,有助于培养学生使用英语思维的能力和直接运用英语的能力。因此,无论从语言学、学生年龄、心理特征还是教学法的角度看,初级阶段从听说入手进行英语教学是有科学根据的。

中级阶段属于过渡阶段。其主要任务是进行听、说、读、写的全面训练。一方面巩固听说训练的成果,另一方面为逐步转向侧重阅读能力的培养打下良好基础。

---

① 贾道新,2002.高中英语听力教学初探.黑龙江教育学院学报(6)：118 - 119.
② 中学英语教学大致分成三个阶段：初级阶段、中级阶段和高级阶段。初级阶段包括初中一、二年级;中级阶段包括初中三年级和高中一年级;高级阶段包括高中二、三年级。参见杭宝桐,1993.中学英语教学法.上海：华东师范大学出版社：55。

高级阶段的任务是,在继续进行听、说、读、写训练的同时,侧重培养学生的阅读理解能力。因为此时学生已经具备一定的听、说、读、写能力,已经掌握了一定数量的英语词汇,并已经学完了大部分的基本语法。这样,加强阅读教学,加大学生的阅读量,对培养学生的阅读能力无疑具有重要的现实意义。

综上所述,在英语教学中,听说读写综合训练和不同阶段各有侧重,二者之间不仅没有矛盾,而且在适当的配合下还能相得益彰,可以更好、更快地培养学生运用英语进行交际的能力。

三、交际法

交际法(Communicative Approach)又称"意念法""功能法"或"意念-功能法"。它是以语言功能项目为纲,以学生为中心,培养交际能力的一种教学法体系。社会语言学是这一方法的语言学理论基础。社会语言学兴起于20 世纪 60 年代,在 70 年代形成高潮,主要包括社会语言学家海姆斯的交际能力理论、功能主义语言学家韩礼德的功能语言理论与话语分析理论,以及威多森的语言交际观。交际法的语言观认为,语言是表达意义的系统,语言的基本功能就是社会交际,因此,语言学不应该只研究语言的形式,而更要关注语言要完成的社会功能以及语言在人们社会交往中受到的制约因素①。

交际法教学一般具有以下主要特征:① 坚持以培养交际功能为宗旨,不仅要求语言运用的正确性,还要求语言运用的得体性,明确提出培养创造性地运用语言进行交际的能力是第二语言的教学目标。② 坚持以功能意念为纲,注重教学过程交际化。在教学过程中根据学习者的实际需要,采用小组活动的形式,选取真实自然的语言材料,创造接近真实交际的情景,把课堂交际活动与课外交际结合起来,通过大量言语交际活动培养学生的交际能力。③ 坚持以话语为教学的基本单位,主张语言存在于连贯的语篇中,而不是存在于孤立的词语或句子中。④ 坚持以学生为中心,并尽量鼓励学习者发挥言语交际活动的主动性与积极性,主张凡不影响交际的错误能不纠就不纠,对学习者在学习过程中出现的语言错误有一定的容忍度。

交际法也存在明显的不足之处:其一是功能项目问题,比如,确定语言功能项目的标准是什么? 如何确定功能项目? 对于不同的第二语言教学需

① 杭宝桐,2000.中学英语教学法(修订版).上海:华东师范大学出版社:26 - 27.

要多少语言功能范畴？如何科学地安排功能项目的教学顺序？以上这些问题都没有很好地得到回答和解决。其二是未能处理好语法知识的教学问题。因为用意念功能范畴并不能完全取代传统的语法知识，而对语法知识的忽视，会导致语言表达不够准确。

四、任务型教学法

任务型教学法(Task-Based Language Teaching，TBLT)是一种以任务为核心单位计划和组织语言教学的途径，是 20 世纪 80 年代兴起的一种强调"做中学"的语言教学方法，是近 20 年来交际教学思想的一种发展形态。在教学活动中，教师围绕特定的交际与语言项目，设计出可操作性强的具体的任务，让学生通过表达、解释、沟通、询问与合作等各种语言活动形式来完成任务，从而达到学习与掌握语言并"用语言做事"(doing things with the language)的目的①。

任务型教学的设计一般包含任务前、任务中与任务后三个阶段。

任务前阶段是任务呈现和准备阶段。在这一阶段，学生通过各种与任务相关的显性的或隐性的语言接触活动，准备任务实施所需的语言，感知语言运用的形态，其目的在于激活学生已有的语言知识与技能，就完成任务所需的语言知识、语言技能、情感态度、文化意识进行准备，激发学生实施任务的兴趣，使学生了解学习目标。

任务中阶段是学生在教师引导下开展任务活动及运用语言的过程。在这个过程中，教师要合理确定任务的难度。如果任务的难度超过学生的认知水平，就会失去任务的意义；反之，如果任务的难度低于学生的认知水平，学生很容易厌倦，对任务失去兴趣。在完成任务的过程中，学生容易产生各种压力，及时降低学生的压力对任务实施很重要。教师可以通过调整活动的时间、活动方式、参与者的人数等方式，及时舒缓学生的学习压力，让学生感受到自己有控制任务的能力。

任务后阶段的活动是语言活动，可以开展任务再做、语言聚焦等活动，促进学生反省任务完成的过程，并进一步关注语言形式。任务后阶段也是语言意识培养的重要阶段，教师可就某一个语言现象，如语法结构、词汇用法进行有针对性的练习。教师可以启发学生回顾已经完成的系列活动，讨论这些活动之间的关联，也可就某一语法现象单独讲解或对学生的课堂表现进行总结。在任务后阶段的活动中，仍然需要注意语言形式与语言意义

---

① 龚亚夫，罗少茜，2003.任务型语言教学.北京：人民教育出版社：62.

的结合。

任务型教学对传统的"3P"(Presentation 讲授—Practice 练习—Production 表达)教学模式提出了严峻的挑战。这种教学活动充分体现了以学生为中心和以人的发展为本的教育理念。它最大限度地调动和发挥学生的内在潜力,提高其发现问题和解决问题的能力,并发展其认知策略,培养其与人共处的合作精神和参与意识,还可以通过实践、体验、参与、感知与合作等方式让学生在完成任务的过程中体验和感受成功的喜悦,实现自我价值。任务型教学坚持以情景为支撑、以学生为中心、以任务为主线、以合作为原则、以技术为手段的基本理念,能大幅度地增加学生的语言机会,培养学生的良好性格和情感,能够使学生体会成就和不足,有助于培养学生听、说、读、写各项技能及其综合运用能力。它注重交际能力形成,注重过程性的学习,注重个性化的发展,注重合作意识的培养,有利于优化学生的学习方式,有利于激发学生的学习动机,有利于发展学生的自主学习能力与综合素质。

在设计"任务型"教学活动的时候,以下几点需要引起教师的注意:一是活动目的要明确且具有可操作性;二是活动内容和方式要尽量真实,要以学生的兴趣和生活经验作为出发点;三是活动不仅要有利于学生学习英语知识,而且要有利于发展学生的语言技能,进而提高学生实际运用语言的能力;四是活动应有利于积极促进英语学科和其他学科之间的相互联系与渗透,促进学生的思维和想象力、审美情趣与艺术感受、协作和创新精神等综合素质的发展;五是活动要有利于发展学生用英语解决实际问题的能力,促进学生获取、处理和使用信息的能力,用英语与他人交流;六是活动要尽量延伸到课堂之外的学习与生活之中,而不应仅仅局限于课堂教学之中①。唯有如此,才能达到培养学生语言综合运用能力的目的。

《义务教育英语课程标准(2011 年版)》在课程理念中明确提出"强调学习过程,重视语言学习的实践性和应用性",即强调要通过让学生"用语言做事"来培养学生的语言运用能力,提倡教师创设接近实际生活的语境,设计循序渐进的语言实践活动,结合具体的教学环境、教学目标、教学内容、学生的实际水平和需要,采用各种既关注学生学习过程,又关注学生学习成效的学习途径和方法,提高学生的综合语言运用能力。在设计活动时,要注意活动是否有明确的交流目的,内容和形式是否贴近学生的生活实际和学生的

---

① 中华人民共和国教育部,2001.全日制义务教育普通高级中学英语课程标准(实验稿).北京:北京师范大学出版社:29.

认知水平及生活经验。

在《义务教育英语课程标准(2011 年版)》对教学途径和方法的叙述中，将"倡导任务型教学途径"改写为"教师要通过创设接近学生实际生活的各种语境，采用循序渐进的语言实践活动，以及各种强调过程与结果并重的教学途径和方法，如任务型教学途径等，培养学生用英语做事情的能力"，从而既保证了与 2001《课程标准(实验稿)》在理念上的一致性，又鼓励广大教师在努力尝试采用任务型教学这一先进教学途径的同时，还能根据实际需要采用其他教学途径和方法①。

五、英语学习活动观

《普通高中英语课程标准(2017 年版 2020 年修订)》在课程基本理念中提出"实践英语学习活动观，着力提高学生学用能力"。普通高中英语课程倡导指向学科核心素养发展的英语学习活动观和自主学习、合作学习、探究学习等学习方式。教师应设计具有综合性、关联性和实践性特点的英语学习活动，使学生通过学习理解、应用实践、迁移创新等一系列融语言、文化、思维于一体的活动，获取、阐释和评判语篇意义，表达个人观点、意图和情感态度，分析中外文化异同，发展多元思维和批判性思维，提高学生英语学习能力和运用能力。

英语学习活动观的提出为整合课程内容、实施深度教学、落实课程总目标提供了有力保障，也为变革学生的学习方式、提升英语教与学的效果提供了可操作的途径。教师应从英语学习活动观的视角重新审视课堂教学设计的合理性和有效性，整合课程内容，优化教学方式，为学生设计有情境、有层次、有实效的英语学习活动。英语学习活动观的实施包括学习理解、应用实践和迁移创新三种主要活动类型。它们相互关联、循环递进，为教师组织课堂教学提供实施指导框架。

英语学习活动的设计应以促进学生英语学科核心素养的发展为目标，围绕主题语境，基于口头和书面等多模态形式的语篇，通过学习理解、应用实践、迁移创新等层层递进的语言、思维、文化相融合的活动，引导学生加深对主题意义的理解；帮助学生在活动中习得语言知识，运用语言技能，阐释文化内涵，比较文化异同，评析语篇意义，形成正确的价值观和积极的情感态度，进而尝试在新的语境中运用所学语言和文化知识，分析问题、解决问

---

① 教育部基础教育课程教材专家工作委员会，2011.义务教育英语课程标准解读：2011 年版.北京：北京师范大学出版社：34.

题,创造性地表达个人观点、情感和态度。

英语学习活动的设计应注意以下几个问题:① 情境创设要尽量真实,注意与学生已有的知识和经验建立紧密联系,力求直接、简洁、有效;② 教师要善于利用多种工具和手段,如思维导图或信息结构图,引导学生通过自主与合作相结合的方式,完成对信息的获取与梳理、概括与整合、内化与运用,教会学生在零散的信息和新旧知识之间建立关联,归纳和提炼基于主题的新知识结构;③ 教师要善于提出从理解到应用、从分析到评价等有层次的问题,引导学生的思维由低阶向高阶稳步发展;同时,教师要启发学生积极参与针对语篇内容和形式的讨论和反思,鼓励学生围绕有争议的话题有理有据地表达个人的情感与观点;④ 在情境创设中,教师要考虑地点、场合、交际对象、人物关系和交际目的等,提示学生有意识地根据语境,选择恰当的语言形式,确保交际得体有效;⑤ 教师要根据所学主题内容、学习目标和学生经验等,选择和组织不同层次的英语学习活动①。

英语学习活动观秉持在体验中学习、在实践中运用、在迁移中创新的学习理念,倡导学生以主题为引领,以语篇为依托,围绕真实情境和真实问题,激活已知,整合性地学习和运用语言和文化知识,参与到指向主题意义探究的学习理解、应用实践和迁移创新等一系列相互关联、循环递进的语言学习和运用活动中,体现学思结合、学用结合、学创结合的学习过程,使学生能够运用所学知识、技能和策略,围绕主题表达个人观点和态度,解决真实问题,体现正确的价值观,达到发展核心素养的目的②。英语学习活动观的实施使语言学习的过程既是学生语言知识与语言技能整合发展的过程,又是其文化意识不断增强、思维品质不断提升和学习能力不断提高的过程。

义务教育英语课程倡导以学生为中心,指向核心素养发展的英语学习活动观。英语学习活动观的提出为落实课程目标提供了有力保障,为整合课程内容、实施深度教学提供了有效路径,是变革学习方式、提升英语教与学效果的重要举措。在以学生为中心的英语学习活动观的引领下,教师需要重新审视课堂教学设计的合理性与有效性,以促进学生核心素养的形成和提升为目标,重组教学内容诸要素,改革内容的呈现形态,优化学生的学习方式,积极主动地为学生设计结构化、情境化、过程化的活动,创新一系列具有关联性、综合性、实践性等特点的学习活动③。

---

① 中华人民共和国教育部,2020.普通高中英语课程标准(2017 年版 2020 年修订).北京:人民教育出版社:63.

② 梅德明,王蔷,2022.义务教育英语课程标准(2022 年版)解读.北京:北京师范大学出版社:146.

③ 同上,第 40 页。

第三节　关于英语课程实施变革的反思

　　课程实施是实现预期教育结果的手段，课程实施问题是研究一个课程方案的执行情况，是作为一个动态的过程而存在的。因此，课程实施的效果常常通过有效教学来体现。

一、有效教学与英语教学实际

　　1976 年"四人帮"被粉碎，百废待兴。为了加快培养"四个现代化"建设所需要的人才，党中央提出了明确指示，即要"重视教育、重视人才"。1981年 4 月，《全日制六年制重点中学英语教学大纲（试行草案）》由教育部正式颁布执行，其中大纲对外语课提出以下的要求："要着力培养学生的阅读能力与自主学习能力，加强对学生听、说、读、写的基本训练，使他们切实夯实好外语基础，尤其是要求有条件的学校要适当提高教学要求，努力达到一种外语要基本过关①。"按照以上要求，教育部根据 1978 年制定的《全日制十年制中小学英语教学大纲（试行草案）》，颁布了《全日制六年制重点中学英语教学大纲（征求意见稿）》。该意见稿明确要求对学生进行听、说、读、写的基本训练，强化学生在口头上及书面上的初步运用英语的能力，尤其要重点培养学生的阅读能力，切实为他们的进一步学习及英语运用奠定良好的基础。意见稿还提出，学生从初中一年级开始，要学习 2 700—3 000 个单词，还有一定数量的习惯用语，并掌握基本的语音与语法，同时能借助词典阅读与课文难易相当的一般读物，并且具备一定的口语能力。

　　然而，由于这一阶段大纲面对的是城市重点中小学，无论是在词汇方面还是语法教学和课文教学方面，要求都偏高，与当时的教学实际有较大的差距②。词汇方面，大纲要求掌握的词汇，学生应全部会拼会读，知道基本的词义，并能听懂，其中最常用的部分（约占 60％），应要求学生能口笔头使用。语法教学方面，以句型练习提供典型结构作为有效的方式，强调学生的记忆和背诵。在课文教学方面，在以句型练习和其他练习为主的基础上，除教师的讲解外，更重要的是强调进行朗读、背诵、口笔头问答、口笔头复述及翻译成汉语等练习。作为语言材料的一些文学作品，词汇很深，脱离学生的

①　课程教材研究所，1999.20 世纪中国中小学课程标准·教学大纲汇编：课程（教学）计划卷.北京：人民教育出版社：339.

②　教育部基础教育司，2002.全日制义务教育英语课程标准解读.北京：北京师范大学出版社：17.

生活实际。

同时，中小学统编英语教材程度较深，一线教师普遍反映分量较重、难度较大。再加上，语法翻译法过分强调语法和翻译在教学中的作用，忽视语音、语调的教学，强调死记硬背，教学方式单一，课堂气氛沉闷，导致学生英语学习缺乏兴趣。随后，国家教委几次调整教学计划，减轻学生学习负担。

《义务教育英语课程标准（2011 年版）》提出，在教学中，教师应当坚持以学生为本，面向全体学生，关注个体差异，优化课堂教学，提高教学效率，为学生继续学习奠定基础。一方面，教师应充分了解所有学生的现有英语水平和发展需求，选择适当的教学方式和方法，把握学习难度，调动所有学生的积极性，使他们保持学习英语的信心，体验学习英语的乐趣，获得学习英语的成功感受，并使他们在各个阶段的学习中不断进步。另一方面，教师应根据学生的实际情况，确立有利于逐步提高学生的基本语言素养和基本外语学习能力的教学目标。尤其是在小学阶段，教师更需要注意培养学生浓厚的学习兴趣、积极的学习态度、良好的学习习惯和创造性运用语言的意识。

《普通高中英语课程标准（2017 年版 2020 年修订）》强调教师要积极探索有效的教与学的方式，研究如何在教学中将语言知识转化为学生的语言运用能力，帮助学生正确理解和表达意义、意图、情感和态度，努力实践指向学科核心素养发展的英语学习活动观，实施深度教学，落实培养学生英语学科核心素养的目标。尤其重要的是，高中英语要坚持以核心素养为目标，依据课程内容要求，开设好必修、选择性必修和选修课程，确保教学质量。

二、知识传授与能力培养

"文革"结束到改革开放初期，以"双基"（基本知识和基本技能）教学为核心的课程与教学目的观取代"文革"期间一切为阶级斗争服务的目的观，成为具体指导我国中小学教学活动的重要指导思想。王道俊、王汉澜先生在主编的《教育学》中就明确提出："教学的首要任务是引导学生掌握科学文化基础知识和基本技能[①]。"但是，在处理"双基"与智力发展的关系问题上，黄明皖先生指出，教学中不仅要向学生传授知识，培养技能，更要着重于发展学生的智力。我们要打破那种认为教学就是传授知识的旧观念，把发展学生的智力作为重要的教学任务来抓，才能使学生学得更多、更快、更好，从

---

① 王道俊，王汉澜，1988.教育学（新编本）.北京：人民教育出版社：183.

根本上提高教学质量①。张楚廷先生认为知识传授与能力培养是知识教育中的两翼，正是这两翼构成了知识教育的整体；否则，知识教育本身便是残缺不全的、病态的。知识与能力的共同作用在当代社会条件下变得更加重要，学校教育要把知识传授与能力培养紧密结合起来，这是教育面向未来、面向现代化的重大课题②。

长期以来，我国的英语教学一直过于注重语法与词汇知识的传授，忽视了对学生的英语语言运用能力的培养。由于教学重点放在知识的传授上，师生都将英语作为一门学科来教授和学习，缺少学以致用的意识，久而久之则容易产生英语教学的"老三样"③——教授单词、语法和课文。单词教读音，句型反复操练，语法讲规则，课文逐字逐句翻译。

诚然，语言学习离不开掌握该语言基本要素的环节。"语法性"是语言交际能力中不可或缺的一个主要方面，有效的语言交流是不能缺乏"语法性"的。但是，语言主要是作为交流的媒介，学习语言最终也是为了进行有效的交流，只是围绕语言知识的传授来进行教学的教学方法难免枯燥，常常出现课堂上教师"滔滔不绝"，学生"昏昏欲睡"的情景。

可见，尤其在基础英语教育阶段，过于重视语言知识的传授，轻视语言运用能力的培养，显然是错误的。因此，如何正确处理语言知识和语言技能二者的关系就显得非常重要。

第一，英语教学应转变过分重视语法及词汇知识的讲解与传授的倾向，落实实践性原则。基础教育英语教学阶段，主要是通过听、说、读、写的实践活动来学习英语。这些实践活动不仅是开展语音、词汇、语法等语言知识教学的基本手段，同时，也是增强语言知识教学质量的根本保障。为此，教学中应努力做到以下几点：一是将语音、词汇、语法紧密结合起来，培养学生的综合语言运用能力。二是将语言知识的学习与语言实践活动二者有效地结合起来。教学活动既要坚持以语言实践为基础，又要防止对语言知识的单纯传授及讲解的做法。三是语言知识的教学应通过提示、观察、发现、分析、归纳、对比、总结等不同方式来进行，教师要有意识地引导学生参与到上述活动之中，以培养他们的科学思维方法。四是努力让学生掌握实用的英语语言知识，即真实交际中的语言知识。

第二，英语教学应大力倡导语言知识教学与语言技能训练相结合的开

① 黄明皖,1980.知识的掌握与智力的发展.广西师范大学学报(哲学社会科学版)(1)：17-23.
② 张楚廷,2000.教育论.长沙：湖南教育出版社：151.
③ 罗爱梅,罗丹,何艳铭,等,2005.当代中小学外语课程发展.广州：广东高等教育出版社：147.

放、互动的教学模式。教学是教师的教与学生的学的统一，这种统一的实质是交往。没有交往，没有互动，就不存在或未发生教学，那些只有教学的形式表现而无实质性交往发生的教学是假教学①。语言知识既有关于语音、词汇与语法的规则，也涉及概念的意义、句子的表达、语言的篇章结构以及文化差异，还有人与人之间的关系等。因此，加强英语知识的教学和技能的训练一定要充分地激发学生的学习积极性，努力使他们在知识教学的探究性、建构性、情景性以及问题的定向性等方面开展内在驱动的学习。

第三，应根据小学生的年龄特点，协调好语言知识教学与语言技能训练之间的关系。事实上，小学阶段词汇、短语及语言材料相对有限，英语教学的内容也相对简单。因此，在语言学习的初级阶段，教师对语言知识或语法规则的归纳和总结，并不一定有利于学生的英语学习，至少帮助不大，因为，规则一般并不能概括或反映他们所接触的语言。例如，在词汇教学中，即使一个最常用的简单词汇，就词形变化和发音来说，往往也并不简单，而且很多情况下也不一定就符合规则。同样，在结构或者意义方面，一些常用的句型也有相当复杂的表现。正因为如此，在小学阶段的英语教学中，我们不仅要重视听、说、读、写的训练，而且要关注学生正确的听、说、读、写的习惯的养成，培养他们良好的英语学习方法。

1985 年，全国中学英语教学调查与分析以大量的数据及事实尖锐地指出，当时中学英语教学中"重语法规则的讲授、轻实际能力的培养"的观念与做法是学生英语水平低的重要原因之一②。这引起了英语教研工作者的强烈反响，于是，转变观念、改进教法成为 20 世纪末期英语课程改革的中心话题。

这一阶段，英语教学深受行为主义理论和听说法的影响，因而过于强调知识记忆和句型操练。以布龙菲尔德（Bloomfield）和斯金纳（Skinner）为代表的刺激-反应论（即强化论）用"刺激-反应"的程度来研究人的行为，把人的言语行为看作是对外界刺激所产生的一种有组织的反应体系，把语言看成是一种训练和习惯，并特别强调"强化"在言语行为中的作用。

听说法产生于第二次世界大战期间，是美国为了在很短的时间内训练军事人员学会外语，结合直接法③（Direct Method）、结构语言学（Structural

---

① 钟启泉,崔允漷,张华,2001.为了中华民族的复兴 为了每位学生的发展:《基础教育课程改革纲要（试行）》解读.上海:华东师范大学出版社:272.
② 刘道义,2008.基础外语教育发展报告(1978—2008).上海:上海外语教育出版社:91.
③ 直接法是在 19 世纪后半叶作为语法翻译法的对立物在西欧出现的。直接法的基本原则是通过具体的实物和动作,直接使用外语教授外语,绝对不使用学生母语,也不翻译,目的是加强学生的听说交际能力。

Linguistics)和行为学派(Behaviorism)理论而创立的。它又叫作口语法、结构法、句型法、军事教学法等,其实质就是以结构主义语言学研究外语教学问题,把听说放在首位,先用耳听后用口说,通过反复的口头操练最终达到掌握口语的目的,即口语既是教学目的,又是教学手段。听说法依据斯金纳等人的刺激-反应理论和奥斯古德的传递论,认为学习是通过强化和条件反射形成的,学习外语的过程与学习母语的过程是一样的。听说法是建立在以下假设和条件之上的①:一是外语教学基本上是一个形成习惯的机械过程。习惯是需要强化巩固的;只有给予正确的反应,而不是靠指出语言错误,才能有效地形成外语习惯;语言是一种行为,必须诱使学生有所行动,才能逐渐形成行为。二是言语第一位,文字第二位。外语项目的口头形式必须先于笔头形式;必须先学会听觉辨别和言语反应的一整套习惯;听说习惯达到自动化程度主要通过反复操作和实践。三是类比分析更能打好学习外语的基础。四是必须联系所学外语的民族的文化、历史和社会,才能学到这种语言的词汇的含义。

因此,以刺激-反应论为依据的听说法在教学中特别强调以下方面:① 模仿。这是使学生学会正确的语言的重要手段。教师在课堂教学中给学生作示范并引导学生观察和准确地模仿教师,作出准确的反应。② 重复。听说法中最常用的教学手段是重复操练,大量进行句型、替换、转换、对话等练习,以及对话和课文的背诵等。尤其是通过句型练习,使学生对该语言的结构模式能在各种各样的环境中自觉应用、替换和变化,达到不假思索的自动化程度。③ 强化。外语教学过程中教师应对学生的正确反应作出肯定和鼓励。正确的反应,经过反复强化,就会形成习惯,这些习惯又通过不同的语境加以不同的强化,从而让学生熟练应用语言的技巧。

听说法的特点就是从会话入手,以句型操练为主,强调模仿、记忆和大量练习。听说法坚持的基本原则有:① 听说领先;② 反复实践,形成习惯;③ 以句型为中心;④ 排斥或限制母语;⑤ 对比语言结构,确定教学难点;⑥ 及时纠正错误,培养正确语言习惯;⑦ 广泛利用现代化教学技术手段。

诚然,听说法对外语教学的理论和实践都作出了很大贡献。在理论上把结构主义语言学和行为主义心理学用于外语教学中,使外语教学法建立在科学的基础上,在实践中重视对学生听说能力的培养。但是,由于行为主

---

① 黄国营,1997.英语教育学.南昌:江西教育出版社:95-96.

义心理学否认人在认识上的能动作用与智力在外语学习中的作用,这种理论指导下的听说法过分重视机械训练,却忽视基础知识的传授和语用能力的培养;以句型为纲,其实也就是以语言形式为纲,语言材料的选择往往忽视意义与内容。这导致学生虽能够自动地说出句型,却不善于结合情景进行交际活动。但是,听说法比较适合短期的强化教学,尤其是进行口语教学需要有强烈的学习动机和大量的实践,普通教学则不宜这样安排。

综上所述,英语教学必须改变那种过于强调"习得"式的学习以及死记硬背与机械操练的理念,关注教学过程设计的科学性和有效性,积极创设有利于呈现问题、解决问题以及启动学生思维的教学环境,丰富学生获取知识的渠道,促进知识的内化过程,帮助学生在听、说、读、写等各类语言交际活动中灵活有效地运用知识,使语言知识成为用英语交际的工具。"教育的主要任务是发展思维,而不是积累知识。英语教育不能光看学生掌握了哪些特定的语言知识,而应让学生运用思维技能进行理解与产出、形成自己的思维产品……。为思而教是价值取向和实施策略的高度统一。在学思结合过程中,'学'与'思'能够汇通语言与思维,使学英语与学思维的良性互动,实现培养语言创新思维的价值取向[1]"。

2001 年《全日制义务教育普通高级中学英语课程标准(实验稿)》倡导"任务型"的教学途径,注重培养学生的综合语言运用能力。综合语言运用能力的形成建立在学生语言技能、语言知识、情感态度、学习策略和文化意识等素养整体发展的基础上。其中,语言知识和语言技能是综合语言运用能力的基础,文化意识是得体运用语言的保证,情感态度是影响学生学习和发展的重要因素,学习策略是提高学习效率、发展自主学习能力的保证。这五个方面共同促进综合语言运用能力的形成。本标准以学生"能做某事"的描述方式设定各级目标要求。教师应该避免单纯传授语言知识的教学方法,尽量采用"任务型"的教学途径。教师应依据课程的总体目标并结合教学内容,创造性地设计贴近学生实际的教学活动,吸引和组织他们积极参与。学生通过思考、调查、讨论、交流和合作等方式,学习和使用英语,完成学习任务。

《义务教育英语课程标准(2011 年版)》强调要"注重语言实践,培养学生的语言运用能力"。本标准以学生"能用英语做事情"的描述方式设定各级目标要求,旨在强调培养学生的综合语言运用能力。各种语言知识的呈

① 黄远振,兰春寿,黄睿,2014.为思而教:英语教育价值取向及实施策略.课程·教材·教法(4):63-69.

现和学习都应从语言使用的角度出发,为提升学生"用英语做事情"的能力服务。教师要通过创设接近实际生活的各种语境,采用循序渐进的语言实践活动,以及各种强调过程与结果并重的教学途径和方法,如任务型语言教学途径等,培养学生用英语做事情的能力。同时,本标准强调要加强学习策略指导,培养学生自主学习能力。教师要根据学生的认知特点和学习风格,整体安排学习策略的发展目标,有计划、有步骤地指导学生发展具体的学习策略,把学生培养成为自主的学习者,提高其自主学习能力。此外,本标准还强调要培养学生的跨文化交际意识,发展跨文化交际能力。教师应当结合教学内容,引导学生关注语言教学中的文化因素,根据学生的语言水平、认知能力和生活经验,创设尽可能真实的跨文化交际情境,让学生在体验跨文化交际的过程中,逐步形成跨文化交际能力[①]。

《普通高中英语课程标准(2017年版2020年修订)》重视培养学生的学习能力,为学生学会学习创造条件。高中阶段是学生学习能力发展的重要时期,教师要把培养学生的学习能力作为教学的重要目标,在教学过程中为学生发展学习能力创造有利条件,帮助学生在英语学习的过程中,学会如何进行自我选择、评判和监控,培养学生自主学习、合作学习、探究学习的能力[②]。在教学中,学生学习能力的发展需要教师有意识地给予指导,需要教师帮助学生感受学习英语的价值和意义,了解英语语言的结构特点和语用习惯,学会选择并形成适合自己的学习方法和策略,主动参与学习活动并尝试自我评价和同伴互评,养成自我反思的习惯,在体验自主学习、合作学习和探究学习的过程中学会学习,成为有责任担当的学习者。

三、教师的指导作用和学生的主体性

(一)教师角色及其转换

教师角色是指由教师在社会大舞台上的特殊地位所决定的一种行为模式。它不仅体现教师应该完成的相关行为,而且还体现社会对他们所抱有的期望。它既是教师社会地位的外在表现,也是教师这个社会群体的基础。作为一种特定的行为规范体系,教师角色是由教师的职业理念、社会职责及行为方式等方面构成,尤其受到教学观的影响[③]。受传统教育与应试教育

---

① 中华人民共和国教育部,2011.义务教育英语课程标准:2011年版.北京:北京师范大学出版社:26-28.

② 中华人民共和国教育部,2020.普通高中英语课程标准(2017年版2020年修订).北京:人民教育出版社:68.

③ 扈中平,李方,张俊洪,2005.现代教育学(第2版).北京:高等教育出版社:205-206.

的影响,许多教师的教学观念并没有发生实质性的变化,而或多或少存在以下几种倾向。

一是唯知识论倾向。一些老师主张完成知识性的教学任务是英语教学的唯一目标或重要目标。以此为出发点,在制定教学目标的时候,他们重视的是知识性的要求,忽视对学生学习能力的培养,尤其是很少关注学生的兴趣、情感、态度等非智力因素。即使有,也常运用开展知识教育的方式对学生进行情感教育、道德教育和审美教育等。

二是唯课堂论倾向。一些老师把学校看成是开展教学活动的唯一场所,把课堂教学看成是教学活动的全部,认为离开了课堂,教学就不会有好的质量,学生也不会有好的发展,从而忽略了社会和家庭等在教育教学中所起到的重大作用。事实上,课外活动对于提高教学质量以及促进学生的全面发展具有不可替代的重要地位。

三是唯教材论倾向。教学中,一些教师把钻研教材作为备课的中心任务。他们主张教学就应该忠于教材。在教学过程,强调严格按照教材的逻辑序列,认为教材神圣不可更改,教学照本宣科,不敢越雷池一步。教学中很少从学生的实际出发,很少关注学生的需求,更谈不上灵活地、创造性地使用教材。这样的教学当然收效甚微。

四是唯教案论倾向。一些教师认为理想的教学源于好的教案。于是,课前准备阶段,他们认真设计教案;教学过程中,他们扮演“教案剧”的主角,努力引导学生就其教案设计作出预设好的回应,直到预设的教学目标的达成。课堂上很少根据课堂教学的实际情况对教学方向进行适时的调整,导致把学生学习的过程变成了配合教师完成教案展示的过程。这样一来,除少数优等生成为“教案剧”的“配角”以外,大多数学生都沦为了“观众”或“群众演员”。

正因为许多教师教学观念陈旧,角色定位狭隘,再加上行为方式单一,导致教学活动刻板、枯燥和沉闷,难以启迪学生的智慧和激发学生的好奇心,活动缺乏人文的关怀。也正是由于教学工作缺乏科学性、艺术性与创造性,许多教师逐渐沦为了传统的“教书匠”。

虽然,随着新课程的实施,教师从过去单纯的知识传授者转变为学生学习的指导者、能力形成的促进者、学习资源的提供者、解决问题的帮助者,但由于受到社会各种因素的制约,这种转变目前还不能满足新课程教学的需要。转变教师角色,对于提高教学质量仍旧任重而道远。具体分析,制约教师角色转变的因素主要有以下几点:

首先,新课程提出的要求与目前教师素质状况之间具有较大的差距。

本次课程改革通过"自上而下"的方式进行,并在很多方面吸纳了国外的一些研究成果,特别是对新课程理念与各种教学策略的阐述和解释。虽然,大多数中小学教师通过各种形式的进修学习,学历有了相应的提高,但对照新课程的要求与期望来说,仍然存在较大的差距,特别是很多老师难以理解新课程的理念,更难说如何实际操作了。例如,新课程倡导"教师即研究者"。这一理念对那些既缺乏长期的科研实践又理论基础薄弱的大多数教师,尤其是小学教师来说,是一件非常困难的事情。这不利于其他教师新角色的形成。

其次,一些来自传统文化心理结构中的负面因素,也会对教育产生非常严重的消极影响,类似重视求同而轻视求异的思维方式以及"学而优则仕"的功利化和"师道尊严"的权威化价值取向等都不会因一次课程改革而立刻销声匿迹。因此,新课程的顺利推进,从根本上来说,应该是一项社会工程。但当传统民族文化心理结构还在国民心中占据着重要位置的情况下,要求教师在社会民众面前展现新的角色形象是不切实际的。

再次,新课程改革的步伐也在一定程度上受制于我国目前的经济状况。事实上,新课程的改革与实施,不仅要转变观念,而且要重建教育物质环境及其他因素。比如"小班化"教学组织形式的推广,综合实践活动的开展,各种现代化教学设备与技术的广泛运用,以及国家与地方开展的各种对新课程的培训等,都需要耗费大量的人力、物力和财力。这对广大农村地区无疑是非常困难的。同样,没有一定的物质基础作保障,教师角色的转变也必然面临更多的困难和障碍。

综上所述,教师角色的转变是一个渐进的过程,并不是一件一蹴而就的事情,需要广大教师身体力行,克服一切困难,尽快适应新课程要求的教师角色。

（二）学生主体地位的落实

建构主义理论主张以学生为中心,注重学生主体作用的充分发挥和学生对知识的主动建构,强调人的认识过程本质上就是主体的建构过程。学生主体地位的加强有待于其主体意识的充分发挥。主体意识是指作为认识和实践活动的主体对自己在实践活动中的地位、作用、责任和行为进行调节的能动意识[①]。主体意识是积极性、主动性、创造性的源泉。学生在学习中的主体意识表现为:一是认识到自己是学习的主体,在学习中的地位是主动积极的;二是认识到只有主动学习才能提高学习成绩和学习能力;三是认

---

① 　顾明远,1998.教育大辞典(增订合编本).上海：上海教育出版社：537.

识到意识的能动作用，充分发挥元认知的功能。从主体存在方式这个方面来说，主体意识由个体主体意识与群体主体意识两个方面构成，因为个人必须是群体中的一员，他不会也不可能生活在一个与世隔绝的环境里。从个体主体意识的构成这个方面来说，主体意识又包含许多层面。个体主体意识中最重要的一点是对自我的学习、生活、心理、情绪等主动的、明确的设定、实施、评价与调节。从群体主体意识的构成这个方面来说，它包括参与意识、道德意识、管理意识、民主意识、自我表现以及自我实现意识等，内涵也相当丰富。学生主体意识的特点主要有以下三点：一是学生所处的年龄阶段不同，其所具有的主体意识水平也会不同；二是即使是在同一个时期，学生的主体意识水平也会因为个体不同的注意方向、注意容量以及选择水平和受教育程度等而表现不同；三是主体意识水平常常影响着主体的发展水平。

根据素质教育的主体性原则，学生素质的形成是知识、技能和道德观念的内在化过程。如果不能调动学生的学习积极性，就无法实现这种"内在化"过程。强调以学生为主体，在整个教育过程中就是要把学生当作认识与发展的主体，并充分发挥他们的主观能动作用，变"要我学"为"我要学"。同时，教育工作的出发点和归宿都在于提高学生的心理素质与各种能力。就学生的素质发展而言，无论是教师的一切教育行为，抑或是学校中的一切教育要求或教育因素，都是外因。这些外因只有通过主体自身的吸收和内化，才有可能变成比较稳定的特征，从而使学生受益终身。

建构主义学习理论强调，学习是学习者在一定的情境下，借助他人的帮助实现意义建构的过程。学生是学习的主体，是意义的主动建构者，教师是意义建构的帮助者、促进者。在教学过程中教师要发挥协助指导作用。课程改革的重点之一是促进学生学习方式的变革，即倡导学生掌握自主、合作、探究的现代学习方式。同时，增强学生的自主学习意识，促进学生的自主发展是落实素质教育，提高教学质量以及培养新世纪创新型人才的需要。事实上，我们发现，在实际教学过程中，学生学习的主体意识仍旧得不到有效的发挥。

首先，学生课堂参与的自主意识没有得到重视。事实上，教师是教学的主体，学生是学习的主体，因此，自主学习成为学生身心发展的客观需要。在教学过程中，只有唤起学生学习的主体意识，充分调动学生自主学习的积极性与能动性，才能激励全体学生自主学习。在日常的课堂教学中，教师应该通过设疑、点拨、启发等多种方式，激发学生的自主参与意识，引导他们积极参与学习的全过程。只有把学生真正作为学习的主人，学习才能取得事半功倍的效果。然而，实际教学中，"教师讲、学生听，教师写、学生抄，教师考、学生背"的课堂教学模式并没有真正改变。学生单纯被动地接受知识，死记硬背，不求甚解，课堂上又缺乏互动交流，当然难以体验到学习的乐趣。

其次，合作学习仍旧流于形式。课堂教学中，教师要努力为学生创造让他们互相交流、共同发展的机会，让学生通过共同参与学习活动去感受和分享互相帮助、共同进步的乐趣，使他们在合作的氛围中，自主地探索，自主地学习知识。然而，由于课堂上合作学习流于形式，学生缺乏表现的、合作的机会，民主、平等、和谐的新型师生关系并没有真正建立。

再次，诸多不良的社会观念，如重文凭、轻能力，重结果、轻效率以及重眼前利益、轻可持续性发展等均对学生产生巨大的负面影响。因此，教育改革，必须要首先更新社会用人观念，营造一个良好的教育大环境。事实上，家长们望子成龙、望女成凤的急切心理，往往不仅不能促使孩子进步，反而会给孩子带来巨大的心理负担，造成他们的厌学情绪。领导、教师及家长对学生唯分数至上，使学生主体意识的培养无异于纸上谈兵。整个基础教育还没有真正走出"应试教育"这个怪圈。

古人有云："授人以鱼，只供一餐；授人以渔，可享一生。"可见，要确保学生主体地位的真正实现，真正彰显其主体意识，教师必须采取多样化手段，培养学生的学习策略，引导他们通过选择和运用合理的方法有效地开展自主学习。

《义务教育英语课程标准(2011年版)》在课程基本理念中特别强调要"面向全体学生，关注语言学习者的不同特点和个体差异"。义务教育是全民教育的重要组成部分。义务教育阶段的英语课程应面向全体学生，体现以学生为主体的思想，在教学目标、教学内容、教学过程、教学评价和教学资源的利用与开发等方面都应考虑全体学生的发展需求。英语课程应成为学生在教师的指导下构建知识、发展技能、拓宽视野、活跃思维、展现个性的过程。由于学生在年龄、性格、认知方式、生活环境等方面存在差异，他们具有不同的学习需求和学习特点。只有最大限度地满足个体需求，才有可能获得最大化的整体教学效益。本标准在教学实施建议中提出要"加强学习策略指导，培养学生自主学习能力"。在义务教育阶段，学生逐步形成有效的学习策略对于提高学习效果十分重要。发展有效的学习策略是英语课程的重要目标之一。教师要结合学生母语学习的经验和认知发展需求，针对英、汉两种语言的特点和异同，重点培养学生运用学习策略的能力；根据学生的认知特点和学习风格，有计划、有步骤地指导学生发展具体的学习策略,把学生培养成为自主的学习者,以提高他们的自主学习能力。

四、从单一到三级的课程管理模式

(一)单一课程管理模式的实施

一项课程无论经过多么精心的设计都必须由学校及教师的规划、安排、运作才能达到预期的效果,在这一过程中学校课程管理起着至关重要的作用,因为"有完美的课程管理才有完美的课程实施",也才会有理想的效果①。

课程管理的改革是中小学课程改革的重要内容。课程管理是对课程编订、实施、评价的组织、领导、监督和检查,是教育行政领导部门的重要管理活动②。课程能否正常运行以及课程效能是否得到好的发挥在很大程度上取决于课程管理体制是否科学。

20 世纪 50 年代至 80 年代初,由于受苏联课程管理模式的影响,我国一直采用中央集权型课程管理模式——统一计划模式。这种课程管理模式具有以下几个特点:第一,所有课程设置标准、教学计划和课程计划都由国家统一制定(主体在国家),并通过政令颁布执行,各级地方政府与学校均无权变更;第二,课程内容、方法、标准时数、年周数以及各学科学年培养目标、升学与放假等,国家都有统一的详细规定;第三,关于教科书的管理,国家统一规定各门课程的教学大纲,国家统一组织编写与发行教材。

这种统一的计划模式虽然机械,但便于课程行政管理,操作起来简单,在特定阶段实行能够产生积极的影响。然而,此种模式由于脱离地方文化、经济发展的实际水平,不能与地方文化、经济发展相结合,使学校办不出特色,导致教育资源的低效甚至是浪费,从而制约了基础教育的发展。

我国是一个多民族的国家,地大物博,人口众多,且各地区的经济文化发展水平极不平衡。正因为不同地区的发展水平不同,其办学模式、办学要求与办学结构等都是不一样的。中央集权式的课程管理模式无疑过于集中和统一,给中小学的课程造成了很多负面的影响。基础教育阶段课程高度统一,无论是城市还是农村,无论是发达地区还是欠发达和不发达地区,全都执行同一个教学计划,使用同一套教材和同一套教学大纲。这种单一的

---

① 周海银,2007.关于学校课程管理本质的理性思考.山东师范大学学报(人文社会科学版)(1):107－110.

② 顾明远,1998.教育大辞典(增订合编本).上海:上海教育出版社:896.

办学模式,使我国学校千面一孔,严重缺乏办学特色。同时,教材管理也过于集中,一纲一本成为教育脱离地方经济与文化发展的重要原因;此外,全国普遍存在课程类型单一、结构不合理、比例不协调、标准掌握不准确、形式呆板、教学计划执行混乱等现象。

不言而喻,这种统一性成为了束缚中小学发展的主要原因。在全国统一的课程行政体制状况下,地方无权决定独立设置办学模式。事实上,不同层次及类型的学校,其教学计划应该是有差别的,但在全国统一的教学计划的包容下,却只能执行一个统一的计划,这必然限制了各中小学只能按水平纵向排队,而不能按特色横向排列。

我国各地经济文化发展水平参差不齐,这种差异性要求课程管理既要有统一性,也要有一定的灵活性,且二者之间的关系必须得到有效的协调。就课程管理方面所起的作用来说,国家主要扮演宏观调控的角色,也就是说对课程的这种宏观调控与指导主要是通过国家制定统一的课程计划以及规定基本的课程设置来实施。毫无疑问,要完成整个教育任务,实现统一的教育目标,国家有必要制定统一的课程计划。与此同时,在中小学课程改革过程中,国家一方面要坚持对全国中小学的课程实施宏观调控,另一方面,也要将一部分课程管理权限适当地下放给各个地方与学校,允许它们基于各自的实际情况开设相关课程,尤其是开设一些职业教育与乡土教育方面的课程。此外,国家还应该确保学校拥有较大的开设选修课的自主权。同时,建立"一纲多本",比较自由的教科书编写、审定、出版及选用等制度,在课程标准全国统一的基础上倡导教科书的多样化。这样,通过课程管理权限的适当分权,由中央、地方、学校所构成的三级课程管理体系,有利于进一步增强课程管理体制的灵活性和弹性,有利于我国中小学的课程管理最终走上民主化和科学化的道路。

(二) 国家、地方、学校三级课程管理模式的实施

课程管理是课程责任和权利的主体,由上下层的多个利益相关者组成。基于"课程共享"和"权力与责任分担"的原则,对从课程编制到课程实施再到课程评价的整个过程以及其中的相关因素与条件进行的全面管理的活动,其直接目标在于充分发挥自身管理的功能,最终目的在于促进学生主动而全面的发展①。课程能否正常运行以及课程效能能否得到有效的发挥取决于课程管理体制是否科学,因此课程管理改革也是中小学课程改革的重要内容之一。长期以来,我国一直沿用国家统一的课程设

---

① 张相学,2007."课程管理"概念的多维分析与建构.江西教育科研(5):106-109.

置,缺乏灵活性与多样性,致使全国中小学普遍使用同一个教学计划、同一套教材和同一套教学大纲。这种过度统一的集中管理制度,不利于中小学的课程设置。

课程改革的步伐自二十世纪八九十年代起,日益加快。新一轮基础教育课程改革建立了国家、地方、学校三级课程管理政策,妥善处理了统一性和多样性的关系。一方面,三级课程管理政策反映了国家对学生的基本要求,另一方面,它又为各地发展留有一定的空间。同时,在新课程计划中,地方与学校也被赋予了一定的课程开发与课程管理的权限,因此,地方课程和学校课程的开发也相应地被提上工作日程。各级地方教育行政部门与学校也享有了更多参与课程开发与管理的机会,体现了我国新一轮基础教育课程改革的基本思路。

在国家、地方、学校三级课程管理的基本模式下,首先由国家负责制定关于课程发展的总体规划,颁布国家课程标准,用以指导课程的实施,并确定国家课程的门类和课时。其次,由省级教育行政部门按照国家关于课程的总体设置与要求,合理设计符合不同地区需要的包括地方课程开发及选用等的课程实施方案。再次,由学校根据国家课程与地方课程的实施情况,合理开设适合本校特点的课程①。

为了达到上述目标,新一轮课程改革压缩了国家硬性规定的成分,重新设定了国家、地方、学校的课程在整个课程计划中所占的比重。例如,在课程内容与课时的安排上,给予地方与学校真正选择的权力,体现了一定程度的弹性。新课程计划提出地方、学校的课程占总课时数的 10%—12%。这一政策符合我国经济文化发展不平衡的特点,必然打破传统的"校校同课程、师师同教案、生生同教材"局面,有利于发挥学校与教师的主观能动性和积极性,有利于广大师生各展所长,有利于学校办出教学特色。

著名教育家张楚廷指出,国家课程、地方课程以及校本课程②的出现不仅是一种形式,它体现了人们对教育本质所持有的一种更深层次的探索与认识,不能简单地把它当作一种权力的再划分,而是要把它看作课程地位进一步提升的一种实质性表现。同时,国家课程、地方课程、校本课程三者之

---

① 童富勇,2005.现代教育新论.杭州:浙江教育出版社:169.

② 校本课程是指为了形成学校的办学特色与满足学生的实际需要,以学校为课程开发的基地,以学校的教师为课程开发的主体而在学校中开发的课程。校本课程是文化民主化的重要标志,也是落实教育民主化的重要途径。它对于学校办出特色,满足不同经济、文化发展水平地区的需要,向学生提供最切实的教育以便使他们能获得最满意的发展,有着重要的价值。参见钟启泉,崔允漷,张华,2001.为了中华民族的复兴 为了每位学生的发展:《基础教育课程改革纲要(试行)》解读.上海:华东师范大学出版社:266-267。

间的融合是对全面发展的中国政治、经济、文化以及空前活跃的社会生活的反映，它并不是孤立存在的。只有使三者的关系保持协同与融合，才能更加充分地开发教育的潜能，确保教育活动有效开展，从而使国家课程有可能向更高水平发展，使其在整个课程体系中发挥更大的作用①。

---

① 张楚廷,2003.课程与教学哲学.北京：人民教育出版社：394.

第五章　改革开放 40 年中国基础教育英语课程评价的变革与反思

第一节　课程评价概述

一、课程评价的界定

评价通常指通过详细、仔细的研究和评估,确定对象的意义、价值或者状态。评价的过程是一个对评价对象的判断过程。它本质上是一个判断的处理过程。美国当代教育家布鲁姆将评价作为人类思考和认知过程的等级结构模型中最基本的因素。根据他的研究,在人类认知处理过程的模型中,评价和思考是最为复杂的两项认知活动。他认为:评价就是对一定的想法(ideas)、方法(methods)和材料(material)等作出的价值判断的过程。它是一个运用标准(criteria)对事物的准确性、实效性、经济性以及满意度等方面进行评估的过程。

课程评价(Curriculum Evaluation)是衡量课程目标、课程编订与课程实施能否达到教育目的以及达到何种程度,以检测课程设计的效果,并据此作出改进的一种决策。首先,课程评价属于价值判断的过程,而价值判断必须反映评价者的主观愿望与价值理念,必须基于事实的描述。因此,由于自身需要与观念的不同,即使是对同一事物或活动,不同的评价主体也会产生不同的判断。其次,课程评价的方式是多样的。也就是说,课程评价既可以是定量的,也可以是定性的,而教育测试或测量只是其中的一种方法,并不代表课程评价的全部。再次,课程评价的对象包括多种课程要素,如课程计划、课程实施与课程结果等。换句话说,课程评价的对象涉及的范围很广,不仅包括课程计划本身,而且包括参与课程实施的广大教师、学生以及学校,还包括课程活动的结果,即教师和学生的发展。

二、学生学习进展评价

学习进展评价是课程评价之一，是指按一定标准对学生的学习成绩进行测定，是对教学效果作出价值判断的手段，也是提供教学活动反馈信息的途径，具有诊断、调节和强化作用。通过评定，可以判断教学的质量水平，发现问题据以采取措施改进教学，激发学生学习积极性。评定学生成绩有较高的质量指标，即信度、效度。要全面衡量学生掌握知识技能的广度、深度和熟练程度，运用知识于实际的能力；回答问题的完整性、创造性；口头或书面的组织表达能力及思维过程是否科学；错误的性质和数量；等等。对学生学业成绩的评定一般采取评语、评分两种形式。评语除评定学业成绩外，还评定学生的学习态度、努力程度、进步状况，指出其学习上的主要优缺点及努力方向等。评分采用百分制或等级制，也可将评分与评语结合起来。评定成绩的方法和模式主要借助于考试和测验手段①。

第二节　英语课程评价的变革

改革开放 40 年，基础教育英语课程先后经历了不同的评价方式，从 1978 年《全日制十年制中小学英语教学大纲（试行草案）》缺乏对评价的相关描述到 2001 年《全日制义务教育普通高级中学英语课程标准（实验稿）》中关于评价主体和评价方式多元化的描述，其间课程评价的重点发生了如下变化：从以考查学生的语言知识特别是语法知识为主，到以考查学生的英语听说能力为主，再到以考查学生的交际能力为主，最后到以考查学生的综合语言运用能力为主。课程评价的这种变化反映了课程改革所取得的种种进步。

一、以考查学生的语法知识为主

1978—1984 年间，我国基础教育英语课程处于"文化大革命"之后的恢复期。这一阶段颁布了 1978 年《全日制十年制中小学英语教学大纲（试行草案）》与 1980 年《全日制十年制中小学英语教学大纲（试行草案）第二版》两个英语教学大纲。这两个大纲均没有关于测试或评价的内容描述。这表明当时传统的"考试"仍然是检测、评价教师教学质量和学生学习进展的唯

---

① 顾明远，1998.教育大辞典（增订合编本）.上海：上海教育出版社：165.

一手段。诚然,考试是检查评定学业成绩和教学效果的一种方法①。考试的目的在于使教师能随时了解学生的学习情况,摸清学习中尚存在的问题,以便教师改进教学方法,提高教学质量。考试可以促使学生不断复习,巩固所学知识,培养学生努力上进、勤奋学习的学风,训练学生独立思考的能力,以及增强对知识的辨别、推理和分析能力。但通过纸、笔进行的各类考试不仅无法有效地检测学生的综合语言运用能力,还在一定程度上助长了教师过于注重知识传授、轻视能力培养和学生注重死记硬背、懒于思考的不良倾向。同时也表明,本阶段英语教学大纲的研制者还没有认识到评价对提高英语教学质量的重要性及意义。这与当时的历史条件与社会背景是密切相关的。

这一时期的测评重心在于考查学生对英语语言知识的掌握情况,特别是以语法知识的掌握为主,但对学生语言运用能力的考查力度很小。1978年,全国高考试题开始由教育部统一命制。当时,我国的英语教学法主要以语法翻译法为主,语法规则和句型练习多种多样,而且英语教材的编写也以此为主线。针对当时的中学英语教学状况与学生的英语水平,英语高考的试卷结构中考查单词和单句的试题较多。比如在1983年的英语高考试卷中,整套试卷由8个部分构成。第一部分是单词辨音题,占总分的8%;第二部分是改错型的单词拼写题,占总分的10%;第三部分是匹配型单词释义题,占总分的8%;第四部分是句型转换题,占总分的12%;第五部分是选择填空题,占总分的20%;第六部分是动词填空题,占总分的12%;第七部分是句型操练题,要求以汉译英的形式完成句子,占总分的16%;第八部分是阅读理解题,占总分的14%②。由此可知,语音、语法、词汇知识明显为全卷的考查重点,占了总分值的64%,翻译占16%。相反,阅读能力的考查却仅占全卷的20%左右。

二、以考查学生英语语言运用能力为主

以前的英语教学大纲一直未对教学评价作特别的、明确的说明。大纲对测试的要求也往往是隐含在教学要求中,尤其缺乏对学生听说能力的关注。

1986年《全日制中学英语教学大纲》在"教学方法"中第一次增加了关于测试方面的内容。大纲明确指出为了获取教学的反馈信息,教师要及时

---

① 顾明远,1998.教育大辞典(增订合编本).上海:上海教育出版社:873.
② 刘道义,2008.基础外语教育发展报告(1978—2008).上海:上海外语教育出版社:140-141.

改进教学方法,定期对学生的基础知识与综合运用语言的能力进行检查。要明确测试的目的与要求,并逐步实行标准化检测,既要进行书面检查,也要进行听力与口语的测试。命题覆盖面要广,难易要适度,针对性要强①。这显示了教学大纲的进步性。

1988 年颁布的《九年制义务教育全日制初级中学英语教学大纲(初审稿)》在"教学应该注意的几个问题"的第三项中提出要听、说、读、写全面训练,不同阶段各有侧重。教师要根据初中学生的年龄特征,起始阶段的教学要从视、听、说三方面入手,加大听说训练的比重;在起始阶段以后,教师在继续发展学生听说能力的同时,重视培养他们的读写能力。检查学生听、说、读、写的能力既要笔试也要口试。

同时,1988 年大纲还对学生的听、说、读、写四种能力提出了明确的量化要求。在听力方面,规定学生应能听懂基本上没有生词的录音材料。三年制与四年制的录音材料语速分别为每分钟 100 个词与 110 个词左右,一般听三遍,学生理解正确率应达到 70% 左右;在阅读方面,规定学生要能独立地阅读所学语言知识范围内的材料,一般生词率不超过 2%。三年制与四年制学生的阅读速度应分别为每分钟 40—50 个单词与 50—60 个单词,且理解正确率达到 70% 左右;在写作方面,要求学生能听写跟课文内容有关、结构简单、没有生词的材料。要求三年制和四年制听力材料的语速分别为每分钟 100 与 110 个单词左右。第一遍只听不写,第二遍边听边写,第三遍进行检查。

由此可见,1985—1991 年间,我国基础教育以实施九年义务教育为重心,进入了基础教育英语课程的快速发展期。这一阶段的大纲中关于英语教学的评价的内容仍然非常欠缺,对考试、考查的功能还不够明确,仅提到为教学提供反馈信息,没有提及对学生学习的诊断和激励功能等。这也从另一个侧面说明,考试依旧是评价英语教学的唯一方式。

这一时期评价的重心以考查学生英语语言运用能力为主。1985 年,教育部决定在广东省进行高考标准化②改革试验,拉开了我国考试现代化的序幕。1988 年底,教育部考试中心制定出版了《1989 年高考英语科考试说

---

① 课程教材研究所,1999.20 世纪中国中小学课程标准·教学大纲汇编:外国语卷(英语).北京:人民教育出版社:167.

② 标准化考试也称标准化测验(Standardized Test),是指根据统一、规范的标准,对考试的各个环节包括测试目的、命题、施测、评分、计分、分数解释等都按照系统的科学程序组织,从而严格控制了误差的考试。高考英语试卷从 1989 年起开始按照标准化的要求进行命制,英文名为:Matriculation English Test(MET)。

明》，这是考试中心成立以来我国第一本关于高考的考试说明，多项选择题成为试卷中的主要题型。试卷中，考查语言运用能力的试题分值约占全卷分值的 67％，其中考查学生阅读能力（完形填空部分按半数计算）的占比为52％，考查写作能力的占比为 15％。这表明语言教学的目的就是为了培养学生的语言运用能力，因此，测试的重点也应该是语言运用，而非语言知识。这同时也在一定程度上说明人们对语言教学和测试理论有了更深的认识。

令人感到遗憾的是，虽然听说法在当时非常流行，但囿于当时中学英语教学的实际情况，尤其是缺乏相应的考试设备和技术手段，高考试题中并没有专门的听力方面的考查内容，只是设置了几个语音、单词重读和句子升降调测试题，作为弥补。

三、以考查学生综合运用英语进行交际的能力为主

1992 年，我国基础教育以适应"应试教育"向"素质教育"转轨为导向，进入了英语课程的调整期。1992 年《九年义务教育全日制初级中学英语教学大纲（试用）》第一次将"考试和考查"与"教学目的、教学内容、教学要求以及教学中应该注意的几个问题"并列，作为教学大纲的主要组成部分。这表明教学大纲编制者对教学评价的重视。"考试和考查"部分明确指出：考试和考查是检查学生学习成绩与获取教学的反馈信息，以便教师及时地改进教学的一种有效手段。考试和考查内容应单项与综合相结合，既考查学生的英语基础知识，又考查学生综合运用英语进行交际的能力。同时，还要求考试与考查环节不仅要有笔试，也要有口语和听力方面的测试。

1992 年大纲较 1986 年大纲有较大改进，一方面注意到了考试、考查对学生学习问题的诊断功能，而且考试、考查的形式也有所增加，既有日常考查，又有阶段考试和结业考试，还指出考试、考查后应做讲评，这些都有利于考试、考查对教与学的诊断与促进功能的发挥。1996 年大纲则更加强调了对运用语言进行交际的能力的考查。但这两个大纲只是对考试、考查作了简单的规定，并不能对学生英语学习和总体水平作出客观全面的评价。

2000 年出版的《九年义务教育全日制初级中学英语教学大纲（试用修订版）》以及《全日制普通高级中学英语教学大纲（试验修订版）》规定应对学生英语学习进行全面综合性的评价，将以前的"考试、考查"改为"教学评价"[①]。第一次明确指出教学评价是获取英语教学的反馈信息，对教学质量

---

①　课程教材研究所，1999.20 世纪中国中小学课程标准·教学大纲汇编：外国语卷（英语）.北京：人民教育出版社：477.

进行有效监控并对教学作出准确导向的必要手段。教学评价一定要坚持以人为本，促进学生素质的全面发展；要有利于促进教师不断提高教学水平；要有利于促进英语教育教学的发展。同时，应采用形成性评价和诊断性评价等多种方式来评价学生的英语学习，并使二者相互结合，不仅要关注学生学习的结果，更要关注学生学习的过程。"形成性评价的引入使我们的教育评价从单向转为双向，学生由评价的客体转为评价的主体，学生获得了教育评价的知情权、发言权和决策权，参与评价的整个过程，充分了解教学评价的目的、评价标准和评价步骤，减少了担忧心理。这有利于培养学生对自我学习进行监控和评价，进而促进学生自主学习能力的提高①"。形成性评价是对学生学习过程的评价；终结性评价是对学生学习结果的评价。这不仅是词语的替换，而且明确了评价的依据、内容、目标、原则、方法、手段及注意的问题，具有较强的可操作性，体现了教学观念的变化，扩大了评价与测试的内涵。具体分析如下：

（1）在评价取向方面，主张形成性评价和终结性评价并重，以人为本，以促进学生发展、改进教学为目的。

（2）在评价内容方面，以大纲规范的教学目标为依据，不仅要对语言基础知识、基本技能和语言运用能力进行评价，同时对学生课内外的学习行为和学习能力、学习态度、学习潜能，初中生参与程度、高中生的学习策略进行评价；终结性评价包括听力，力争加入口试；初中兼评掌握的基本知识、基本技能和运用英语的能力，高中侧重实际运用英语的能力。

（3）在评价方法方面，既关注结果，又关注过程。强调形成性评价对学生学习的激励作用。素质教育的思想在形成性评价方面再一次得到了充分的体现；终结性评价兼重笔试、听力测试和口试。所有测试都不宜考查纯知识性的内容。试题要注意对运用英语交际能力进行考查，突出语篇和语境。

（4）在评定形式方面，形成性评价采用宽松、开放式的描述性评定形式，以及等级或分数，初中侧重前者；终结性评价未作特别规定，仍可采用百分制。

（5）在评价主体方面，强调多元化。评价不仅是教师的任务，还要吸收学生本人及其同学的有关评价。

因此，这一时期对学生学习进展评价的重心也分为两个方面：

首先，教学中，明确形成性评价的结果在学生的学业评价中占一定的比

---

① 王京华，李丽娟，吴晓燕，等，2006.形成性评价对英语学习策略影响的实验研究.河北大学学报（哲学社会科学版）(4)：121-125.

例。教师通过考查、观察以及与学生的对话交流,对学生的书面作业、口头问答和朗诵等课内外学习行为及学习能力、学习态度、参与程度和合作精神等作出客观的评价。形成性评价还应该包括学生的相互评价以及学生的自我评价等方式。教师对学生的学习情感、习惯与态度等方面的评价,应该采用宽松和开放式的描述性评价形式,使评价有利于树立学生的自信心,培养他们的学习能力,形成他们继续进步的动力。

其次,终结性评价方式应该包括期中、期末等考试。考试形式包括听力测试、笔试与口试。其中,在学年、学期考试以及中考与会考中,听力测试所占的比例应不低于 20％,而且听力测试不应该把那些脱离语境(Context)的单纯辨音题作为考试的内容,而应该着重检测学生理解、获取以及运用信息的能力。笔试应该增加主观题的比例和具有语境的应用型试题,减少那些单纯的语法知识类题型,降低语法考查的难度,取消单纯的语音知识类题型,要努力创造条件,将口试列入考试项目。应提高命题的科学性与质量,侧重考查学生实际运用英语的能力。

以高考为例,为减轻学生的学习负担,教育部推出了新的高考试卷 National Matriculation English Test(NMET),对英语科试卷的结构进行了如下的一些调整:原来考查"单词重读"以及"句子升降调"之类的题目被单词拼写题所替代;引进了"短文改错"题,增加了补全对话题,减少了语法词汇类单项填空题的数量(由过去的 30 个减为 20 个),使语言知识类试题在全卷所占分值权重有一定程度的降低,从而加强了对学生英语运用能力的考查。

总之,2000 年修订版大纲"教学评价"部分反映了语言教学研究中教学评价和考试研究的最新成果。它是贯彻素质教育精神的必然,也是外语教学改革能否成功的一个关键所在。而坚持全面综合性的评价原则正是这一阶段英语教学大纲的主要特点。

四、以考查学生的综合语言运用能力为主

评价一直是英语课程的重要组成部分之一。构建科学、合理的评价体系对于有效地实现课程目标具有重要的现实意义。英语课程的评价要基于课程标准的目标和基本要求,对英语教学的全过程以及结果实施有效的监控。评价的目的在于有助于学生在英语学习过程中不断体验进步与成功;评价要有助于教师及时、有效地获得英语教学的反馈信息,以便他们对自己的教学行为进行不断的反思和调整,进而促进他们不断地提高教育教学的水平;评价要有助于学校及时有效地了解英语课程标准的整体执行情况,以

便加强和改进教学管理,进一步促进英语课程的不断完善和发展。1999年,以全面推进素质教育为目标,我国开启了新一轮基础教育英语课程改革。在此次课程改革中,原来的教学大纲改为了课程标准,体现了课程设计的灵活性,如表5-1所示。

表5-1　《英语课程标准》中关于课程评价的描述

	《全日制义务教育普通高级中学英语课程标准（实验稿）》（2001年）	《普通高中英语课程标准（实验）》（2003年）
取向	作为课程目标实现的重要保障,评价应对教学的整个过程与结果实施有效监控,从而有利于促进学生的发展,有利于教师反思教学,有利于学校改进教学管理,有利于英语课程的不断完善。为此,必须兼顾形成性评价和终结性评价。	相同
内容	以《标准》所定的目标与要求为根据,对综合语言运用能力、情感态度、学习策略、文化意识进行评价。	相同
八项措施	1. 体现学生在评价中的主体地位。 2. 注重形成性评价对学生发展的作用。 3. 注意评价方法的多样性和灵活性。 4. 注重评价结果对教学效果的反馈作用。 5. 终结性评价要注重考查学生综合运用语言的能力。 6. 注意处理教学与评价的关系。 7. 各级别的评价要以课程目标为依据。 8. 注意3至6年级英语教学评价的特殊性,激励为主,形成性评价为主。	前七条规定相同 8. 评价必须体现必修课和选修课的不同特点。前者立足共同基础,后者立足选修课本身的特点。
评价案例	列举了6个评价案例,列举了7至9年级学生英语学习策略评价表,3至6年级英语"玩、演、视以及听"参考性评价表,3至6年级英语二级听力形成性评价的参考方案,学习档案评价方法的使用以及写作评价参考标准。	列举了6个评价案例：作品展示及项目活动建议；学习档案夹的构成；口语表现能力评价参考标准；写作能力评价参考表；合作学习评价参考表；学习档案夹评价参考表。

从表5-1中可知,英语课程评价体系要尽量体现评价形式的多样化以及评价主体的多元化。课程评价应该坚持形成性评价与终结性评价相结合,不仅关注学生的学习效果,而且关注学生综合语言运用能力的发展过程,使二者达到和谐统一。

（1）注意评价方法的灵活性与多样性。根据不同的学生年龄特征和学习风格，教师应采取适当的不同的评价方式。在日常形成性评价中，教师应允许学生根据自己的特长及优势来选择适合他们自己的评价方式。如果某个学生对自己某次课堂测验的成绩有异议或不满意，他可以与教师进行协商，可以暂不记录成绩，等经过更充分的准备之后，再次参加测验和评价。

（2）注意体现和突出学生在课程评价中的主体地位。毫无疑问，学生是学习的主体，无论是教学抑或是评价，都应该坚持以培养学生的综合语言运用能力作为出发点。评价不仅要有利于学生认识自己并树立自信心，而且要有利于学生反思并调控自己的学习过程，从而促进他们语言能力不断发展。教师应该努力使学生掌握自我评价的方法，认识到自我评价对于发展自身学习能力的重要意义，让学生在各类评价活动中都成为积极的参与者和合作者。评价应该是教学活动的有机组成部分，通过评价，教师要使学生学会分析自己的成绩与不足，从而明确今后努力的方向。

（3）重视评价结果对教学效果的反馈作用。教师应时刻关注评价对教师教学及学生学习的反馈作用。例如：评价是否反映了教师教学和学生学习的成就及不足？评价是否有利于促进学生自信心的建立？根据评价的反馈信息教师应及时地调整教学计划和教学方法[①]。

（4）注重形成性评价对学生发展的重要作用。形成性评价是教学的重要组成部分。形成性评价的主要任务在于对学生在日常学习过程中的表现与所取得的成绩以及所反映出的情感、态度和策略等方面的发展作出评价。形成性评价的目的在于帮助学生有效调控自己的学习过程，激励学生学习，使他们获得成就感，增强自信心。形成性评价有利于学生从被动地接受评价转变成为评价的参与者与主体。形成性评价的形式可以是多种多样的，例如，平时测验、课堂学习活动评比、学习效果自评、访谈、问卷调查、学习档案、家长对学生学习情况的反馈以及评价等。

（5）终结性评价应注重考查学生的综合语言运用能力。终结性评价（如期末考试与结业考试等）是检测学生综合语言运用能力的发展程度的重要手段，也是反映教学效果与学校办学质量的重要指标之一。终结性评价的目标在于考查学生的综合语言运用能力，力争比较科学、全面地考查学生在经过一段时间的学习以后所能达到的语言水平。测试应包括口语、听力

① 中华人民共和国教育部，2001.全日制义务教育普通高级中学英语课程标准（实验稿）.北京：北京师范大学出版社：38.

考试和笔试等多种形式,要能全面地考查学生的综合语言运用能力。

（6）各级别的评价要以英语课程目标为依据。对学生学习的评价应以课程目标和相应级别的教学目标为依据。二级的评价由地方与学校来组织进行,并以形成性评价为主。五级与八级的评价应该在国家、各省市教育主管部门的指导下进行。其他级别的评价也要以形成性评价为主,应由学校组织实施。

这一阶段测评的重心主要是考查学生的综合语言运用能力。自 2000 年以来,为弥补高考缺乏听力测试的不足,高考英语科调整了考试的内容和形式,重点增加了听力考查的内容。同时,考虑到各省、自治区、直辖市所在中学师资与办学条件发展不平衡的现实情况,国家制定了过渡性方案:2000 年,教育部考试中心向各省提供三种试卷供选择,一种是不含听力测试的高考英语试卷,另一种是听力部分占全卷比例 13％的试卷,还有一种是听力部分占全卷比例 20％的试卷。2001 年与 2002 年,国家考试中心仅向各省提供含听力部分的高考英语试卷,而条件不成熟的省还可自行去掉听力考查内容,并对其余试题的分数做加权处理。2003 年,除特殊原因之外,全国各省均须采用含听力部分的高考英语试卷。与此同时,在原 NMET 的基础上对试卷结构进行了部分调整,例如:以听力试题代替语音题;进一步减少了语法和词汇类单项填空题的数量;去掉了补全对话题以及单词拼写题。

针对高考听力考试中出现的听力实施故障和磁带质量等问题,教育部提出从 2005 年开始,普通高校招生对考生外语听力测试不再作全国统一要求,并根据《课程标准》的要求增加了考试词汇量,改进了"短文改错"题,在阅读理解部分增加了"阅读填空"题,拓宽了测试的广度和深度,使考查内容日臻全面,以便更有效地检测学生的语言综合运用能力。

《义务教育英语课程标准(2011 年版)》在课程基本理念中提出要"优化评价方式,着重评价学生的综合语言运用能力"。英语课程评价体系要有利于促进学生综合语言运用能力的发展,要通过采用多元优化的评价方式,评价学生综合语言运用能力的发展水平,并通过评价激发学生的学习兴趣,促进学生的自主学习能力、思维能力、跨文化意识和健康人格的发展。评价体系应包括形成性评价和终结性评价。日常教学中的评价以形成性评价为主,关注学生在学习过程中的表现和进步;终结性评价着重考查学生的综合语言运用能力,包括语言技能、语言知识、情感态度、学习策略和文化意识等方面[①]。为此,

---

① 中华人民共和国教育部,2011.义务教育英语课程标准:2011 年版.北京:北京师范大学出版社:4.

本标准还特别提出了以下九条评价建议：充分发挥评价的积极导向作用；体现学生在评价中的主体地位；依据课程目标要求确定评价内容与标准；注意评价方法的合理性和多样性；形成性评价要有利于监控和促进教与学的过程；终结性评价要注重考查学生的综合语言运用能力；注意处理教学与评价的关系；小学的评价应以激励学生学习为主；合理设计和实施初中毕业学业考试。

五、以促进核心素养的有效形成为主

《普通高中英语课程标准(2017 年版 2020 年修订)》在课程基本理念中明确提出"完善英语课程评价体系，促进核心素养有效形成"。普通高中英语课程应建立以学生为主体，促进学生全面、健康而有个性的发展的课程评价体系。评价应聚焦并促进学生英语学科核心素养的形成及发展，采用形成性评价与终结性评价相结合的多元评价方式，重视评价的促学作用，关注学生在英语学习过程中所表现出的情感、态度和价值观等要素，引导学生学会监控和调整自己的英语学习目标、学习方式和学习进程①。

基于英语学科核心素养的教学评价应以形成性评价为主，辅以终结性评价，定量评价与定性评价相结合，注重评价主体的多元化、评价形式的多样化、评价内容的全面性和评价目标的多维化。评价结果应能全面反映学生英语学科核心素养发展的状况和达到的水平，发挥评价的激励作用和促学功能，对英语教学形成积极正面的反拨作用，促进英语课程的不断发展和完善。通过评价使学生在英语学习过程中不断体验进步与成功，认识自我，建立自信，调整学习策略，以此促进学生英语学科核心素养的全面发展。评价应能使教师获得英语教学的反馈信息，对自己的教学行为进行反思和调整，不断提高教育教学水平。评价应能使学校及时了解课程标准的执行情况，改进教学管理，促进英语课程的不断发展和完善②。

（1）突出核心素养在学业评价中的主导地位，着重评价学生的发展与成长。基于英语学科核心素养的学业评价，应保持评价目标与学科核心素养、学业质量标准的一致性，应根据学生学科核心素养发展的要求确定具体的评价内容与标准，形成教、学、评统一的有机评价体系。要重点关注学生在语言能力、文化意识、思维品质、学习能力等维度的整体表现与协同发展，

---

① 中华人民共和国教育部,2020.普通高中英语课程标准(2017 年版 2020 年修订).北京：人民教育出版社：3.
② 同上,第 80—81 页。

实现课程评价目标与学科核心素养表现的一致性，评价结果与后继决策的统一性。评价目标的设定应重点关注学生的发展与成长。在评价实践中，评价指标可以根据不同的核心素养要素并结合课程内容六要素加以设定，以描述性语言加以呈现。在实际评价中，教师要鼓励学生积极开展自评和互评活动，从评价的接受者转变为评价活动的主体和积极参与者。

（2）突出学生在评价中的主体地位，关注学生的全面发展和进步。作为评价过程的主要参与者，学生应在教师的指导下，学习使用适当的评价方法和可行的评价工具，积极参与评价，发现和分析学习中的具体问题。因此，评价目标和评价标准的确定、评价内容和评价方式的选择以及评价方案的实施等均应以促进学生的英语学科核心素养发展为指向，应符合学生的心理和认知发展阶段及年龄特征，活动内容和任务情境应为学生所熟悉，并为学生提供充分的自我展示的机会。学生日常学习的阶段性评价，应充分发挥其诊断性评价功能，着重考查学生特定时段的学习成效与存在的不足。教师应加强学生之间、师生之间评价信息的互动交流，鼓励学生开展自评和互评，促进自我监督式的学习，并让学生在相互评价中取长补短，不断反思，调控学习，总结经验，把教学评价变成主体参与、相互激励、自我反思、共同发展的过程与手段。在具体实施过程中，评价活动既可由学生独立完成，也可结对或组成学习小组共同合作完成。同时，教师应注重不同评价活动之间的整合性和关联性，突出评价任务与内容的实践性及发展性，重视学生的全员参与及共同进步[①]。

（3）关注课堂教学过程，通过英语活动实施各种评价。首先，针对学生的课堂表现进行评价，要着重考查学生在语言学习过程中的进步，突出评价的过程性和形成性特征，充分发挥诊断性评价的功能，突出评价的正面鼓励和激励作用，关注学生参与课堂学习的积极性和主动性，关注学生在学习过程中的注意力和好奇心，关注学生在不同情境与活动过程中分析问题和解决问题的能力表现。其次，对英语学习的日常评价也应体现英语学习活动观的理念以及各维度的表现。一方面，教师要根据评价目标设计语言活动方案，设计过程可以让学生参与其中，要关注批判性思维和知识整合，确保活动方案的综合性、关联性、实践性，体现评价的科学性和可行性，特别要注意评价的公平性，以保护学生的学习积极性。另一方面，在活动实施的过程中，教师可以采用提问、讨论、完成任务等方式使学

---

① 中华人民共和国教育部，2020.普通高中英语课程标准（2017 年版 2020 年修订）.北京：人民教育出版社：83 - 84.

生的思维外化,并在这一过程中,观察学生综合运用语言的行为表现和学科核心素养的养成程度,教师要综合考量学生的各种表现,得出评价活动的最终结果,把握学生在相关目标内容方面的达成程度以及学生后续发展应注意的关键问题。

(4) 注重评价方式的多样性和合理性,切实开展好形成性评价。教学评价的形式应是多种多样的,重在关注学生的学习过程和成长经历。教师要以英语学科核心素养为导向,根据活动内容,与学生共同设计形式多样的评价活动。在设计和实施评价的过程中,教师应根据各阶段的教学特点与评价目的,充分考虑学生的年龄、心理特征及认知水平,选用合理的评价方式,实现形成性评价与终结性评价相结合。对于专项能力的评价,教师可以采用档案袋、网络学习状态数据收集和分析等途径和方式。为此,教师应努力把评价活动融入课堂教学活动的各个环节,把平时测验、成长记录袋、问卷调查、访谈等形式密切结合起来,尽量多采用开放式问题,鼓励学生通过思考生成答案,使评价活动成为学习过程的有机组成部分和促进学习的有效途径[①]。

(5) 正确处理日常评价与阶段性评价的关系,选择恰当的纸笔测试方法。日常评价应突出评价的过程性特征,使之成为让学生体验学习成就、反思学习效果的机会,宜采用描述性评价、等级评定等评价记录方式,形式可采用课堂观察、学习档案、反思日志、问卷调查、师生面谈、座谈讨论、随堂测验、同伴互评、纸笔测试等。纸笔测试的题目要贴合考生的生活经验、心理特征和认知水平,应考虑到学生学习策略、应答策略和学习经验的积累。教师还可根据需要考虑开卷或闭卷等灵活多样的方式,以开放性问题为主加以呈现,尽量避免引起学生过度焦虑。同时,教师要及时反馈并点评测试结果,指导学生纠正错误,注意评价标准应具体、翔实,区分表现水平的层次,以便实施评价反馈和指导学生的后续学习。

(6) 发挥评价的反拨作用,实现评价为教和学服务的目的。评价的过程和结果要有利于学生不断体验英语学习过程中的进步与成功,有利于学生认识自我,建立和保持英语学习的兴趣和信心。评价要有利于教师获取英语教学的反馈信息,并对自己的教学行为进行反思和调整,提高专业水平;要有利于学校和教育行政部门及时了解课程的实施情况,改进教学管理;要有利于家长和社会了解学生的学习情况、共同推进课程实施。教师要

---

① 中华人民共和国教育部,2020.普通高中英语课程标准(2017 年版 2020 年修订).北京:人民教育出版社:87 - 88.

客观分析和认真研究评价结果，及时调整教学计划和教学方法，及时反馈评价结果，引导学生和家长用发展的眼光看待评价结果。同时，鼓励学生参与评价结果的判断和解释过程，最大限度地发挥评价结果的诊断功能和促学功能。教师要反思评价是否促进了学生英语学科核心素养的形成和发展，是否促进了学生自信心的建立和全面进步，是否反映了学生的学习成就或不足，是否反映了教师教学中的成功与不足等问题，发挥评价对教学的反拨作用。

第三节　关于英语课程评价变革的反思

课程评价是对任何一种特定的教育活动的价值及其效果展开评估的过程。英语课程评价需淡化甄别与选拔功能，需体现多元化、主体性，需重视发展性。

一、课程评价的甄别与选拔功能

关于课程评价的问题，早在 1988 年大纲中已加上了有关"测试方法"的内容，1992 年大纲中专设了有关"考试、考查"的部分。这说明测试评估的方法对课程的制约作用已开始受到关注。尽管 2000 年大纲提出对学生学习的评价应坚持形成性评价与终结性评价并重的原则，既关注结果，又关注过程，但是，考试、考查仍然是这一阶段检查教师教学和学生学习的主要手段，教学仍然听从考试"指挥"。

课程与教学评价在整个基础教育系统中，具有预测与导向、反馈与调节、甄别与选拔、反思与激励等多种重要功能。从本质上来说，课程评价是一种价值判断的活动，是对客体满足主体需要程度的一种判断。考试作为一种教育测量和评价的术语，其意义与测验非常相近。在很多场合下，考试与测验可以相互替代，特别是在学业成就的测量与评价中更是如此。考试是我国学校通用的术语，在教育评价和课程评价学科领域，测验或测量是通用的，都是获取评价资料信息的工具之一。教育评价的工具除了测验或测量外，还有其他多种，例如观察法、访谈法、问卷法等。可见，严格意义的考试及其一定角度的同义词测验或测量，与评价是两个不同层次的概念。但是，由于"应试教育"的影响和课程评价理论研究滞后，考试原本只有某种测量的作用，而人们却把考试作为评价的唯一手段，甚至干脆把考试和评价完全等同起来。陶行知主张，课程评价应关注学生的创新能力和实践能力的培养,主张创造性地进行考试:"不逼迫他赶考,不和家长联合起来在功课上夹攻,要给他一些空闲时间,消化所学,并且学一点他自己渴望要学的学问,干一点他自己高兴干的事情①"。

　　教育评价的总结性功能就是对教育活动的成效及优劣进行甄别,并根据鉴定结果进行分等和选拔。例如,通过每学年与学期的各种考试来区分学生学习成绩的优劣与升学资格。这种总结性功能对确保教育质量具有重要作用。然而,由于应试教育过于强化教育评价的总结性功能,从而阻碍了学生的发展。正如霍尔特在《教育志——为什么儿童会失败》中指出的那样,从踏进校门之日开始,大多数儿童经历和体验了失败。学校不是帮助他们成长与成功,而是在加深他们的失败。不仅如此,还有人认为,一旦没有失败的儿童,学校就不成为学校了。从"非学校论"的观点出发,霍尔特深刻地揭示了学校对学生的筛选是如何妨碍了儿童的成长的。事实上,片面强调评价的选拔性功能,不但无助于学生的发展,反而会压抑与摧残他们的发展。这与素质教育的宗旨是背道而驰的。

　　随着信息技术的不断发展,网络时代已经到来,海量的知识急剧增长。基础教育日益受到挑战,课程的功能也应该由原来的以知识传授为主转变为注重促进学生的综合发展,形成积极的学习态度,培养实践能力与创新意识,尤其是关注学生是否具备健康的身心品质等,为学生的终身发展打下坚实的基础。随着课程功能的转变,评价的功能也发生着从"选拔"走向"发展"的巨大转变。评价不再是为了对学生进行选拔与甄别,而是要充分发挥评价的激励作用,因此,评价的目的在于对学生的知识与技能、过程和方法以及情感、态度、价值观等方面作出综合性的评估,重点关注学生成长与进步的状况,不是为了"选拔适合教育的儿童"。事实上,评价是为学生的发展服务,旨在通过分析和指导为学生的进一步发展提出改进措施,是为了"创造适合儿童的教育",而不是学生的发展为评价的需要服务。

二、课程评价的多元化与多主体

　　课程评价一般分为广义与狭义两个层次。广义的课程评价又称为教育评价,是按照一定的价值标准,通过系统地收集有关信息,对各种教育活动中受教育者的发展变化和构成其变化的各种因素满足社会与个体发展需要的程度作出判断,并为被评价者的自我完善以及有关部门的科学决策提供依据的活动。狭义的课程评价是指对课程标准、课程计划以及教材在促进

①　王中华,2009.陶行知的生活课程观及其当代启示.教育探索(10):6-8.

学生学习方面的价值作出判断的活动或过程。

霍华德·加德纳（Howard Gardner）是美国哈佛大学著名的发展心理学家。他于 1983 年出版了专著《智力的结构》，并在其中提出了多元智力理论。多元智力理论提出每个人都同时具有九种智力①，但是每个人的智力都各不相同，各具特色，因为九种智力在每个人身上都是以不同的程度和不同的方式组合存在的。因此，要强化评价对学生个体发展的建构作用，对学生的评价不仅要关注其个体间发展的差异性，也要关注个体内发展的不均衡性，坚持评价标准分层，评价内容多元。多元智力理论倡导的评价思想对课程评价具有非常重要的启示，它为建立有利于学生全面发展的课程评价体系提供了重要的理论依据与支持：第一是评价的标准具有多元性。由于九种智力在不同个体中存在的量及其组合以及操作的方式各不相同，因此，教学评价的尺度应该是多元化的。第二是评价的目的应该是要为广大学生的发展提供契机。传统评价中，学生要尽力在他们可能并不喜欢和擅长的学业或专业范围里去满足评价的要求，导致他们自己的优势智力得不到发展。而课程评价的目的是帮助学生发现优势智力领域，并为他们创造发展自身优势智力的机会。第三是评价的来源应是学生的活动。在传统的评价中，决定学生优劣的往往只是一张包含各学科分数的成绩单，而多元智能理论认为，只有在社会生活以及与社会环境的联系之中，在问题情境或者特色文化的背景之下，才可能会有某种智力的体现。因此，评价不能脱离学生的学习活动，而应该注重引导他们拓宽学习的范围，使拓展的学习活动能够与多元化的智力结构相匹配。第四是评价的核心是"全人观"，即每个学生都有自己的优势智力领域，每个学生都能获得成功，每个学生的智力发展都贯穿于他生命的整个过程。第五是评价的方式应尽量采用档案袋与活动法。事实上，单靠纸笔测验是很难测出学生的多元智能的，而档案袋与活动法则可能从时、空两个方面记录与观察学生的综合表现。

因此，基础教育英语课程评价应关注个体差异，重视综合评价，实现评价指标的多元化。过去，学业成就被当作是衡量教师教学业绩和学生学习发展以及学校办学水平的一项重要指标。事实上，我们不仅要重视学生的

---

① 传统的智力理论认为人类的认知是一元的，个体的智能是单一的、可量化的，而霍华德·加德纳认为，智力是在某种社会或文化环境的价值标准下，个体用以解决自己遇到的真正的难题或生产及创造出有效产品所需要的能力。智力的基本性质是多元的——不是一种能力而是一组能力，其基本结构也是多元的——各种能力不是以整合的形式存在，而是以相对独立的形式存在。九种智力指言语-语言智力、音乐-节奏智力、逻辑-数理智力、视觉-空间智力、身体-动觉智力、自知-自省智力、交往-交流智力、自然观察智力、存在智力。

学业成就,同时,更应该重视学生个体发展的其他诸多方面,如正确的世界观、人生观、价值观、积极的学习态度、分析与解决问题的能力以及创新精神等。评价不仅仅在于考查学生学到了什么知识,更要对学生开展综合性评价,了解他们是否学会学习、学会生存、学会做人和学会合作等。要准确、真实地反映学生的成就,就必须对学生各个方面进行综合评价,在进行综合评价时,要重视学生的个体差异,通过综合评价才能使学生的个体差异体现出来。

此外,基础教育英语课程评价应强调参与与互动,使评价主体多元化。英语课程评价体系应使学生从被动地接受评价逐步转变为主动地参与评价。目前,交互式评价已成为世界各国普遍的一种教育评价方式,评价主体包括了教师、学生、管理者、家长以及其他专业研究人员等,体现了教育的人性化、民主化的发展进程。最重要的特点是,在这种新的评价机制中,学生也参与其中,变成了评价主体中的重要一员。评价主体的多元化使评价者和被评价者之间民主、平等、和谐的互动也日益受到重视,尤其是被评价者发展的需要越来越受到关注。学生在成为评价的主体之后,他们将积极地参与评价,并在评价过程中不断地自我教育,自我反思,从而促进自我发展。多元化、互动式的评价体系有利于参与评价的各方通过沟通协商来增进彼此的了解,从而构建起积极、友好、民主和平等的评价关系。在评价过程中,这不仅有助于评价者有效指导与监控被评价者的发展过程,而且有助于帮助被评价者认同与接受评价的结果,并促进其不断改进和发展。

2001 年版的英语课程标准指出学生是学习的主体,所有教学与评价都应该有益于学生树立自信与认识自我。评价应该有利于学生对自己的学习过程开展反思与调控,从而促进他们语言能力的不断发展。教师应该使学生学会自我评价的方法,让他们认识到自我评价对于他们自身学习能力发展的重要意义。在各类评价活动中,学生都应该是主动、积极的参与者与合作者[1]。总之,评价是英语课程的一个极其重要的组成部分,而突出学生在评价中的主体地位对于实现课程目标具有非常重要的意义。

三、发展性与形成性课程评价

我国绝大多数中小学还是采用单一的评价方式,即通过考试来对学生

---

[1]　中华人民共和国教育部,2001.全日制义务教育普通高级中学英语课程标准(实验稿).北京:北京师范大学出版社:37.

的学业成绩进行评价，并把成绩视为唯一的标准与依据，用以奖惩学生，或决定学生的升级与升学，如升初中、升高中及上大学等。同时，学生的考试成绩被视作教师的"教学质量"，成为评价教师教学的最主要方式。这样一来，教师的评优评奖和职称晋升，甚至是工作调动等都根据学生的考试及格率、平均分、优秀率及升学率等来确定。与此相同，各级教育行政部门，广大家长，甚至整个社会也都是根据所谓的"教学质量"对一个学校进行评价。

这种重甄别与选拔、重结果轻过程的评价方式，由于评价主体和评价方法单一，不利于素质教育的推进，并使亿万青少年的身心健康发展遭受以下几个方面的严重影响。首先，评价方式注重以传统的纸笔考试为主，过多地依据量化的结果进行量化评定。虽然这种量化评定比较严格、科学与客观，但是对教育而言，它常常只对简单的教育现象进行评价，或者把复杂的教育现象进行简单化处理。从本质上来说，这种评价既无法保证客观，也会丧失教育中最根本和最有意义的内容，因而很容易将学生在各个方面的进步与发展简化为一组组僵硬的数字，导致学生原本生动活泼的个性得不到重视，忽视了教育的复杂性与学生状况的丰富性。其次，评价内容过多地强调学科知识，特别是书本上的知识，缺乏对学生的学习态度、学习习惯、情绪、心理素质、实践能力以及创新精神等综合素质的考查。再次，评价标准忽略了个体差异以及个性化发展的价值，仍然过多地强调一般趋势和共性。最后，就评价主体方面来说，缺乏教师、学生、家长以及管理者等多主体共同参与，具有交互作用的评价模式尚未形成，被评价者仍然大多处于消极的被动的地位。

新一轮基础教育课程改革倡导发展性课程评价[①]，以促进教师、学生以及课程的不断发展。这种评价无疑具有现实性和前瞻性，体现了先进的评价理念，不仅如此，它还结合当前课程评价最新发展的趋势，聚焦我国现行课程评价体系中的局限与不足，对于推进基础教育课程改革意义重大。

发展性课程评价的基本理念包含以下几个方面：第一，评价是一种持续的与教学过程并行的同等重要的过程，而不仅仅是完成某种任务；评价贯

---

① 发展性评价是指依据一定的教学目标和教育价值观，评价者与学生建立相互信任的关系，共同制定双方认可的发展目标，运用适当的评价技术和方法，对学生的发展进行价值判断，使学生不断认识自我、发展自我、完善自我，不断实现预定发展目标的过程。它的核心思想在于促进学生的发展，一切为了学生的发展，评价标准、内容、过程、方法和手段都要有利于学生的发展。

穿于教学活动的每一个环节,是教与学的一个重要的组成部分,常常被用来辅助教育。第二,评价旨在促进学生发展,为有效开展教育教学提供各种强有力的指导以及信息与洞察力。评价是为学生学习和全面的终身发展服务的,是学习的动力与源泉,旨在通过教育促进学生的表现,提高学生学习的效率,而不仅仅是为了考查学生的表现①。第三,评价应体现以人为本的思想,不仅要关注个体的需要与现实状况,还要尊重与体现个体的差异,努力弘扬其主体精神,最大可能地促使每个个体展现其自身的价值。

　　发展性评价是一种形成性教学评价,它是针对以分等和奖惩为目的的终结性评价的弊端而提出来的,主张面向未来,面向评价对象的发展。形成性评价是日常教学中由教师和学生共同参与和实施的评价活动,其首要目的是促进学生学习,核心是通过不同形式的反馈给学生提供具体的帮助和指导。

　　《义务教育英语课程标准(2011 年版)》强调"形成性评价要有利于监控和促进教与学的过程"。教师应根据实际课堂教学的目标,坚持激励原则,采取有效的信息收集和反馈方式,及时观察和了解学生的学习进程和学习困难,把握课堂教学目标的落实,为下一步调整教学目标、改进教学方法、提高教学效率提供依据。教师应积极指导学生评价自己的学习行为和学习结果,使学生通过参与展现自己学习进步的各种评价活动,获得成就感,增强自信心,有效调控自己的学习过程。

　　《普通高中英语课程标准(2017 年版 2020 年修订)》提出"注重评价方式的多样性和合理性,切实开展好形成性评价"。实施课程评价应坚持发展性原则。教学评价的根本目的在于激励学生学习,帮助学生有效调控自己的学习过程,使学生获得成就感,增强自信心,培养合作精神,促进学生的全面发展。教师应该始终在友爱、信任、尊重的气氛中,从发展的视角、用发展的观点、以发展的眼光去评价学生,充分肯定学生的优点和进步,正确对待学生的错误和缺点,鼓励学生不断发展和完善。既要重视学生发展的过去,更要着眼于学生发展的现在和未来②。

　　然而,目前新课程评价很多方面主要是定性的评价,而不是定量的评价。新的评价手段缺乏操作层面,更多停留在理念层面上,难以保证定性评价的公开、公平与公正。

---

① 钟启泉,崔允漷,张华,2001.为了中华民族的复兴 为了每位学生的发展:《基础教育课程改革纲要(试行)》解读.上海:华东师范大学出版社:303.
② 教育部基础教育课程教材专家工作委员会,2020.普通高中英语课程标准(2017 年版 2020 年修订)解读.北京:高等教育出版社:178.

四、新时代基础教育英语课程评价与英语教学改革

教育部发布的《义务教育英语课程标准(2017 年版)》强调要重点评价学生的综合语言运用能力,进一步优化评价方式。新课标提出,英语课程评价体系包括形成性评价与终结性评价,应通过采用多元优化的评价方式,激发学生的学习兴趣,促进学生综合语言运用能力的发展水平。同时,要通过评价来促进学生的思维能力、自主学习能力、跨文化意识以及健康人格的发展。日常教学中的评价应以形成性评价为主,关注学生在学习过程中的表现与进步;终结性评价应重点关注学生综合语言运用能力的培养,即语言知识、语言技能、情感态度、学习策略以及文化意识五个方面。

2018 年 1 月 16 日,教育部发布了普通高中《英语课程标准(2017 年版)》,新课标的主导思想是全面贯彻党的教育方针,落实立德树人根本任务,发展素质教育,推进教育公平,培养德智体美劳全面发展的社会主义建设者和接班人。新课标要求普通高中英语课程评价要运用终结性评价与形成性评价相结合的多元评价方式,不仅要关注对学生学习的促进作用,尤其是学生英语学科核心素养的形成及发展,而且要关注学生在英语学习过程中所表现出来的诸如情感、态度和价值观等非智力因素,培养学生学会学习,使他们掌握学会调控自己的英语学习目标、学习方式以及学习过程的策略。

(一)"一带一路"倡议对英语能力的要求

2013 年 9 月 7 日,国家主席习近平在哈萨克斯坦纳扎尔巴耶夫大学发表了题为"弘扬人民友谊,共创美好未来"的演讲,提出用创新的合作模式,加强与欧亚各国的经济联系、紧密合作,拓宽发展空间,共同建设"丝绸之路经济带"。同年 10 月 3 日,习近平主席在印度尼西亚国会发表了题为"携手建设中国—东盟命运共同体"的演讲,指出中国致力于加强同东盟国家互联互通建设,倡议筹建亚洲基础设施投资银行,愿同东盟国家发展好海洋合作伙伴关系,共同建设 21 世纪"海上丝绸之路"。"丝绸之路经济带"与"21 世纪海上丝绸之路"的倡议,被简称为"一带一路"。

语言是沟通的桥梁,是交流的主要文化要素,是任何活动的载体与重要资源。"一带一路"建设需要大量的工程技术人员、交通运输人员、市场营销人员、会计、律师等,语言融通极为重要,"一带一路"建设在任何层面都需要强有力的语言支持。"一带一路"共建国家的语言资源非常丰富,虽然这些

语言分属九大语系,但作为世界上最重要的联合国官方语言,英语无疑是其中最重要的国际交流工具。如果不解决语言联通问题,参与"一带一路"建设的国家在实际工作中就会遇到很大的困难。作为"一带一路"建设的发起者,中国的地位和作用更加重要。随着中国经济的不断崛起,中国企业走出国门,与"一带一路"共建国家的经济关系更加紧密,对英语人才的要求更多,标准更高。

由于语言文化融通是"一带一路"建设的基础工程,必须重视我国对外开放以及中国企业走出国门遇到的多语言文化困境问题,因为语言问题在短期内难以解决,建设者需要做好与之相适应的语言储备,以应对将来国际工作和交流的需要。

在"一带一路"背景下,基础教育的英语教学要在教学模式、教学方法与教学测评等方面进行重新定位,要审时度势,重新审视课程设置、教学模式与教学方法选择的针对性以及教学评价的有效性,为"一带一路"建设者在语言交流方面提供强有力的支持,为培养合格的外语人才夯实基础,为国家"一带一路"倡议作出贡献。

(二)《中国英语能力等级量表》的实施

2018 年 6 月 1 日,《中国英语能力等级量表》(以下简称《量表》)正式实施。这是我国针对广大英语学习者出台的第一个英语能力测评标准。它基于交际语言能力框架,并结合了认知语言学、功能语言学、语用学以及教育学等学科的理论基础,提出了具有中国特色的英语能力等级量表理论框架,反映了外语教育发展的新趋势和新特点。《量表》基于我国英语学习者的实际情况,从低到高将学习者的英语能力划分为三个阶段,九个等级。三个阶段分别是指基础阶段、提高阶段以及熟练阶段。在横向方面,它包括知识、策略、语言表达能力、翻译能力、理解能力等几个具体要素。同时,在纵向方面划分了九个能力等级,并对各等级的能力水平进行了详细描述与准确定位。

《量表》对英语教学评价具有重要的现实指导意义。一方面,《量表》基于大规模实证数据,以运用为导向,采用"能做"的述说方式,从低到高对我国各级各类英语学习者的英语能力进行系统和连贯的描述,重视语言在日常交流中的重要作用,不仅强调语言的运用,尤其是语言学习者的学以致用,而且强调语言学习过程中学生认知能力的发展,有利于引导学生在语言学习过程中培养思维能力。另一方面,《量表》构建了学习策略、交际策略和自我评价量表,注重引导外语教学与测试加强对学生语言使用策略与自主学习能力的培养,覆盖不同层级语言学习者与使用者的英语能力。与此同时，《量表》在对听、说、读、写等技能进行描述的基础上，还提出了语用能力量表，口译能力量表以及笔译能力量表。这非常有利于引导我国英语教学与英语测试加强对学生实际语言运用能力、文化意识以及跨文化交际能力的培养。值得一提的是，国内外语言能力量表中尚未涵盖翻译能力，《量表》填补了该项空白，为世界语言教育界提供了中国智慧。

就英语教学与英语学习而言，《量表》满足多样化的学习需求，在各级各类英语教学、学习和测试之间架起了一座沟通的桥梁。《量表》强调语言的运用，有助于提高语言学习者自我诊断英语的能力，了解自身的优势与不足，不仅有利于学生有效地确立学习目标，而且有助于培养他们的学习个性和自主学习能力。《量表》有助于教师改进教学方法，提升教师的语言测评素养，提高课堂教学效果。在英语测评方面，《量表》为英语教学的诊断性评价和形成性评价等提供了能力参考标准，有利于促进国内考试与国外考试进行有效的对接和互认，从而提升考试质量，不断推动多元评价的发展。

（三）英语高考改革与英语教学评价

作为我国的一项基本教育制度，高考关系到每一位考生的切身利益，甚至是社会稳定。它每年为各类高等学校选拔优秀人才，同时也引领基础教育的教育教学及人才培养。新时期，我国社会的主要矛盾已经发生变化，广大人民群众及整个社会对高考提出了更高的要求和更高的期待。坚持以形成分类考试、综合评价、多元录取的考试招生模式为基本目标的高考综合改革，注重建立教学、考试、招生三者相对分离的有效运行机制，确保高校依法自主招生，专业机构负责组织实施，学生有权多次选择，政府实施宏观管理，社会参与监督。同时，坚持统筹规划，分步实施，试点先行，有序推进，变"为了考试的无效学习"为"有效的知识学习和能力培养"，让考试指挥棒发挥巨大的正能量，以此引导基础教育指向有效的学习以及多元能力的培养。

1977 年国家恢复高考制度，我国的人才培养重新步入了健康发展的轨道。40 多年来，高考制度一直在不断改革。2014 年 3 月，教育部印发了《关于全面深化课程改革落实立德树人根本任务的意见》，提出要研究制定学生发展核心素养体系和学业质量标准，统筹课程标准、教材、教学、评价、考试等环节。同年 9 月，国务院颁布了《关于深化考试招生制度改革的实施意见》，开启了新一轮考试招生制度改革。

考试招生改革总体方案是好的，它将考试与招生分离，并建立健全高中学业水平考试和综合素质评价、多元录取的机制，改变靠"一张考卷定终身"

的状况;建立分类考试机制以体现教育的公平性;探索高考"减少考试科目,不分文理科,外语科目实行社会化一年多考"等,使考生有了更多的机会提高自己的成绩。同时,社会化、等级化考试要避免应试化,应采取必要的措施防止级别化考试冲击正常的教学秩序,要不断改革题型,使之有助于学生运用语言能力的提高,有助于推动教学的改革①。

首先,新时代高考英语改革以立德树人为根本目的。在研制考试标准和考试命题方面,充分体现了普通高中英语课程标准中的核心素养,体现了学科的育人价值。除了语言知识和能力外,高考改革将注重对学生爱国主义、文化自信的考查,为培养具有中国情怀、国际视野和跨文化交际能力的社会主义建设者和接班人的总目标服务。其次,新高考一年两考试点先行,稳步推进,有利于增加学生的选择性,减轻其压力,以便为整个考试招生制度改革进行探索。2017 年,首轮外语高考试验在上海市和浙江省取得了良好的效果。再次,深化内容改革,调整高考题型。高考英语试卷增加了读后续写或概要写作新题型,将阅读与写作有机融合,在理解的基础上进行产出,注重语篇与综合技能,特别是对思维品质的考查。这既对中学英语教学有良好的反拨作用,又有利于高校选拔人才。另外,在听说方面,将充分利用计算机和人工智能技术,推动所有省份将听力测试和口语成绩计入高考总分②。

在新高考改革中教学评价改革是非常重要的组成部分。根据国务院《关于深化考试招生制度改革的实施意见》,高考录取应参考学生的综合素质评价,形成教育质量监测评估体系,确保目标分层,标准健全,多元参与,多级评价以及学段完整,以增强评价的专业性、客观性和独立性等。尤其是真实性评价以其特有的内涵与本质有力地回应了新高考的诉求,通过为学生提供或者模拟真实的生活情境,考查学生解决实际问题的综合能力与综合素质,培养学生的学习兴趣、实践能力和创造能力,在知识、技能与情感态度等方面迎合了改革的需要,有利于新时代学生综合素质的全面发展。

高考改革使学生拥有两次机会来展示英语考试成绩,体现了多元化评价和过程性评价的基本理念,希望从不同的角度、用不同的标准来更为真实、全面地反映学生的学习效果。高考改革给基础教育英语教学不仅提出了新的要求,也提供了新的思路。立足当前英语教学现状,在分析高考改革

① 刘道义,2014.外语教育的作用与高考改革.外国语(6):8-10.
② 刘道义,郑旺全,2018.改革开放 40 年中国基础英语教育发展报告.课程·教材·教法(12):12-20.

对于英语教育教学的影响的同时，我们有必要针对基础教育英语教育教学的新理念和新方法开展讨论与研究，积极推动英语教学改革，提升课堂教学质量，在培养学生英语综合运用能力的同时，为学生的终身发展打下坚实的基础。

曾几何时，关于高考英语改革的"选考""降分""撤销"等种种猜测使英语教学陷入极大的困境，也使一部分学生的英语学习积极性深受影响。新高考更加重视考查学生的英语语言应用能力，这就要求教师从学生的兴趣爱好出发，激发他们学英语与用英语的热情，使学生不仅在课堂上学习英语，而且在生活中也能时时接触和体验英语。广大英语教师应该加强对于学生的引导和教育，使他们认识到学习英语对于他们参加高考以及未来人生发展所具有的重要影响，从而激发他们学好英语的原动力。

《普通高中英语课程标准（2017 年版 2020 年修订）》明确提出，英语高考是高等学校选拔学生的重要考试之一。高考以高校人才选拔要求和英语课程标准为依据。高考应对考生英语学业水平进行科学的比较和区分，试题设计要能体现考生在学习潜能上的差异。英语高考主要面向完成英语必修课程和选择性必修课程的学生。高考的考查内容包括本课程标准规定的必修课程和选择性必修课程的主要内容，难度要求以学业质量水平二为主要依据。英语高考由教育部组织实施。选修课程的修习情况应列为综合素质评价的内容①。同时，本标准还提出了以下六条关于考试命题的建议：根据普通高中英语课程的目标和理念确定命题导向和原则；全面考查英语学科核心素养；根据英语语言的实际使用情况命题；充分考虑学生的生活经验和认知发展水平；确保试题的信度和效度；合理制定评分标准。关于考试内容，指出英语高考的设计要以必修课程和选择性必修课程的内容以及学业质量水平二的要求为主要依据。高考的目的是为高等院校选拔合格且有发展潜力的学生。高考的考查范围和考查内容的确定既要反映高中学生的学业成就，也要有利于考查学生的学习潜能和适应高校英语学习的能力。同时，高考试题应该体现区分性、科学性、公平性和导向性。

目前国际上的英语测试以英语为母语者的水平为标杆，评价标准大部分是以英美等国家的英语母语者在其所在国环境所能做的事情为参照，缺少评价外语使用者在国际交往中使用英语的标准，也没有设计中小学毕业生应掌握的，在本地继续学习和工作所需的知识与能力标准。因此，需要

---

① 中华人民共和国教育部，2020.普通高中英语课程标准（2017 年版 2020 年修订）.北京：人民教育出版社：92.

根据我国中小学毕业生应具备的英语核心素养,确定不同的毕业生所需要的基本知识与能力以及素养要求。高考改革应根据不同学生毕业后使用和学习英语所需知识与能力的差异,构建适合中国人使用英语的能力理论模型。测试中更多选择适合中国环境的核心话题与扩展内容,话题内容应更多与学生的真实世界建立联系,同时调整语言运用目标,研究"非认知因素"在测试中如何考查以及"直接测试"和"能力表现"性任务在测试中的应用①。

① 龚亚夫,2014.英语教育的价值与基础英语教育的改革.外国语(6):18-19.

第六章　中国基础教育英语课程变革的启示与展望

　　伴随着经济的全球化以及社会生活的信息化,英语的重要性日益彰显。在基础教育的发展战略中,许多国家都把英语教育作为公民素质教育的一个重要组成部分,并将其摆在了突出的地位①。回顾过去,我们欣喜地看到,自改革开放以来,我国的英语教育规模不断扩大,教育教学方面取得了一系列显著的成就。可是,实事求是地说,我国英语教育的现状还不能适应我国经济建设以及社会发展的需要,与时代发展的要求也还存在较大的差距;面对现实,我们深刻地感受到在全面推进新一轮基础教育课程改革之中,仍然面临着各种各样的问题;展望未来,我们又不禁要追问:基础教育发展的趋势如何? 基础教育英语课程改革的方向在哪里? 基础教育英语课程改革会面临哪些困难与阻力? 我们又该如何应对呢?

第一节　基础教育英语课程的地位与性质

一、基础教育英语课程的地位

(一) 英语教学的重要性

　　全球化时代已经来临。各种各样的贸易往来、信息传递以及文化交流都是任何国家都无法回避的。在全球经济体系中,英语作为联合国最主要的官方语言,也日益成为全世界最重要的沟通语言。学习英语不但符合新世纪对人才素质的需要,也符合信息时代以及多元化社会的需要,而且有利于开发学生的智力,使学生形成良好的性格、坚强的意志和高尚的品格,同

---

① 中华人民共和国教育部,2001.全日制义务教育普通高级中学英语课程标准(实验稿).北京:北京师范大学出版社:1.

时对促进学生的全面发展具有重大的现实意义。

首先,学习英语是新世纪对人才素质的基本要求。21世纪,不同国家与不同民族之间彼此相互依存,不可分割。作为一种国际性语言,英语已成为人们开展国际经济与文化交流的重要工具,也是促进世界科技进步的重要手段。学好一门外语,尤其是英语,是追求知识创新与技术创新的重要基础,体现了新世纪对高素质人才的要求①。

其次,学习英语是信息时代的需要。随着科学技术的日新月异,知识更新的速度也不断加快,尤其是计算机网络从根本上改变了人们获取信息的方式与速度,因此,能否在互联网上有效获取信息已成为21世纪人才的必备能力,英语自然就成了互联网上的一种重要的交流方式。只有具备较好的英语运用能力,才有利于持续发展与终身教育。尤其是在基础教育阶段,英语学习对学生迎接信息时代的巨大挑战意义重大。

再次,学习英语体现了多元化社会的要求。21世纪,人们应该掌握如何在一个多元化的世界里生存与发展的策略,尤其要学会跟具有不同的社会文化背景以及不同的政治制度的国家的人们和谐相处。通过学习英语,学生可以加强对异国文化与社会的了解,以便他们在将来多元化的社会中能更好地理解他人,在互相尊重的同时,开展合作与交流,为维护世界的和平与稳定作出力所能及的贡献。

此外,学习英语有利于挖掘学生的潜力,培养他们高尚的品格、良好的性格以及坚强的意志。学生,尤其是少年儿童,他们心理负担轻,求知欲望强烈,模仿能力与记忆力较好,往往具有成年人难以比拟的语言学习优势,拥有巨大的学习潜力。同时,由于英汉两种语言在文字、发音、词汇及语法等方面差异较大,中国学生要学好英语必须通过大量的实践,尤其要在日常学习过程中敢于开口,不怕出错,并坚持与遗忘做斗争。因此,英语学习的过程同时也是培养学生不怕困难,勇于进取,养成良好的心理素质的过程。此外,在学习的过程中,学生要把握不同文化间的差异,培养开放和兼容并包的性格以及善于交际与合作的能力。

《义务教育英语课程标准(2011年版)》首次在前言部分清晰而明确地阐述了在义务教育阶段开设英语课程的价值,主要回答了为什么国家要在义务教育阶段特别是小学阶段开始设立英语课程的问题。从国家发展的角度看,学习英语对吸取人类文明成果、借鉴外国先进科学技术、增进中国和

①　教育部基础教育司,2002.全日制义务教育英语课程标准解读.北京:北京师范大学出版社:35-36.

世界的相互理解具有重要的作用。同时，开设英语课程对于提高我国整体国民素养，培养具有创新能力和跨文化交际能力的人才，提高国家的国际竞争力和国民的国际交流能力也具有重要意义。从学生发展的角度看，"前言"不仅强调学习英语对青少年了解世界，增长知识，传播祖国文化，具备更多的接受教育和就业选择的机会具有重要意义，还特别提出，学习英语对于学生形成开放包容的性格，发展跨文化交流的意识与能力，促进思维发展，形成正确的人生观、价值观和良好的人文素养具有重要的意义①。

随着我国改革开放的进一步深化，国际化的趋势将会日益凸显。掌握国际化的语言才能进行国际交流。英语是国际上使用最广泛的语言之一，因此，英语素养是外语核心素养的重中之重，英语素养的培养必须以相应的课程体系和评价体系为依托。在基础教育阶段开展英语教育，事关我国学生核心素养的培养，也是学生全面发展、终身学习以及形成和提升跨文化交流与合作能力的需要。无论从国家建设和社会发展需要的角度，还是从学生自身发展需要的角度，英语教育都是必不可少的②。尤其是义务教育阶段，这是学生学习外语的有利时期，也是青少年全面发展的关键时期。义务教育阶段的英语是整体英语教育的基础。特别是在"双减"背景下，随着校外英语培训得到了规范管理，学校英语课程的责任和课程的重要性将更加凸显。只有进一步落实好义务教育英语课程，才能确保学生在"双减"背景下达到课程标准规定的要求。

（二）英语课程是一门基础课程

基础课程是学生学习基本知识、基本技能和基础理论的课程，其作用是为学生掌握知识、学习科学技术、发展有关能力打下坚实的基础。随着时代的变化和社会经济的发展，英语课程作为一门基础课程所发挥的作用越来越明显。

英语不仅是当今世界上一种主要的国际通用语，也是联合国的第一官方语言，更是世界上被广泛使用的语言，并以非常快的速度接近我们的日常生活。在某种程度上我们必须掌握并灵活地运用它。据统计，全世界用英文写的电子邮件（或地址是英文的）占70%以上，用英语播送的广播节目约占60%，绝大部分的国际资料是用英语发表的，还有绝大部分的国际会议是以英语作为第一通用语举办的。全世界把英语作为第一语言的大约有

①　王蔷，2013.深化改革理念，提升课程质量——解读《义务教育英语课程标准（2011年版）》的主要变化.课程·教材·教法(1)：34-40.
②　梅德明，王蔷，2022.义务教育英语课程标准（2022年版）解读.北京：北京师范大学出版社：193.

3.8亿人,将其作为第二语言的大约有3.5亿人,另外有10亿人正在学习它。大约12亿的人口每天都会在一定程度上接触它;据统计,到2050年,世界上一半的人都将比较流利地使用这种语言。英语已经成为一种全球化的语言,不仅被广泛运用于国际之间的贸易往来、政治与文化交流以及外交场合中,而且也是计算机与互联网的通用语言。可以毫不夸张地说,英语已成为人们在日益信息化和国际化社会中有效获取信息与处理信息的重要工具,也是人类进行思维、交际以及表达思想情感和愿望的重要工具,是21世纪国际交流的通行证。

伴随着对外开放的力度不断加大,我国的科学技术获得长足的进步,在国际上的地位也日益提高。这迫切需要培养大批通晓外语的人才,以推进我国现代化的进程,以便在国际事务中发挥更大更重要的作用。因此,国家英语课程标准要求从小学3年级起开设英语课程①。这对实现上述目标具有重大的历史意义。

(三) 英语课程是我国基础教育阶段的必修课程

外语是基础教育阶段的必修课程,而英语是外语课程中的主要语种之一。在基础教育阶段英语被放在必修课的位置,这是当今以信息技术为代表的信息化与学习化社会的需要,也是我国社会主义现代化建设的需要。随着国际竞争的日趋激烈,我们的教育必须培养新一代公民的国际视野,使他们既拥有跟别人竞争的实力,又具备向他人学习的能力。不管是竞争还是学习,英语都是不可或缺的工具。一个国家掌握和运用外语的能力越高,竞争、学习的能力就会越强。显然,外语教育在21世纪的国民素质教育中有着其他学科不可替代的作用。英语不仅是当今世界上主要的国际通用语,而且是最重要的信息载体之一,因此也自然成为基础教育阶段外语课程中的一个主要语种。

英语课程的学习,不仅是学生通过英语学习与实践活动逐步掌握英语知识和英语技能、提高语言实际运用能力的过程,也是他们拓宽视野、陶冶情操、磨砺意志、丰富生活经历、开发思维能力、发展个性以及提高人文素养的过程②。基础教育阶段英语课程的主要任务在于:一是激发与培养学生对英语学习的兴趣,使他们养成良好的学习习惯并形成有效的学习策略,培养自主学习的能力与合作精神,树立自信心;二是使学生掌握一定的英语基

---

① 中华人民共和国教育部,2001.全日制义务教育普通高级中学英语课程标准(实验稿).北京:北京师范大学出版社:3.

② 同上,第1页。

础知识以及听、说、读、写、译等技能，形成一定的综合语言运用能力；三是培养学生的记忆、思维、观察、想象能力与创新精神；四是拓宽学生视野，帮助他们了解世界与中西方文化的差异，培养爱国主义精神，形成健康的世界观、人生观与价值观，为他们的终身学习及发展打下坚实的良好的基础。全面认识英语教育的意义有利于国家教育主管部门作出科学、合理的决策。基础教育阶段开展英语教育，事关我国学生核心素养的培养，是不可动摇的教育大政方针。英语学习可以促进学生心智的发展，实施英语教育有利于促进教育公平①。

　　总之，英语是我国基础教育阶段的一门必修课程。它不仅有助于学生树立正确的学习观和良好的世界观，养成良好的学习习惯，而且有助于学生开阔视野，开发智力和创造性思维。同时，它对于引导学生掌握科学的学习方法与策略，促进学生的全面发展，培养他们的终身学习意识和能力以及陶冶性情等都具有非常重要的意义②。

二、基础教育英语课程的性质

（一）英语教学在我国属于外语教学

　　在我国各级各类学校的课程设置中，英语是外语学科里最主要的一个语种。事实上，从学习和运用的角度③，可将语言作如下划分：

　　母语（Mother Tongue or Language）。通常是指在母亲的怀抱里就已经学会了的语言。一般情况下，母语大多是本族语，但也可能不是，例如，对于那些华侨的子女来说，他们的母语可能不再是汉语。

　　本族语（Native Language）。一般是指本民族所拥有的语言，例如，汉族人所讲的汉语等。

　　国语（National Language）。指一个国家由于自身的历史发展或者政府的规定而成的标准语，抑或是作为交际语的地方方言（Dialect）或第二语言。例如，南非的英语、印度的印地语以及中国的普通话等。

　　官方语言（Official Language）。又称正式语言，一般指具备法律效力的语言，因此，一个国家或一个地方的官方语言很可能有多种，而不止一种，例如，我国西藏自治区的官方语言就有藏语和汉语两种。

　　标准语（Standard Language）。一般指为社会所认同使用的一种语言变

①　程晓堂,2014.关于当前英语教育政策调整的思考.课程·教材·教法(5)：58-64.
②　教育部基础教育司,2002.全日制义务教育英语课程标准解读.北京：北京师范大学出版社：36.
③　张正东、李少伶,2003.英语教学论.西安：陕西师范大学出版社：14.

体（Variety in Language）。标准语是其他语言使用者的模仿对象，它常常将语言集团的政治、文化中心及其附近受过教育的人的言语作为语言基础，如英语的"伦敦音"以及我国的普通话。标准语和国语可能一致，但也可能各不相同，以印度为例，印度过去虽然把英语作为国语，但使用的却不是标准英语。

通用语言（Current Language）。指可以在一个国家或一个地方通用，但却并不具有法律效力的语言，例如各地方所使用的各种方言。

目的语（Target Language）。指作为学习对象的语言，又称目标语。一般地，母语以外的语言（包括外语和第二语言）都可以成为目的语。翻译中如把外语翻译为母语，那么母语也是目的语。

第一语言（First Language，L1）。这是以学会语言的时间先后顺序所进行的分类，是指一个人最早学会使用的语言，也常常是一个人使用水平最高的语言，因此，一个人的第一语言一般是其本族语、母语或国语。

第二语言（Second Language，L2）。通常是指一个人在第一语言之后学会使用的语言，其掌握的水平一般比不上第一语言，因此，它常被用来泛指第一语言之后所学习的不同的目的语，包含外国语。国语、标准语、通用语或官方语都有可能是第二语言。

外语（Foreign Language，FL）。指在非目的语环境中学习的第一语言以外的其他语言，亦即非本族语或母语。

国外的应用语言学、语言习得理论以及语言教学研究都无一例外地将外语作为第二语言，认为二者是一种包容关系，即第二语言包括外语，尤其是 20 世纪 70 年代以后，国外相关文献资料都是把外语教学与第二语言教学相提并论，很少单独讨论外语教学。但毋庸置疑的是二者的区别却是明显的，如表 6-1 所示。

表 6-1　第二语言与外语的特征对比

项　　　目	二　语（L2）	外　语（FL）
官方地位	官方语言	非官方语言
存在空间	目的语国家	学习者本国
语言环境	目的语环境	本族语环境
文化环境	目的语文化环境	本族文化环境

续　表

项　目	二　语(L2)	外　语(FL)
教学目的	帮助学生掌握一种生存的语言工具	帮助学生拥有一种追求自身充分发展的奋斗工具
学习动力	融合性动力（为生存而学习以融入当地社会）	工具性动力（图谋良好发展的工具，如升学、交际等）
教学内容	与学生日常生活融会起来	侧重语言的规范性和高频率的使用面
教学程序	可打破由易到难的逻辑顺序	由简单到复杂、由理解到表达的逻辑顺序
学习方式	通过日常使用，"在用中学"	主要依靠课堂教学
语言水平	较高	较低
授课教师	目的语人	本族语人
眼前应用需求	必须	少
日常使用频率	每时每刻	少

　　威利斯于 1996 年总结出了语言学习的四个基本条件：① 不仅要有语言环境，而且要有大量、真实的语言输入（In-put）；② 要有使用语言的机会；③ 要有使用语言的动机；④ 要有比较理想的教学条件和状态，即有机会关注语言的形式①。从表 6-1 的对比中可发现，外国语与第二语言的根本差异主要表现在两个方面：其一，外国语是为了与外国交流沟通而使用和学习的非本族语言，其教学主要依靠课堂，一般缺乏目的语环境，如我们学习英语的情况；第二语言是在一个国家内部被学习以及使用的非本族语的语言，存在自然学会的机会和"在用中学"的环境，如英美侨民所学习使用的英语。其二，第二语言在国内一般具有官方认可的地位或起到为大家公认的作用，而外国语则没有。因此，官方语、通用语、标准语和国语都不是外语。由此可见，Teaching English as a Second Language（TESL）（英语作为第二语言教学）与 Teaching English as a Foreign Language（TEFL）（英语作为外

---

① Willis J，Willis D，1996. Challenge and Change in Language Teaching. Macmillan Publishers Limited：48.

语教学)显然是不同的,不能将两者混为一谈。尤其要明确的是,在我国,英语教学属于后者,是一种外语教学。对于我国英语的本体定位问题是当今我国英语课程研究的首要理论问题,它直接决定着我国英语课程教学模式和方法等①。

　　在中小学,外语课不仅赋予学生基本的语言知识、技能和用外语与他人交流的能力,更重要的是,外语课承担着提高学生综合人文素养的任务。外语课是一扇窗,打开它能够让学生放眼世界,丰富人生经历,吸取多元文化,形成跨文化意识,培养国际视野,增强爱国主义精神,发展创新能力。外语课是一座桥梁,沟通中外文化,通过学习他国的语言,加深对他国文化的认识和理解,学会尊重他国的语言和文化,进而更好地认识并热爱本国的语言和文化。外语已成为基础教育不可缺少的一个组成部分,不单是因为外语赋予青少年基础的外语素养,更重要的是培养他们的国际视野和跨文化交际的能力,外语课还是一把开启学生心智的钥匙②。

　　语言的文化属性决定了语言教育不只是单纯的语言技能训练,它实际上是一个陶冶性情、构建精神的文化教育过程。母语教育是对本国文化传承的教育,是培养学生掌握祖国语言文字素养的一种训练;外语教育是学生在掌握另外一种语言的同时,对另一种文化理解、吸收和消化的过程。实施外语教育当然不能以削弱我们的母语教育为代价。外语教育应在立足母语教育的基础上,通过让学生学习外语来了解和吸收外国的文化,为文化的发展注入新的活力③。

(二) 英语课程的工具性与人文性

　　语言是什么? 这一问题关系到对语言的本质特征的认识,在外语教学的理论研究中,属于本体论的范畴。近代与现代的哲学家以及语言学家们针对这一问题给出了不同的回答,迄今为止,仍旧众说纷纭。

　　(1) 英语课程的工具性。语言不仅是人类最重要的交际工具和思维工具,也是社会上信息传递的工具④。这一关于"语言是⋯⋯的工具"的界定可谓深入人心。众所周知,语言是符号系统,是以语音为物质外壳,以语义为意义内容的、音义结合的词汇建筑材料和语法组织规律的体系。语言是一种社会现象,是人类保存认识成果的载体。是人类最重要的交际工具,也

①　张正东,2001.外语教学与第二语言教学的差异(上).中小学外语教学(10):1-3.

②　刘道义,2014.外语教育的作用与高考改革.外国语(6):8-10.

③　韩宝成,刘润清,2008.我国基础教育阶段英语教育回眸与思考(一)——政策与目的.外语教学与研究(2):150-155.

④　王德春,1997.语言学概论.上海:上海外语教育出版社:28.

是进行思维和传递信息的工具。

　　语言是交流的工具。伴随着科学技术的迅猛发展，人们之间的空间距离相对缩小，而相互依赖性却日益加强。人与人之间的交流日益密切并经常超越国界，而英语作为世界上使用范围最广的语言，无疑成为世界人民开展国际贸易、文化交流、友好往来等的十分必要与重要的工具，不断发挥着国际通用语的作用。这种工具性特点远远超过其他语种。英语教学的最终目的是帮助学生掌握一种未来求取充分发展的奋斗工具。英语课程具有鲜明的交际性，这是由语言的本质和信息时代对英语课程的要求决定的。交际能力包括掌握语法知识、语言的社会功能与使用语言的策略三方面。语言知识与交际能力是统一的，语言知识是交际能力的基础，也是交际能力的组成部分之一。交际能力则是语言知识的运用，它能促进语言知识的积累与巩固。因此，英语课程既要注重交际能力的培养，又要传授语言知识，使学生更好地使用英语这门交际工具。

　　除此之外，英语课程的工具性还体现在它是人们借以升学以及谋求发展的重要工具。在我国，无论是小学阶段的学习还是博士阶段的学习，英语都从不缺失，一直被当作必学、必考的主要科目。不仅如此，在各类毕业、升学、过级、应聘、晋升等考试中英语常常被认为是"拦路虎"，大有"英语主宰命运"的非正常现象。在我国由于缺少自然的良好的英语学习环境，许许多多的学生都把大量的时间花到了英语学习当中。单词和语法规则常常记了又忘，忘了又记，从而造成了"费时最多，收效最低"的状况。这无疑与英语在考试中的重要性直接相关。同时，也正是由于应试教育带来的不良影响，使许多英语学习者过于注重考试的分数，而忽视了听说与交际能力的培养，因为追求眼前的升学目标而抛弃了在日常生活中学以致用的长远目标。

　　总之，无论是为了交际还是为了自身发展，基础教育英语课程的教学都应该注重对学生语言综合运用能力的培养。

　　（2）英语课程的人文性。语言是人类交流思想的工具。然而，如果我们只认识到语言的工具性特征，把语言定义成交际工具，那这种认识就显得过于片面了，至少是不够科学和严谨的①。随着社会的发展，人文教育受到人们越来越多的重视，课程的人文性也日益显现。人文主义教育思想形成于文艺复兴时期，其主要思想是坚持教育要以人为本的理念，既要尊重学生的主体地位，又要尊重学生之间的个性差异，还要重视开发他们的潜能，培养他们完善的人格，促进人和社会的和谐发展。著名学者张楚廷先生就从

---

① 于根元，1997.语言的人文性——"语言哲学对话"选载之一.语言教学与研究(1)：5 - 17.

课程与教学哲学的高度提出了人文引领的和谐课程观,并论证了人文引领的必然性、合理性和重要性。人文引领的和谐课程观是一个蕴含着浓厚人文主义教育思想的宏观课程理念,充分体现了对人文教育的重视。他认为,教学改革应当落实"以人为本"的理念。例如在我国,学校德育一直受到党和国家的高度重视,在素质教育中处于核心的地位。教育实践表明,学校德育必须抛弃空洞的政治说教,真真切切地关注学生做人的教育,否则,德育就是一句空话,是难有成效的。

英语不仅是一种交流的工具,同时又是一种重要的文化载体。有学者认为,学习外语不但是人们掌握一种语言的过程,而且也是他们接触、了解与认识另一种文化的过程。但是,由于社会文化的各不相同,导致人们的价值观念与思维方式也必然存在很大的差异,也就是说,文化因素自始至终都存在于外语学习的背后。即使对于那些优秀的语言学习者来说,他们的交际能力也会因文化原因而受到影响和限制,他们对周围世界的理解也可能因此而产生障碍①。外语学习必定会对学习者的思维方式、价值观念、人格结构带来一定的影响。学习外语以及与之相关的外国文化可以让人们从不同的视角来观察、了解与认识世界以及自我。因此,外语教育不仅具有工具性,而且具有跨文化的人文性。在英语教学中,教师除了传授英语知识之外,要有意识地多向学生介绍目的语国家的社会政治、经济与文化等方面的国情因素,提高学生对国内外文化差异的敏感性,培养他们的文化比较与鉴赏能力,以便提升他们的文化素养,使他们能自由、得体地进行语言交流活动。

通过英语教学,不仅能增加学生的语言基础知识以及提高他们的听、说、读、写的基本技能,培养他们的综合语言运用能力,而且还能提高学生的文化素养,进而提高全体公民与整个民族的文化水准。因此,当前各个国家都把外语(包括英语)当作公民文化素质的重要组成部分,甚至把一个国家公民的外语水平当作衡量国家文化水平的一种标志。学习英语就得吸收外来文化,包括关于他国的政治、经济、文艺、伦理、哲学、科技、生活经验等诸多方面。其中有些东西对发展本国的政治、经济、文化具有积极作用,有些则有消极作用,从而导致中外两种文化的冲突,进而影响到人们的跨文化交际。

我国基础教育阶段英语教育具有丰富的人文意蕴,具有帮助学生成就"爱美之心"、提升"思辨之力"、成全"向善之情"、传播"文化之知"的重要价

---

① 胡文仲,高一虹,1997.外语教学与文化.长沙:湖南教育出版社:87.

值。然而，受工具论语言教育思想的禁锢，英语教育的人文价值未能获得应有的重视，英语教育人文性的抒发受到制约，多元人文内涵受到遮蔽，人文理想与教育实践产生断裂。为了促进学生的全面发展，教育者应该转变教育理念、开放教育的人文内涵、重构英语教育的实践价值，在基础英语教育实践中超越知识与技能的粗浅表象，触及英语教育的内在人文价值，使英语教育回归其人文本性①。有效落实英语课程的人文性的关键在于教师要深入研读教材，从教材的文本中挖掘出其背后的人文价值和情感教育因素。在教学过程中，教师应尽量围绕文本的主题意义，在语境中引导学生进行词汇和语法知识的学习，通过多种形式的教学活动，帮助学生内化和整合所学的语言知识，加深理解语言与文本深层意义的关系，进而运用所学语言有效地表达观点和情感，达到更好地认识世界、认识他人和认识自我的目的，同时在这个过程中学会学习②。与此同时，落实英语课程的人文性要基于对课程价值的整体理解，将语言技能、语言知识的学习融入语境和语意的学习之中，以"情"和"意"为主线开展教学，而不是为了词汇而词汇，为了语法而语法。在具体的教学实施中，课程的人文性应该与语言知识和技能的教学有机地融为一体。

（三）英语课程是工具性与人文性的整合

长期以来，英语课程教学在理性教育与情感教育的结合方面做得不够，"重技能、轻人文"的现象比较突出。表现为对语言结构的盲目追崇与过分依赖，桎梏于理性目的，把英语学习误解为只是单词的记忆以及语法知识的学习，不重视发挥学生的兴趣、需要、意志、信念、情感、态度、价值观等非智力因素的作用，使智力培养与情感沟通相背离，智力与人格相隔离，过于注重为考试服务的语言形式的逻辑性和语法概念以及运用语法知识的实践能力。

工具论者认为语言是人们进行思维、交流思想、学习各种文化知识、储存传递信息的工具，并因此将语言定位于工具学科。从语言的工具性自然推及英语的工具性。语言的工具论常常将复杂的语言教学过程简单化，从而把人导向形式主义和工具主义，使人们因为只注意"工具"的本身，而严重忽视了语言系统之外的制约语言教学的其他因素，非常不利于教师和学生人文素养的提高③。以功能去定义事物，事物本体的存在往往会被功能所

---

① 白晓云，2015.基础英语教育人文价值的迷失与回归.中国教育学刊(6)：84 - 87.
② 王蔷，2013.理解与实施好《义务教育英语课程标准(2011 年版)》.江苏教育(5)：7 - 9.
③ 李慧，2001.语言工具论与外语教学.解放军外国语学院学报(4)：64 - 67.

淹没,这对于认识该事物缺乏本质上的揭示。以功能去定义语言,不但无助于对语言本质的把握,而且还比较容易引起误解。语言不是现成的工具,不可能用来表达和现成事物相对应的现成概念。仅仅把语言当成工具,是把人的生命不放在眼里①。

人文论者认为人文性是语言学科的本质属性,英语学科是站在人的高度来培养学生的语言能力,提高综合素养的。事实上,这两种观点都有偏颇之处:工具论仅仅把语言作为工具手段,忽略了英语的多重功能;人文论则是以英语学科去附会“人文性”,使英语失去了自身存在的理由和依据。因此,单纯地强调工具论与人文论二者中的某一方面显然是不对的,应该把二者统一起来,并在协调发展的基础上,致力于培养学生的综合素养。

学习中的情感因素植根于学生的爱好、性格、需要、利益和观念之中,能以其独特的功能和潜在的形式推动、调节认知活动和行为方式,使其体现学生的主观意向和理想追求,从而影响学习的进程和发展。情感因素对英语学习的影响主要表现为:一是提供动力来源,激发学习热情。学生的爱好、对英语学习的积极意识和驱动力,能使学生对英语学习保持坚定的信念、信心和活力,具有坚忍不拔的意志和积极饱满的热情。这种情感因素能使学生处于积极的能动状态,推动学习的进步。二是反映学生价值取向,帮助学生做出选择。英语学习中,有些学生偏重口头表达,而有些更愿意书面表达;有些学生热衷于分析语法成分之间的逻辑关系,而有些则对能用语法规则表达意义感到满足;上课时有些学生愿意多做练习以谋求准确性,而另一些则希望能在同桌活动和小组活动中表现自己。这一切皆源于学生不同的价值取向。学生的不同兴趣、选择、需要和信念等就是学生内化了的价值观的具体体现。三是推动学生认知的发展。在课堂学习中,学生的兴趣、意志等情感因素不能直接进行语言交流,也无法直接参与对知识的理解与运用过程,但这些兴趣、爱好却可以转变成热情,从而激发学生的创造性思维,有利于推动学生认知水平的不断提高。无数的事实证明:优秀的语言学习者往往有强烈的学习欲望,既有信心又勤奋刻苦,乐意尝试,不怕犯错误,他们对英语及其意蕴的文化意义抱有开放和乐意接受的态度。而那些英语学习不理想的学生往往缺乏动机,兴趣不大,不敢开口,伴随学习困难的是畏难情绪和放弃的态度。

日常教学中培养学生的文化意识不是可有可无的事情,而应该成为英

---

① 钱冠连,2001.不当交际工具使用的语言——西方语言哲学研究(之二).外语与外语教学(2):2-6.

语教师的职责。由于文化差异而导致的交流障碍经常发生，要求英语教师不得不考虑对学生加强文化教育的必要性和重要性。培养学生文化意识的最终目的是引导学生形成对目标语文化的正确认识，判断其价值观念，促进各民族文化之间的交流和共同发展。为此，文化意识不仅仅是对目标语文化的学习与了解，更是促进目标语文化与本族语文化相互融合的一种积极的意识。概括起来，对于英语教学来说，文化意识主要涵盖以下六个方面①：① 对本国历史、地理、文学、教育、艺术以及音乐等文化概念的了解与认知。② 对目标语所在国历史、地理、文学、教育、艺术以及音乐等文化概念的了解与认知。③ 对本民族行为文化所包含的事实的了解和所体现的信念、价值观等的认识。④ 对目标语民族行为文化所包含的事实的了解及所体现的价值观与信念等的认知。⑤ 继承与发扬本民族文化的优秀传统，吸纳其他民族文化中的精华部分，坚持既不闭关锁国也不照单全收的原则，推动各民族文化的相互融合与健康发展。⑥ 依托本民族文化与目标语文化的交融，提高自身的素质，形成正确的价值观，发展健康的人格。

英语不仅具有工具性，还具有人文性。就工具性而言，英语课程承担着培养学生基本英语素养和发展学生思维能力的任务，是一门开启学生心智的学科。英语学科属性中人文性的一面决定了其和语文学科一样，具有在学科教学中渗透德育的先天优势。英语学科汇集了西方思想和文化的精华，与西学关系最为密切，承载了其他学科较难提供的独特育人价值。英语教材中语言材料包含的关于日常生活、健康与安全、自然与环境、科学与技术、历史与社会、文学与艺术等的话题，蕴藏着无穷的可用于英语教学德育渗透的资源，特别是对学生爱国主义教育、文化和价值观教育、意志品格教育、情感教育等。教师可以通过中外文化的学习和比较，帮助学生形成跨文化意识，增强对国家和民族的自豪感，坚定文化自信，树立正确的价值观取向，同时培养学生一种开放的心态和包容的态度，实现英语课程的社会文化目标②。

认识到这两个属性，才能正确把握英语课程的价值。英语课程不仅要关注技能训练，还要重视对学生人文素养（如思维能力、情感态度、文化意识、民族精神等）的培养，以此促进学生的全面发展和终身发展③。要体现这种双重性，需要全面认识英语教育的核心价值、赋予"情感态度"新内涵、

① 薛中梁，2002.英语课堂教学过程.合肥：安徽教育出版社：23.
② 赵连杰，2017.基础英语教育的学科育人价值探究.中小学教师培训(1)：52－56.
③ 程晓堂，但巍，2012.基础教育阶段英语课程的核心理念解读.课程·教材·教法(3)：57－63.

革新"跨文化交际"观念、重构英语学习的目标。英语教育要体现人文性,应设立"多元目标",即"语言交流""思维认知"和"社会文化"三个目标。多元目标的理念是通过英语学习实现语言交流和其他目标,语言交流只是外语学习的目标之一。三个目标互为交叉,是单独且同等重要的①。因此,培养学生的文化意识需要广大教师在英语教学中长期努力,把文化教学融于语言教学之中,并坚持工具性和人文性的有机统一。

义务教育英语课程体现工具性和人文性的统一,具有基础性、实践性和综合性特征。学习和运用英语有助于学生了解不同文化,比较文化异同,汲取文化精华,逐步形成跨文化沟通与交流的意识和能力,学会客观、理性看待世界,树立国际视野,涵养家国情怀,坚定文化自信,形成正确的世界观、人生观和价值观,为学生终身学习、适应未来社会发展奠定基础②。

第二节　基础教育英语课程变革的启示

一、课程改革应具有明确、深厚的理论基础

课程改革离不开深厚的理论背景的支持,这是毋庸置疑的。系统的、深厚的理论背景不仅为我们思考复杂的课程改革问题提供重要的依据,而且为课程改革的有效推进提供指导。通过比较 20 世纪教育发达国家进行的几次大规模的教育改革,不难发现,尽管各个国家的目的不同,内容各异,但所有改革都具有深厚的理论基础。例如,美国二十世纪六七十年代以布鲁纳的教材结构论与发现法等教育理念为指导开展了教育改革,传统主义教育思潮和进步主义教育思潮更是以各种变式轮流主宰着美国的课堂教学。不仅如此,在这些指导改革的教育理论背后,还有更深厚的哲学背景,诸如实用主义、要素主义、结构主义等多种教育哲学观。

教学大纲的制定需要科学的课程理论的指导。英语教学大纲是指通过纲要的形式来规定英语教学的目的要求、教学内容、教学原则、教学方法等的指导性文件,它具有纲领性、法规性和权威性,是中小学教学计划

---

① 龚亚夫,2012.论基础英语教育的多元目标——探寻英语教育的核心价值.课程·教材·教法(11):26-34.
② 梅德明,王蔷,2022.新时代义务教育英语课程新发展——义务教育英语课程标准(2022 年版)解读.基础教育课程(10):19-25.

对外语教学规定的目的与任务的具体化，是选择与安排语言材料、编写中小学外语教材以及指导中小学外语教学的基本依据①。教育部 1978 年 1 月印发了《全日制十年制中小学英语教学大纲（试行草案）》，其主要内容包括：通过小学三年级到高中二年级 8 个学年的学习，要求学生具有一定的听、说、写和译的能力，掌握 2 800 个左右的单词以及一定数量的惯用词组，掌握基本的语音与语法，能借助词典阅读中等难度的一般题材或读物。通过初中一年级到高中二年级 5 个学年的学习，要求学生具有初步的听、说、写和译的能力，掌握 2 200 个左右的单词以及一定数量的惯用词组，掌握基本语音与语法，能借助词典阅读一般题材的浅易读物②。

当时，我国的英语课程与教学研究还基本处于起步状态，教学大纲的编订者在教育部的直接领导下，一边编订教材一边研制教学计划与教学大纲。因此，英语教学大纲的制订尚缺乏科学的课程理论的指导，同时还迫切需要解放思想，冲破"左"的思潮的束缚。这主要表现在以下方面：

其一，这一阶段为迅速培养人才，党中央发出了"重视教育、重视人才"的指示，教育部组织专门的队伍着手编订教学大纲，并统编中小学教材。经国务院批准，1978 年和 1982 年教育部先后召开了全国外语教育座谈会，会上明确提出"必须加强外语教育"，坚决彻底地批判"不学 ABC，照样闹革命"的荒谬论调。同时，会议还强调要进一步采取有效的措施，积极创造外语学习的条件，努力改变外语教育的封闭状态与落后面貌，并启动了教学大纲的研制工作。

其二，1978 年大纲从总体结构上看，由教学目的和要求、教学原则、教学方法、各年级教学要求和教学内容四大部分组成。与 1986 年大纲相比，英语教学要求偏高。如词汇方面，通过 8 个学年的学习（小学三年级至高中二年级），要求学生掌握 2 800 个左右的单词和一定数量的惯用词组与通过初一到高二 5 个学年的学习，要求学生掌握 2 200 个左右的单词以及一定数量的惯用词组。而 1986 年大纲要求，初中起始 6 年和高中起始 3 年学习期满时，要求学生掌握 1 800—2 000 个单词和一定数量的短语和习惯用语。1978 年的大纲试行草案的学制是 5 年。依据当时的教学计划，5 年总共有 656 个课时，平均到每课时，要求学生学会的单词超过 3 个。1986 年大纲平均每课时只要求学会大约 2 个单词。同时，1978 年大纲只提出要求学生掌

---

① 吕良环，2003.外语课程与教学论.杭州：浙江教育出版社：56.
② 课程教材研究所，1999.20 世纪中国中小学课程标准·教学大纲汇编：外国语卷（英语）.北京：人民教育出版社：120.

握的词汇数量,但没有具体说明是哪些词。而1986年大纲在末尾附有一个2 000词的词汇表。在词汇表里,对其中200个词打上了"＊"号,这样就使教师和学生都能心中有数,知道在教学中应着重掌握哪些词,而不必对教材中出现的所有生词都平均用力,从而,在一定程度上减轻了师生的教与学负担。

其三,在语法教学中,由于深受语法翻译法的影响,有些教师把大量的时间花在对语法规则的讲解上,却没有花时间让学生在练习上下功夫,导致有的学生虽然能背诵语法规则,但一用起来就出错。这种事倍功半的语法教学实际上加重了学生的负担,压抑了学生的学习兴趣,甚至使他们丧失对学习的信心。因此,经过修订的1986年大纲中特别强调,中学英语课必须降低难度。在语法教学方面,教师不仅要区别对待,而且要不断改进教学方法。课堂上教师要精心安排,要把绝大部分时间留给学生练习,使他们通过多种多样的口、笔头练习熟练掌握和扎实运用所学知识。

最后,这一阶段的教学大纲没有提及任何关于教学评价方面的问题,也没有在末尾附上词汇表等。以上种种情况表明,当时中学英语教学大纲的编制尚处于起步阶段,缺乏科学的课程理论指导。

对于新一轮基础教育课程改革的理论基础问题,学者们提出了不同的见解:

有学者认为新课改的理论基础"含混不清",没有人回答"新课改的理论基础到底是什么"的问题,从而导致"改革实践中的不知所措"。不认同以理论的多元性来模糊新课程改革的理论基础,必须旗帜鲜明地提出新课程改革的理论基础,并认为在课程改革中,必须坚定不移地以马克思主义作为我们的理论基础和指导思想。具体地说,就是要以马克思主义认识论和全面发展学说当作我们实施课程改革的理论依据[1]。

有学者认为靳玉乐与艾兴将马克思主义认识论作为课程改革的主要理论基础,是不够完善的。基础教育课程改革的理论基础应包括以下两个方面:一是马克思主义认识论基础,二是从课程哲学角度提出的直接理论基础。课程的直接理论基础,也就是课程哲学,对新课程改革在课程的科目设置、教师的课堂设计和实践、知识的课程化以及课程评价等方面都有具体且可操作性强的重要指导意义。马克思认识论是课程哲学的基础,它与课程的直接理论不同,因此,不能盲目地用马克思主义认识论代替课程改革的直接理论基础,否则就起不到实际的指导效果[2]。

① 靳玉乐,艾兴,2005.新课程改革的理论基础是什么.基础教育外语教学研究(9):4-5.
② 高天明,2006.新课程改革的理论基础究竟是什么.今日教育(2):28.

有学者认为我国新一轮的课程改革充分吸收了古今中外的研究成果，坚持多元性理论，理论基础厚实，注重融会贯通，体现了时代性和全球化的视野。其理论基础除后现代主义、建构主义以及实用主义之外，还有马克思主义关于人的全面发展学说及加德纳的多元智力理论等[①]。

有学者从区分"理论基础"与"指导思想"这两个概念的理解出发，认为马克思关于人的全面发展学说和马克思主义认识论不仅是新一轮课程改革的宏观的指导思想，也是深入开展课程改革必须坚持的方法论原则。课程改革在吸收和借鉴建构主义和多元智力理论等的过程中，必须坚持具体理论具体分析的原则，必须全面把握其优点与不足，必须坚持批判地吸收[②]。

还有学者提出新课程改革的理论基础是多元化的当代教育理论。课程改革必然要依托多样化的当代教育和当代课程的哲学思想。人本主义、后现代主义、多元智力理论、建构主义以及整体主义等教育思潮不仅是对发展的马克思主义教育学说的极大丰富，而且为新课程改革提供了丰富的、科学的理论基础[③]。

由此可见，新一轮基础教育课程改革不仅理论背景不够清晰，而且理论基础也还需要进一步加强。与此同时，《基础教育课程改革纲要》也没有论及课程改革的理论基础，而各种版本的"纲要解读"对此也莫衷一是。理论背景的模糊与薄弱使参与课程改革的人，尤其是广大教师最容易感到困惑，从而影响教师对本次课程改革的准确理解与有效实施。因此，教育理论界仍需进一步加强对当前课程改革的理论分析与科学论证。

《普通高中英语课程标准（2017 年版 2020 年修订）》明确提出了课程标准修订工作的指导思想和基本原则。以马克思列宁主义、毛泽东思想、邓小平理论、"三个代表"重要思想、科学发展观、习近平新时代中国特色社会主义思想为指导，深入贯彻党的十八大、十九大精神，落实全国教育大会精神，全面贯彻党的教育方针，落实立德树人根本任务，发展素质教育，推进教育公平，以社会主义核心价值观统领课程改革，着力提升课程思想性、科学性、时代性、系统性、指导性，推动人才培养模式的改革创新，培养德智体美劳全面发展的社会主义建设者和接班人[④]。同时，提出了以下四条基本原则：坚

① 马福迎，2006.不要拉大旗作虎皮——也谈新课程改革的理论基础是什么.校长阅刊(9)：39.
② 和学新，2006.科学把握新课程改革的理论基础的两个方法论问题.当代教育论坛(18)：87.
③ 邓志伟，2006.论发展的马克思主义是课程改革的指导思想——兼谈新课程的理论基础.全球教育展望(6)：18 - 22.
④ 中华人民共和国教育部，2020.普通高中英语课程标准(2017 年版 2020 年修订).北京：人民教育出版社：2.

持正确的政治方向;坚持反映时代要求;坚持科学论证;坚持继承发展。进一步明确了普通高中教育的定位,进一步优化了课程结构,强化了课程有效实施的制度建设,凝练了学科核心素养,更新了教学内容,研制了学业质量标准,增强了指导性,从根本上确保课程标准的质量和有效落实,为实现国家教育现代化、建设教育强国作出新贡献。

二、明确英语课程的地位与性质是提高课程改革质量的出发点

1978 年 8 月,为贯彻落实全国教育工作会议的重要精神,经国务院批准,教育部在北京召开了具有重要历史意义的全国外语教育座谈会①。此次会议期间,代表们认真学习了毛泽东、周恩来等领导同志关于外语学习的重要指示,以及邓小平同志关于教育工作的一系列重要的指示精神。同时,深入揭露和批判了破坏外语教育的种种罪行,并对新中国成立以来开办外语教育的正、反两方面的经验与教训进行了认真的分析与总结。此外,还讨论了进一步加强外语教育,提高外语教育质量,为我国早日实现四个现代化培养所需的外语人才的办法与措施。这次会议是一次全面地分析、研究以及规划外语教育的重要会议。它对发展我国的外语教育无疑起到了重要的推动作用。会议提出的《加强外语教育的几点意见》这一重要文件于 1979年 3 月 29 日印发全国,要求全国各地以及各级学校根据自身的实际情况参照执行。

除此之外,必须大力加强中小学的外语教育。明确中学外语是一门重要的基础课程,它与语文、数学等课程一样,应该受到充分的重视②。当前,应该首先在重点中学和有条件的城市中学开设英语课程。城市中学在三至五年内要普遍开设英语课程,并要不断地提高英语教育的质量。广大城镇中学和农村中学的外语课程则可以在条件具备以后逐步开设。小学阶段的外语课程则应该在保证教学质量的前提下,在重点小学和有条件的大中城市小学逐步开设。此外,为了早出人才和快出人才,除了要继续办好和发展一批外国语学校,为高等学校输送高水平的生源之外,还应该努力办好一批文理分科与加强外语教育的重点中学,为进一步培养具有良好外语基础的

---

① 1978 年 8 月 28 日至 9 月 10 日,全国外语教育座谈会在北京召开,贯彻落实全国教育工作会议精神,研究外语教育如何为实现新时期总任务作贡献的问题。会议总结新中国成立以来办外语教育正、反两方面的经验教训,讨论了加强外语教育、提高外语教育水平的办法和措施,并就外语师资队伍建设、教材编写、电化教学等方面的规划进行了初步讨论。这次座谈会对我国外语教育的发展起到了积极的推动作用。
② 刘道义,2008.基础外语教育发展报告(1978—2008).上海:上海外语教育出版社:13.

大批科技人才创造各种有利的条件。

教育部 1982 年 5 月召开了全国中学外语教育工作会议，7 月颁发了《关于加强中学外语教育的意见》的通知，指出：加强外语教育具有重要的战略意义，它不仅是发展我国同世界各国交往的迫切需要，也是培养社会主义现代化建设人才以及提高我国文化科学技术水平的迫切需要。中学是学习外语的重要阶段，中学外语既是一门重要的工具课，也是整个外语教育的基础。要提高外语教育的质量，必须从中学抓起①。各级教育行政部门应该努力提高对中学外语教育重要性的认识，加强教育领导，认真总结经验，进一步明确中学外语教育的要求，要从实际出发，区别不同要求，讲求工作实效，采取切实有效的措施，扎扎实实地提高外语教育的质量。毫无疑问，《关于加强中学外语教育的意见》进一步推动了中学外语发展的进程。

2001 年《全日制义务教育普通高级中学英语课程标准（实验稿）》明确指出英语是基础教育阶段的必修课程。英语课程的学习，既是学生通过英语学习和实践活动，逐步掌握英语知识和技能，提高语言实际运用能力的过程；又是他们磨砺意志、陶冶情操、拓宽视野、丰富生活经历、开发思维能力、发展个性和提高人文素养的过程。

《义务教育英语课程标准（2011 年版）》提出义务教育阶段的英语课程具有工具性和人文性双重性质。就工具性而言，英语课程承担着培养学生基本英语素养和发展学生思维能力的任务；就人文性而言，英语课程承担着提高学生综合人文素养的任务。工具性和人文性统一的英语课程有利于为学生的终身发展奠定基础。

《普通高中英语课程标准（2017 年版 2020 年修订）》强调普通高中英语课程是高中阶段全面贯彻党的教育方针、落实立德树人根本任务、发展英语学科核心素养、培养社会主义建设者和接班人的基础文化课程。英语是当今世界广泛使用的国际通用语，是国际交流与合作的重要沟通工具，是思想与文化的重要载体。学习和使用英语对汲取人类优秀文明成果、借鉴外国先进科学技术、传播中华文化、增进中国与其他国家的相互理解与交流具有重要的意义和作用。

《义务教育英语课程标准（2022 年版）》指出英语是当今世界经济、政治、科技、文化等活动中广泛使用的语言，是国际交流与合作的重要沟通工

---

① 课程教材研究所，1999.20 世纪中国中小学课程标准·教学大纲汇编.外国语卷（英语）.北京：人民教育出版社：157.

具,也是传播人类文明成果的载体之一,对中国走向世界、世界了解中国、构建人类命运共同体具有重要作用。义务教育英语课程体现工具性和人文性的统一,具有基础性、实践性和综合性特征。学习和运用英语有助于学生了解不同文化,比较文化异同,汲取文化精华,逐步形成跨文化沟通与交流的意识和能力,学会客观、理性看待世界,树立国际视野,涵养家国情怀,坚定文化自信,形成正确的世界观、人生观和价值观,为学生终身学习、适应未来社会发展奠定基础①。

三、建立一支合格的师资队伍是提高课程改革质量的关键

改革开放之初,加强外语教育不仅是促进我国与世界各国人民友好交往的迫切需要,也是培养社会主义现代化建设所需要的人才以及提升我国文化科学技术水平的迫切需要,因此,具有重要的现实意义和战略意义。中小学英语课程既是一门重要的工具课,也是整个英语教育的基础。因此,要提高英语教育的质量,必须从中小学阶段开始抓起。而加强师资队伍建设无疑成为当务之急,更是增强中小学外语教育质量的重中之重。

1978 年的 8 月 28 至 9 月 10 日期间,教育部在北京召开了全国外语教育工作座谈会。在此次会议上,与会者就外语师资队伍建设问题进行了初步讨论。会议提出了《加强外语教育的几点意见》,明确指出应大力抓好外语师资队伍的培养与提高。当时,中学外语教师不仅数量奇缺,而且质量很低。如果要改变这种不良状况,就必须广泛地开展多种形式的在职培训和脱产进修活动。在大力提倡以在职进修为主的同时,每年抽出百分之十的教师开展为期半年左右的脱产培训。教育部还拟采取积极举办外语教师训练班,同时积极邀请一些外国语言专家来华进行讲学,以及选择国内有条件的学校开办师资进修班等有力措施,力争在三年时间内培养出一大批质量较高的高校与外国语学校骨干教师,力争将重点中小学及一部分有条件的中小学外语教师的教学水平,分别提升到高等师范与师范专科毕业的水平。为进一步缓解英语师资奇缺以及水平低下的问题,国家计划从 1979 年开始三年时间内,每年力争聘请 100 名左右的外籍英语教师或者国外的华侨同胞参与培养中学英语教师。《加强外语教育的几点意见》中还建议中央以及各地方广播和电视台大力创造条件,积极为广大中小学的英语教师广泛地开设专门的有针对性的英语教学辅导或者讲座。从 1979 年开始,各地的师

---

① 中华人民共和国教育部,2022.义务教育英语课程标准(2022 年版).北京:北京师范大学出版社.

范院校的外语系连同面向地方的外语院校以及综合类大学的外语系都应该积极行动起来，努力开办两年制的英语专科，积极扩大招生规模，以不断加强培养大批的合格的中学英语教师；与此同时，中等师范学校也应该附设英语师资班，用以培训小学英语教师。除此之外，各地还可以从社会上公开招聘一批符合条件的外语教师。对于外语院校毕业生分配不当、用非所学的情况，可实行归队管理，以解决外语师资奇缺的问题。

1982年5月，教育部召开了全国中学外语教育工作会议，7月颁布了《关于加强中学外语教育的意见》的通知。为解决外语师资水平低、数量奇缺的问题，《意见》指出加强师资队伍建设，是提高中学外语教育质量的关键所在，也是当务之急的事情，一定要通过采取强有力的措施切实落实抓好这项工作①。为此，一方面，国家积极采取了各种有效措施全力稳定外语师资队伍；另一方面，通过群策群力，积极调动各方面的力量，如各级师范院校、外语院校、中等师范学校、教育学院以及广播电视大学等，进一步加强教师的职前教育，并开办教师培训班，进一步创造条件使在职教师通过脱产、半脱产等形式参加进修学习，提高英语专业水平，使中小学英语教师的学历情况得到了明显的改善；此外，国家要求各地教育行政部门切实贯彻1978年教育部《关于加强中小学教师队伍管理工作的意见》和1979年教育部《关于制止高等院校和其他部门到中学、师范和教师进修学校乱拉教师的通知》的精神，认真管好中学外语教师队伍，坚决制止外语骨干教师外流。

百年大计，教育为本；教育大计，教师为本。国家的发展依靠教育，教育的发展依靠教师。对于基础教育来说，师资队伍建设尤为重要。毫无疑问，没有高质量的教师队伍就无法培养出高质量的毕业生。因此，建立一支合格的师资队伍对于提高英语教育质量具有非常重大的意义。

新一轮基础教育英语课程改革秉持新的教育理念，在课程目标、课程功能、课程内容、课程实施、课程评价和课程管理等方面都提出了重大的变革课题。课程改革的基本趋势和发展理念，对教师的基本素质提出了更高的专业要求。这些专业要求可以概括为三个方面，即教师要有广泛的专业知识和更强的专业适应能力；教师要有全面的教学技能，其中包括课程设计技能、教学设计与实施技能和课程教学掌控技能；教师还应有专业的研究能力。

《义务教育英语课程标准(2011年版)》要求教师应在教学中综合考虑语言技能、语言知识、情感态度、学习策略和文化意识五个方面的课程目标，根据学生的发展状况，整体规划各个阶段的教学任务，有效整合课程资源，优化课

---

① 刘道义，2008.基础外语教育发展报告(1978—2008).上海：上海外语教育出版社：14.

堂教学,培养学生的自主学习能力,为学生的可持续发展奠定基础。教师还应不断提高自身的专业化水平,努力适应英语课程对教师提出的新要求。

《普通高中英语课程标准(2017年版2020年修订)》提出教师要积极探索有效的教与学的方式,研究如何在教学中将语言知识转化为学生的语言运用能力,帮助学生正确理解和表达意义、意图、情感和态度,努力实践指向学科核心素养发展的英语学习活动观,实施深度教学,落实培养学生英语学科核心素养的目标。

表6-2　课程标准关于教学实施的建议

课程标准名称	教 学 实 施 建 议
《义务教育英语课程标准(2011年版)》	(1) 面向全体学生,为每个学生学习英语奠定基础; (2) 注重语言实践,培养学生的语言运用能力; (3) 加强学习策略指导,培养学生自主学习能力; (4) 培养学生的跨文化交际意识,发展跨文化交际能力; (5) 结合实际教学需要,创造性地使用教材; (6) 合理利用各种教学资源,提高学生的学习效率; (7) 组织生动活泼的课外活动,拓展学生的学习渠道; (8) 不断提高专业水平,努力适应课程的要求。
《普通高中英语课程标准(2017年版2020年修订)》	(1) 以核心素养为目标,依据课程内容要求,开设好必修、选择性必修和选修课程; (2) 关注主题意义,制订指向核心素养发展的单元整体教学目标; (3) 深入研读语篇,把握教学核心内容; (4) 实践英语学习活动观,促进核心素养有效形成; (5) 重视培养学生的学习能力,为学生学会学习创造条件; (6) 利用现代信息技术,拓宽学习和运用英语的渠道; (7) 处理好教、学、评的关系,达到以评促教、以评促学的目的; (8) 不断提高自身专业化水平,与课程改革同步发展。

四、加强英语课程资源建设和改进教学方法是提高课程改革质量的保证

(一) 英语课程资源建设

教材是指以文字和图形等语言符号形式反映一定的课程内容的教学用书,是以事实、原理与体系等形式来说明课程内容中理论知识的体系,它是课程内容直接的物质载体①。教材包括教科书、练习册、教师用书以及教学

---

① 钟启泉,2007.课程论.北京:教育科学出版社:139.

软件等。在学校教育中,教材不仅是教师教学活动的主要工具和基本依据,也是向学生传递人类文化知识的工具①。好的教材和教学参考书是提高教学质量的重要保证。邓小平同志在 1977 年敏锐地指出:"关键是教材。教材要反映出现代科学文化的先进水平,同时要符合我国的实际情况②。"同时他还指示要组织一个很强的班子,编写大中小学教材。1978 年,全国教材会议英语编写组编订了《全日制十年制中小学英语教学大纲(试行草案)》,并编写了小学英语课本 6 册、初中英语课本 6 册和高中英语课本 2 册。此外,为了适应当时高中英语教学的需要,1979 年秋季又编辑出版了难度较低的过渡性高中代用课本两册。为配合各册课本的使用,还另外编写了供教师使用的教学参考书。这就是我国出版的第四套③中学英语教材。

这套教材总的特点是,中学低年级开始重视听说能力的训练,高年级重视阅读能力的培养,打破了以往"重知识、轻能力"的教育原则,这在中学教材编写上是一个重要突破。这套教材不仅十分重视英语基础知识的传授和对学生运用英语基本技能的训练,而且重视语音与口语训练,通过采取句型操练和语法知识归纳相结合的方法进行编排,重视学生的记忆和模仿以及语言表达的准确性,注意中国学生学习英语的特点和英汉之间的比较,教材设计图文并茂,利于直观教学。

但是,这套试用教材存在的问题有:程度上偏深,内容上偏难。于是,1982 年人民教育出版社根据《全日制中学英语教学大纲》,在此基础上,重新编订了初级中学课本(《英语》共 6 册,每学期 1 册),并进行了如下调整,降低了难度:减少了课文和生词的分量,生词量从三年 6 册课本的总计 1 500 多个减到 1 265 个;分散编排过于集中的语法知识项目;大量地选取了常用词汇;加强了课文的趣味性和知识性;增加阅读量。1984 年按照《全日制中学英语教学大纲》的要求,在原来十年制试用本教材的基础之上,编写制定了用以衔接初中课本的高级中学课本《英语》。这套教材总共 3 册,每学年 1 册;与此同时,配合课本还编辑出版了一些相关的教学参考资料,例如《教学参考书》《练习册》《阅读训练》《听力训练》(配有录音磁带)等,并同

① 王炳照,2008.中国教育改革 30 年:基础教育卷.北京:北京师范大学出版社:140.
② 邓小平,1994.关于科学和教育工作的几点意见.邓小平文选(第二卷).北京:人民出版社:55.
③ 自新中国成立至 1978 年,在教育部的组织领导下,先后编写出版了四套全国中学通用英语教材。首批通用教材于 1957 年出版。由于当时受苏联影响过深,教材基本上不适合中国国情。1961 年,针对十年制学生编写出版了第二批通用教材,排除了苏联的影响。1963 年编写出版了供十二年制学校使用的第三批通用教材,质量较前一批又有提高。

时录制出版了英语教学的录音磁带。

总之,这套教材改正了在政治与业务、理论与实际等问题上一些不恰当的处理方法,注意到基础知识的选择,智力的启迪和能力的培养,坚决纠正了过去不遵循外语教学的一般规律,突出政治色彩的错误倾向,从而对进一步稳定教学秩序、保证和提高英语教学质量具有重大的意义,起到了非常重要的作用①。

教材是教学内容的载体,是人类文明的积淀,是教学改革和教学研究成果的体现。进入 21 世纪,实施素质教育已成为我国教育教学改革的核心。作为教学三大要素之一的教材,必须担当起实施和推动素质教育的重任②。教材是师生进行教学活动的基本依据,也是实现课程教学目标、实施课堂教学的重要资源。它包括了教师在教育过程中所使用的主要素材与基本手段,体现了课程的基本概念、性质、价值以及课程的最终目标。教材不仅能够使学生获取相应的知识,促进他们的智力增长,而且它所包含的人文内涵对广大学生价值观和道德观的养成还起着潜移默化的重要作用。教材在很大程度上决定了教师的教和学生的学,对教学质量的提高起着关键作用,尤其是对于绝大多数学生来说,教材是他们知识的最重要的来源。教材使他们在日常生活中获得的零星的、分散的和无序的经验变得有序化以及系统化③。教材是教育活动过程中的核心组成部分,是培育创新人才、深化教育教学改革的重要保证。只有使用高质量的教材才能培养出高素质的人才。因此,加强教材建设对提高教育质量具有重要意义。

在中学英语的教材编写中,一方面,应遵循英语教学的一般规律,将思想教育融于日常语言教学之中。英语教学的任务在于通过基本训练的途径培养学生运用英语的能力。只有按照英语教学规律的要求来编选教材、进行教学,才能有利于教师有效地讲解语言基础知识,进行基本训练以及培养学生听、说、读、写的能力。教材内容除了要符合语言教学的一般规律之外,还要内容健康,有利于学生树立正确的思想,培养良好的品德。另一方面,教材的编排还要为广大教师尽量使用英语、少用或不用母语提供方便。在学习外语的过程中,听、说、读、写几方面的训练是相辅相成的,在不同的教学阶段可以有所侧重:在初级阶段,以听说训练为主,重点培养学生的语感,同时进行适当的读写训练。在入门阶段,教师多使用直观教具以及表演

① 叶立群,1997.课程教材改革探索.北京:人民教育出版社:15.
② 王启芳,2006.论教材建设在素质教育中的作用.教育探索(4):65-66.
③ 钟启泉,崔允漷,张华,2001.为了中华民族的复兴 为了每位学生的发展:《基础教育课程改革纲要(试行)》解读.上海:华东师范大学出版社:201.

等方法，少用或者基本上不用母语，这是完全可能的。随着学生英语知识与能力的不断提高，教师就越来越有可能用英语组织课堂教学以及用英语来解释英语。

《义务教育英语课程标准（2011 年版）》提出了课程资源开发与利用建议。合理开发和积极利用课程资源是有效实施英语课程的重要保证。英语课程资源包括英语教材以及有利于发展学生综合语言运用能力的其他教学材料、支持系统和教学环境等，如音像资料、直观教具和实物、多媒体软件、广播影视节目、网络资源、报纸杂志以及图书馆、班级、学校教学设施和教学环境创设等。此外，课程资源还包括人的资源，如学生资源、教师资源和家长资源。他们的生活经历、情感体验和知识结构都可以成为宝贵的课程资源。合理开发、积极利用和有效管理各种课程资源是提高教学质量的重要基础①。

首先，开发与利用教材资源。英语教材是英语课程资源的核心部分。深入开展教材分析、把握教材的设计理念、熟悉教材的编排特点、了解教材所提供的资源是教师有效利用和开发教材的前提。教师只有深入地研读教材，才能在教学中根据学生的水平和教学的需要，对教材进行合理的开发与利用，也才能通过教材更好地激发学生的学习兴趣，开阔学生视野，拓展学生思维，以满足不同学生的学习需求。其次，开发与利用学校资源。在英语教学中，除了合理有效地使用教科书以外，还应该积极开发和利用学校的各种资源，为学生提供丰富、真实的学习语言和使用语言的机会。再次，开发与利用网络资源。计算机和网络技术为学生个性化学习和自主学习创造了有利条件，为学生提供了适应信息时代需要的新的学习模式。各级教育行政部门、学校和教师要积极创造条件，使学生能够充分利用计算机和网络资源，根据自己的需要进行学习。此外，开发与利用学生资源。学生资源蕴藏在每个学生的生活经历和学习体验之中，也隐藏在他们丰富的情感和活跃的思维之中。学生资源是课程资源的重要组成部分，教师应充分认识开发和利用学生资源的重要意义。最后，课程资源的开发与利用要考虑当地经济发展水平以及学生和家长的承受能力，以不增加学生的负担为前提，坚持简便、实用、有效的原则。

《普通高中英语课程标准（2017 年版 2020 年修订）》强调要"改善教学条件，开发多种形式的英语教学资源"。地方教育行政部门和学校要重视现

---

① 中华人民共和国教育部，2011.义务教育英语课程标准：2011 年版.北京：北京师范大学出版社：41.

代化信息技术对教学的辅助作用,确保数字技术和多媒体手段的有效应用。要加大对信息管理和网络资源开发的投入,将各种优质的英语学习软件和网站、英文报刊等与教学有关的信息和资料都融入英语课程资源体系中,并进行必要的梳理和归类,建立课程资源库,推动各地各校的资源共享。学校要为教师提供必要的办公电脑及打印设备,购买必要的英语在线开放课程、多媒体教学软件,为教师备课提供方便,鼓励教师将网络平台、网络课程等现代化教学手段与挂图、图片、实物、黑板或白板等传统的教学手段结合起来,科学组织线上线下混合式教学,丰富英语课堂的教学形式。同时,学校还要鼓励教师开发和利用广播、电视、英语报刊和图书馆等多种资源,营造英语学习的良好氛围①。

　　课程资源的开发与利用应始终与课程改革的其他环节协同发展。新的课程体系、课程实施过程、教育教学方法都需要新的课程资源作为保障。同时,课程资源的开发与利用又要满足课程实施的需要,特别是要符合新的教育教学理念。围绕教材来开发练习题、检测题、学案等教辅类学习材料仍然是应试教育的体现,既不利于学生核心素养的发展,也不利于教师大胆探索新的英语教育教学方法②。开发与利用英语课程资源不应该只是以促进课堂教学为目的,还应该充分考虑学生课堂之外学习过程和环节的需要,以及教师教学资源储备和教师自身专业发展的需要。

(二)教材多样化选择

　　新中国成立初期,我国中小学教科书普遍实行国家统编制,即"一纲一本"式的教科书政策。由于当时基本上没有教科书的编辑队伍,1950年12月我国组建了一个专业教材的出版社,即人民教育出版社,从此也开启了教科书编辑出版从原来的照搬照抄到后来的消化模仿,再到最后本土化的漫长的历程。

　　诚然,统一的教材出版体制对恢复中小学正常的教学秩序起到了重要的作用。但是,随着时间的推移,尤其是改革开放以后,这种体制已经不能适应我国教育发展的需求了。

　　我国地广人多,各地区之间无论是在经济发展及人文情况还是在英语教学基础及师资水平等方面都存在着极大的差距,且很难在短期内得到解决。因此,教材编制应为全国广大中小学提供多样化选择。教材多样化的

① 中华人民共和国教育部,2020.普通高中英语课程标准(2017年版2020年修订).北京:人民教育出版社:115.
② 程晓堂,2019.课程改革背景下英语课程资源的开发和使用:问题与建议.课程·教材·教法(3):96-101.

含义是①：在国家统一要求的大前提之下，尽量适应与满足因为经济文化发展不平衡而导致的不同教育需求，并努力开发有自身特色的教科书。因此，教材编制应该遵循从实际出发，注重差异，因地制宜的原则。英语教学应该考虑到沿海与内地、南方与北方、中心城市与广大农村的差异，以及不同地区对人才要求的差异。在教学大纲的设计上，采取"一纲多要求"及"一纲多本"的原则。不同地区应从本地区社会、经济发展的实际出发，因地、因校、因资源设置情况来确定有自身特色的英语教学模式，逐步缩小因地区差异而造成的教学水平差距。与此同时，要大力加强不同区域间的合作交流。各地应根据国家统一教学大纲的不同级别和要求编写多种教材，满足不同地区及水平的英语需求，促进我国英语教育整体水平的提高。

不可否认，"一纲一本"教科书政策有其历史的合理性，人民教育出版社也为我国中小学教科书的建设作出了不可磨灭的重大贡献。但随着我国教育事业的不断普及和水平提高，这种政策的局限性和弊端也越来越明显。值得庆幸的是，改革开放以来，出现了许多探索教科书多样化的尝试。1986年，国家教委为改革编审制度，把教材的编和审分开，设立了"学科教材审定委员会"和"全国中小学教材审定委员会"，负责中小学教材的审查及审定工作。1987年颁布的重要文件《全国中小学教材审定委员会工作章程》提出："为适应不同地区的需要，在统一教学基本要求的前提下，应该有领导、有计划地实现教材的多样化。"

自此之后，随着教材"审定制②"的实施，北京、上海、广东、浙江等省市陆续开始组织本省市中小学教材的编写。英语教材的建设也逐步从"一纲一本"向"一纲多本"的局面发展。

对中小学英语教材的选材与编写，有学者提出了以下几点建议：一是英语教材的选材应具有代表性、真实性和人文性，内容应进行合理的整合，恰当安排语言知识，符合学生学习语言的规律；二是英语教材不仅应丰富英语文化知识，也要丰富汉语文化和世界文化知识，而且文化内容应真实、全面、与时俱进，能让学生在学习语言的同时关注到文化内容。对未来英语教

---

① 钟启泉，2009.一纲多本：教育民主的诉求——我国教科书政策述评.教育发展研究(4)：1-6.

② 2001年，中小学教材管理体制进行了重大的改革，教育部出台两种教科书管理制度。其一，教科书立项核准制度——审核教科书主编和编写人员资质；审核教科书编写方案，确保教科书编写和课程改革的目标一致，防止教科书编写的低水平重复。其二，教科书国家审定制度——审定委员会是中小学教材审查的最高权威机构，负责对国家课程教科书的审查；地方课程教材由省级中小学教材审定委员会审定。教材审定程序是：审定办受理送审教科书→审查专家审读教科书→教育部组织审查会议→确认教科书审查结果→报主管部长批准→下发审查结果的通知。

材的建设,主张要重视学生的认知特点和身心发展需要;正确处理语言教学和思想教育之间的关系;在继承的基础上不断改革创新教材编写路子,保证打好基础,发展语言运用能力;加强语言与文化的联系,培养学生跨文化交际的能力;加强教材的弹性和拓展性,增加信息量;采用中外合作编写的模式,取其精华,发展各自优势;重视教材的装帧设计;重视教材的多样化和网络化[1]。

《普通高中英语课程标准(2017 年版 2020 年修订)》提出教材编写应以英语课程标准为依据,满足学生的多元发展。高中英语教材的编写应以本课程标准为依据,教材内容要与课程目标和要求保持一致,确保学生语言能力、文化意识、思维品质和学习能力的同步提升。必修课教材要面向全体学生,保证共同基础,合理控制容量和难度,为所有高中学生搭建发展平台;选择性必修和选修课教材要重视学生的深度学习和全面而有个性的发展,为学生终身学习奠定基础。高中英语教材应准确把握课程内容要求和学业质量标准,综合考虑,系统设计,体现必修课教材和选修课教材的整体性;各类课程的教材应各有侧重,以满足不同类型课程教学的需求,体现适切性,真正将本课程标准的基本理念和各项目标落到实处。

(三) 教学方法改革

教材的内容和体系的改革,一方面是整个教学改革、专业设置和课程体系改革的需要,另一方面又与教学方法的改革息息相关。教学方法的改革和创新,对教材建设起着制约作用,教材建设也要体现出对教学方法的适应性[2]。教学方法是教师和学生为了实现共同的教学目标,完成共同的教学任务,在教学过程中运用的方式与手段的总称。在中小学教学过程中,拥有一套正确合适的教学方法是非常必要的,它能引导学生积极主动地学习,养成良好的学习习惯,意义重大。教学过程中,教师要把书本知识、教材内容变为学生掌握的知识和技能,必须通过具体的教学方法来实现。教师借助精心设计的方法,使学生学会知识,掌握方法,树立观点,形成技能。教师运用正确的方法为学生获得知识提供科学的指导。有效的教学方法能适应教师条件,发挥教师特长。通过对教法的设计与运用,能显示出教师的主导作用。有效的教学方法还能活跃课堂气氛,促进师生交流,使学生在创造性的情境中进行思考,充分激发学生的学习主动性和积极性。

因此,英语教学一方面要面向全体学生,为学生全面发展以及终身发展

① 雷淑芬,2015.近十年基础教育英语课程改革研究述评.湖北函授大学学报(21):161－162.
② 毕明友,1999.教学方法的改进与教材建设.江苏高教(3):77－78.

奠定基础。教师要鼓励学生通过体验和实践等方式，发展他们听、说、读、写的综合能力。教师通过创设各种教学情境，鼓励学生大胆地使用英语，对他们在学习过程中的一些失误或错误要采取宽容的态度，为他们提供自主学习以及师生和生生之间直接交流的机会。另一方面，英语教学要自始至终地坚持学生的主体地位，重视学生的情感、态度和价值观，努力为学生构建民主、宽松与和谐的教学环境。情感是学好英语的重要因素，学生只有在对自己以及对英语有积极的情感的状况下，才能保持较强的英语学习动力并取得良好的学习效果。在课堂上教师应该把英语教学与情感教学有机地结合起来，创造各种合作学习的机会，促进学生互相学习，互相帮助，体验学习的成就感，发展合作精神。与此同时，教师还要努力构建民主、融洽的师生交流渠道，经常和学生一起反思教、学过程与教、学效果。

王道俊、王汉澜先生在其主编的《教育学》中明确提出：教学的首要任务是引导学生掌握科学文化基础知识和基本技能[①]。但是，在处理"双基"与智力发展的关系问题上，黄明皖先生指出：教学中不仅要向学生传授知识，培养技能，更要着重于发展学生的智力。我们要打破那种认为教学就是传授知识的旧观念，把发展学生的智力作为重要的教学任务来抓，才能使学生学得更多、更快、更好，从根本上提高教学质量[②]。张楚廷先生认为知识传授与能力培养是知识教育中的两翼，正是这两翼构成了知识教育的整体；否则，知识教育本身便是残缺不全的、病态的。知识与能力的共同作用在当代社会条件下变得更加重要，学校教育要把知识传授与能力培养紧密结合起来，这是教育面向未来、面向现代化的重大课题[③]。

长期以来，我国的英语教学一直把教学的重点放在语法与词汇的知识传授上，对英语语言运用能力的培养不够重视。由于教学重点放在知识的传授上，师生都将英语作为一门学科来教授和学习，缺少学以致用的意识，久而久之则容易产生英语教学的"老三样[④]"——教授单词、语法和课文。单词教读音，句型反复操练，语法讲规则，课文逐字逐句翻译。

诚然，语言学习离不开掌握该语言基本要素的环节。"语法性"是语言交际能力中不可或缺的一个主要方面，有效的语言交流是不能缺乏"语法性"的。但是，语言主要是作为交流的媒介，学习语言的目的最终也是进行有效的交流，只是围绕语言知识的传授来进行教学的教学方法难免枯燥，常

① 王道俊，王汉澜，1988.教育学(新编本).北京：人民教育出版社：183.
② 黄明皖，1980.知识的掌握与智力的发展.广西师范大学学报(哲学社会科学版)(1)：17-23.
③ 张楚廷，2000.教育论.长沙：湖南教育出版社：151.
④ 罗爱梅，罗丹，何艳铭，等，2005.当代中小学外语课程发展.广州：广东高等教育出版社：147.

常出现课堂上教师"滔滔不绝",学生"昏昏欲睡"的情景。

可见,尤其在基础英语教育阶段,过于重视语言知识的传授,轻视语言运用能力的培养,显然是错误的。因此,正确处理好语言知识和语言技能这两者之间的关系对于广大教师来说不是权宜之计,而是非常重要和急迫的任务。

第一,英语教学应坚持实践性原则,强化学以致用,改变过分重视语法及词汇知识的讲解与传授的不良倾向。在基础教育英语教学阶段,主要是通过听、说、读、写实践活动来学习英语。它们是广大教师在课堂上开展日常的语音、词汇、语法等语言知识教学的基本手段,在一定程度上,也是提高语言知识质量的重要举措和可靠保证。为此,教学中应努力做到以下几点:一是将语音、词汇、语法紧密结合起来,培养学生的综合语言运用能力。二是将语言知识的学习贯穿于语言实践活动之中。课堂教学活动要坚持理论教学与实际训练相结合,在以语言实践为基础的同时,要坚决摒弃那种单纯传授及讲解语言知识的盲目做法。三是通过采用多样化的方式开展语言知识教学,如将提示、观察、发现、分析、归纳、对比、总结等有效结合起来,并有意识、有计划地组织学生全员参与到上述活动过程之中,以培养学生养成科学的思维方法。四是努力让学生掌握实用的英语语言知识,即真实交际中的语言知识。

第二,英语教学应大力倡导语言知识教学与语言技能训练相结合的开放、互动的教学模式。教学是教师的教与学生的学的统一,这种统一的实质是交往。没有交往,没有互动,就不存在或未发生教学,那些只有教学的形式表现而无实质性交往发生的教学是假教学[①]。语言知识内容丰富,包罗万象,绝不仅仅是关于语音、词汇与语法的一些规则和条例,除了涉及概念的意义、语言的篇章结构以及文化差异等以外,它还包含了人与人之间的关系。因此,在英语知识的教学及技能的训练过程中,教师一定要运筹帷幄,积极主动地充分激发起学生学习的积极性,使他们主动探究,乐于建构,通过关注情景性以及问题的定向性等方面,使他们开展内在驱动的学习。

第三,应针对小学生的年龄特点和身心发展规律,正确处理好语言知识与语言技能之间的关系。由于小学阶段英语教学的内容比较简单,词汇、短语及语言材料都非常有限。因此,归纳总结语言知识或规则,对学生的英语学习帮助不大。况且在语言初学阶段,规则一般不能概括他们所接触到的语言。例如,即使最常用的简单词汇,在词形变化及发音上往往并不简单,

---

① 钟启泉,崔允漷,张华,2001.为了中华民族的复兴 为了每位学生的发展:《基础教育课程改革纲要(试行)》解读.上海:华东师范大学出版社:272.

也不一定符合规则。同样，那些常用的句型在结构或者意义上，表现也相当复杂。正因为如此，我们应将小学阶段英语教学的重点放在听、说、读、写的训练上，放在引导学生养成正确的听、说、读、写的习惯上，放在培养学生良好的学习英语的方法上。

1985 年，全国中学英语教学调查与分析以大量的数据及事实尖锐地指出，当时中学英语教学中"重语法规则的讲授、轻实际能力的培养"的观念与做法是学生英语水平低的重要原因之一①。这引起了英语教研工作者的强烈反响，于是，转变观念、改进教法成为 20 世纪末期英语课程改革的中心话题。

语法翻译法是外语教学中历史最长与使用最广泛的方法之一②。该教学法于 19 世纪达到全盛时期，在 19 世纪 40 年代到 20 世纪 40 年代之间统治了整个欧洲③。语法翻译法是一种强调以语法讲解加翻译练习为主的方式来教学外语的方法。它产生于 18 世纪中叶，其理论基础来自于康德的理性主义哲学及官能心理学④。它在外语教学里创建了翻译的教学形式，利用语法和学生的理解力来提高教学效果，在发展学生智慧、锻炼学生的记忆能力、培养学生的逻辑思维能力及阅读能力等方面起到了积极的作用。语法翻译法比较注重培养学生的阅读能力与翻译能力。同时，在教学中重视语法规则与词汇的记忆，借助母语来辅助教学，翻译既是教学的手段，又是教学的目的⑤。

作为外语教学中历史最久的一种教学方法，语法翻译法具有以下优点：一是重视阅读、翻译能力的培养和语法知识的传授。经常通过母语的翻译和比较，强调语法学习，使学生比较深刻地理解外语的抽象词义和复杂的句子结构。二是使用方便，不需要什么教具和设备，只要教师掌握了外语的基本知识，就可以拿着外语课本教外语。三是容易测试学生，班级易于管理。

诚然，语法翻译法对培养学生的英语阅读能力起到了一定的作用，但学生综合语言能力包括了听、说、读、写、译各方面，只有阅读能力和翻译能力

①　刘道义，2008.基础外语教育发展报告(1978—2008).上海：上海外语教育出版社：91.

②　左焕琪，2001.外语教育展望.上海：华东师范大学出版社：97.

③　Richards J C，Rodgers T S，2000. Approaches and Methods in Language Teaching. TESOL Quarterly，36(4).

④　18 世纪在德国形成的官能心理学认为，各种官能(如记忆力、理解力等)可以相互分离，单独地加以训练和培养。它认为记忆无意义的复杂的语言形式，能发展记忆能力，繁杂的语法训练可"磨炼智慧"。因此，死记硬背语法规则就成了语法翻译法教学的基本做法。参见田式国，2001.英语教学理论与实践.北京：高等教育出版社：46。

⑤　张丽华，2003.论在英语教学中发挥传统语法翻译法的功效.教育评论(5)：80－82.

是远远不够的。语言是交流的工具,学生听说能力的培养至关重要。中国学生学到的所谓"哑巴英语"就是传统英语教学过于注重语法与翻译、忽视听说能力培养的结果。

结合自身的教学经历,本人认为语法翻译法具有以下不足之处:其一,夸大了语法和母语在外语教学中的作用,过分重视语法知识和母语翻译,不利于培养学生的英语思维习惯;其二,忽视了学生口语及交际能力的培养,使语言难以发挥交际工具的作用;其三,用非现实的不常用的句子来磨炼学生,既降低了教学效果,又增加了学生的学习负担;最后,强调死记硬背,课堂气氛沉闷,难以激发学生的学习兴趣。此外,语音、词汇和语法教学也与课文阅读教学脱节。

由于大纲缺乏明确而详细的语言行为目标,语法翻译法在英语教材的编写方面、在课堂的具体教学实践中,一直占着主导的地位,发挥着自己独特的优势。教师可以充分利用母语,先讲课后所附的汉语语法讲解的内容,再对课文的句型和文章进行以翻译为手段的教学。有学者指出:语法讲解和逐句翻译是语法翻译法课堂教学的主要活动①。同时,测试题也过多地考查零碎的语法知识,而没有考查学生实际使用语言的能力且试题缺乏丰富语境。教师为了应付这样的试题,不得不花大量的时间讲解语法知识,从而形成了"教什么,就考什么"和"考什么,就教什么"的怪现象。

总之,传统的语法翻译法中教师与学生的角色定位基本上基于以教师为中心的教学模式,学生处于被动接受的状态,这对学生学习兴趣的培养和主观能动性的发挥,以及学生创造能力的提高产生了负面影响。1985年的全国中学英语教学调查与分析指出"重语法规则的讲授、轻实际能力的培养"的观念和做法是造成学生英语水平低的重要原因。

(四) 课外活动

1986年《全日制中学英语教学大纲》和1988年《九年制义务教育全日制初级中学英语教学大纲(初审稿)》在教学原则或教学中应该注意的几个问题的第六条指出:提高课堂教学质量,积极开展课外活动②。课堂教学和课外活动是相辅相成、相互促进的两个方面。课堂教学是教学的基本形式,也是学生在教师的指导下获取英语基础知识,通过听、说、读、写基本训练培养运用英语进行交际的能力的主要途径。因此,课堂教学要

---

① 田式国,2001.英语教学理论与实践.北京:高等教育出版社:47.
② 课程教材研究所,1999.20世纪中国中小学课程标准·教学大纲汇编:外国语卷(英语).北京:人民教育出版社:164.

增加语言实践活动的广度和密度，提高每一分钟的效率，以减轻学生课外的负担。

　　课外活动指在教学大纲范围以外，学生自愿参加的各种教育活动的总称。广义的课外活动包括正式课程以外的校内外各种教育活动；狭义的仅指校内的课外活动，是实施全面发展教育的重要途径①。课外活动通常又被称为教学的"第二课堂"，是培养和发展学生语言运用能力的重要途径，有利于增长知识，开阔视野，发展特长②。课外活动的目的是培养学生兴趣、爱好和特长，以适应个性发展的需要；发展智力、能力和创造才能、扩大知识领域；提高思想品德修养和审美能力，陶冶情操，丰富精神生活，培养文明行为，愉悦身心，增进健康等。因此，课外活动的开展应立足于减轻学生的学习负担，促进学生的全面发展。课外活动应以发展学生的学习兴趣，培养学生的学习能力和语言综合应用能力为目的，提倡重在参与，培养合作精神。课外活动作为学校课堂教学的辅助形式，以其特有的方式给予教学有力的补充。一方面，它为学生提供一个巩固和加深课堂所学知识的环境，可以扩大学生视野，开阔学生心胸，激发学生学习的兴趣，从而使学生更自觉、主动地学习文化科学知识，培养他们独立分析问题、解决问题的能力；另一方面，课外活动为学生提供自由、宽松的环境，有利于学生个性和特长的发展，有利于发挥学生的主体作用，有利于理论与实际相结合。

　　然而，由于受应试教育及片面追求升学率的影响，学生课外活动的时间得不到保障，有限的活动开展完全流于形式，学生的身心发展受到严重束缚。

　　首先，虽然应试教育模式把智育放在首要的位置上，但智育的目标却过于狭隘、片面。从应试这一角度出发，应试教育过于强调知识与技能的传授，过于强调知识的熟练程度，且大多采取过度学习、强化训练的手段，把学习局限在课本范围之内，从而导致学生没有时间和精力去参与那些课堂以外的、对发展智力十分有益的各种各样的活动，从而导致学生知识面狭窄，高分低能。

　　其次，在传统的应试教育模式下，学校的整个工作都围绕着会考和高考的指挥棒运转，管理目标相当普遍地具有急功近利的倾向，导致学生大量的课外活动时间被任意侵占。由于分数和升学率是评价教师教学质量的唯一标准，教育的全部目的就是为了考试分数，使得教育的科学性与艺术性失去其真正的内涵。教育研究也变成了应试研究，教师大搞"题海战术"，忙于进

---

① 顾明远,1998.教育大辞典(增订合编本).上海：上海教育出版社：904.
② 孙俊三,2001.教育原理.长沙：中南大学出版社：353.

行知识灌输与强化技能训练，为学生加班加点地补课，剥夺学生的课外活动权利，对学生的全面发展造成了极大的负面影响。

再次，以考试和分数作为衡量学生标准的应试教育模式不仅严重扭曲了考试的功能，也加重了学生的学习负担。这样一来，考试不是为了检测与反馈、服务于教学，相反，考试成了教学的目的，教学只是为了考试，考试的功能与作用被严重扭曲了。为了取得好的考试成绩，教师普遍采用"满堂灌"的方式，使学生不堪重负，引发了许多心理疾病，如厌学、恐学、逃学以及由于学习反复受挫导致的精神抑郁和孤僻等。这种本末倒置的状况，十分不利于学生身心的健康发展。

学校必须以教学为主，特别是以课堂教学为主，课堂教学是进行教育、教学的基本途径，但绝不能忽视课外活动的意义，也不能把课外活动作为课堂教学的继续，更不能用课堂教学代替课外活动，应该尽可能让每个学生都在课外活动中受到教育和锻炼①。因此，在教学中，教师要努力克服困难，指导学生积极参加下列各类英语课外活动，为学生减负：① 小组活动。英语课外小组活动是中学生普遍采用的一种课外活动形式，可以使在英语方面学有所长的学生得到进一步提高。此种活动可包括英语会话小组、英语墙报小组、英语课外阅读小组、英语广播小组、英语歌唱小组等。② 集体活动。英语课外集体活动是教师根据大多数学生的兴趣有计划、有组织地进行的活动，包括专题英语晚会、学习经验交流会、电影晚会、故事会、报告会、英语圣诞晚会及英语短剧汇演等。③ 竞赛活动。英语课外竞赛活动与其他形式相比最易于激发学生的积极性。竞赛通常当场评分，当场发奖。竞赛的内容包括书法比赛、绕口令比赛、朗读比赛、演讲比赛等。口头的竞赛活动可以有计划地安排成由易到难、循序渐进的系列。④ 游戏活动。英语课外游戏活动气氛轻松，寓教于乐。游戏活动花样繁多，经常采用的有英语猜谜、英语拼字游戏、拼图游戏等设计精巧的高、中级游戏。

《义务教育英语课程标准（2011 年版）》强调要"组织生动活泼的课外活动，拓展学生的学习渠道"。英语课外活动是学生英语学习的重要组成部分，能为学生的语言实践和自主学习提供更大的平台。课外活动要有助于激发和提升学生学习英语的兴趣、丰富语感、开阔视野、增长知识、发展智力和塑造性格。同时，应注意英语课外活动的组织和管理。一方面，教师应根据学生的年龄特点和需求，结合当地经济文化发展实际，有计划、有组织、有创造性地开展内容丰富、形式多样、因地制宜的课外活动，如朗诵、唱歌、讲

---

① 孙俊三,2001.教育原理.长沙：中南大学出版社：364.

故事、演短剧,以及创设英语角、英语墙报、校园或班级刊物等,还可以举办英语演讲会、英语演出、英语主题班会以及英语作品展示会等。另一方面,英语课外活动要着重调动学生参与的积极性,要注意鼓励、动员、吸引学习困难的学生参与,要充分发挥学生的自主性,尊重他们的创意和选择并给予恰当的引导和辅导,要关注活动的过程,关注学生在活动中的表现,做好活动的顾问和服务工作,为他们的发展提供指导和支持①。

总之,课外活动是整个英语教学过程的有机组成部分,是课堂教学的必要补充。英语教学要做到全方位地增强学生的语言知识和语言技能。英语课外活动的开展必须立足于减轻学生的学习负担。

五、义务教育的普及应关注城乡及东西部差异

我国政府通过制定《国家中长期教育改革和发展规划纲要》②,对影响全局的若干重大问题进行研究探讨,其中"如何改善农村学校的办学条件,促使农村义务教育优质资源均衡发展"就是一个重点问题。西部农村义务教育发展与东部地区之间存在巨大差距。造成这种状况的原因在于西部农村义务教育可享受的优质资源极为有限和短缺。因此,优化教育资源配置,促进优质教育资源向西部农村义务教育倾斜和流动,是推动当前西部农村义务教育向更高层的公平和均衡发展迈进的关键③。我国教育发展不平衡主要表现如下:

第一,全国教育资源配置不均。新中国成立以来,我国东西部之间、城乡之间教育资源配置严重失衡。造成这种不平衡的传统原因之一在于过度强调教育的直接功利价值,希望能迅速改变工业与科技的落后局面,因而,将教育的实际重心置于高等教育方面。计划经济体制下的教育资源配置,主要是从国家与整体的利益出发,而不是从地方社会及经济发展的需要出发。对高等教育的重视,体现了国家对"效率"的直接追求。由于国家对教育资源的垄断,再加上财力不足,导致我国基础教育长期处于比较薄弱的状态。轻视基础教育不但严重损害了教育公平,而且也导致了国民素质素质

---

① 中华人民共和国教育部,2011.义务教育英语课程标准:2011 年版.北京:北京师范大学出版社:31-32.

② 2008 年 8 月启动研究制定的《国家中长期教育改革和发展规划纲要(2010—2020 年)》是进入 21 世纪以来我国第一个教育规划纲要,是指导 2010 至 2020 年 10 年教育改革和发展的纲领性文件。它明确了到 2020 年我国教育改革发展的指导思想、总体目标、发展思路和基本政策取向,提出 2012 年教育改革发展的阶段性目标和重大政策措施,着力解决当时教育改革发展面临的突出问题。

③ 司晓宏,2009.优化教育资源配置,促进西部农村义务教育优质发展.教育研究(6):17-21.

的低下,非常不利于社会经济的发展。

第二,重点学校制度的实施加剧了城乡教育之间的差距。20 世纪 80 年代以来,随着九年制义务教育的日益普及,特别是国家基础教育管理权的下放,我国教育民主化的进程也大大加快。由于受到"公平—效率"矛盾的制约,我国基础教育面临"大众教育"还是"精英教育"的选择,即是应该优先满足大多数儿童的教育需求,还是通过激烈的竞争与筛选,使一小部分人受到良好的教育? 层层设置的重点学校制度,不仅加剧了基础教育领域内部教育资源配置的不平衡性,还导致地区内和区域内的学校之间的差距不断地拉大,出现了一大批基础薄弱的"差校"。由于重点学校绝大多数都设在城市或者城镇,有利于城镇学生的升学。因此,那种把学校和学生分为不同等级,并使多数儿童利益受损的强烈竞争性教育,不仅严重违背了义务教育的宗旨,而且对应试教育也起到了推波助澜的负面作用。

第三,我国教育政策中的"城市取向"也在某种程度上加剧了城乡之间的差距。长期以来,在我国城乡二元结构与高度集中的计划体制之下,逐渐形成了一种忽视地区差别和城乡差别的"城市中心"的价值取向。随着市场经济体制的逐渐建立以及城市化进程的加快,虽然这种思路已经不合时宜了,但是,作为一种思维定式,它仍然以极大的惯性潜存于社会决策之中。那种主要以城市学生的学力为基本依据制定的全国统一的教学大纲与教材,无视城市和农村儿童以及发达地区和贫困地区儿童在教育环境与教育资源上的巨大差异,对农村和边远地区的学生来说无疑是极不公平的。有调查表明①,除了家庭经济负担导致学生辍学之外,教学难度过大是导致农村学生流失居第二位的重要原因。这样的"规则的不公"直接导致了广大农村学生在受教育机会上"起点的不公"。导致这种现象发生的原因,无疑是"城市中心"的价值取向在作祟。

综上所述,在中国这样一个人口众多、地区差距巨大的发展中国家,我们应该坚持的教育发展和改革的重要原则是因地制宜地发展教育,积极改变那种无视地区和城乡之间巨大差异的大一统模式,努力建构教育发展地方化的思路及管理模式,矫正单一化的价值取向。这无疑是我们有效缩小地区差距以及城乡差距的一个重要选择。

与此同时,国家还应大力落实义务教育"均衡化"的政策。我们非常有必要把义务教育"均衡化"作为一项重要的指导思想,为中小学建设良好的教育环境。在我国,农村义务教育是整个义务教育的主体。因此,普及义务

---

① 杨东平,2000.对我国教育公平问题的认识和思考.教育发展研究(9):14-17.

教育必须关注城乡及东西部差异。尽管通过"希望工程①"和"春蕾计划②"等的实施,弱势儿童接受义务教育的状况不断改善,但我国义务教育均衡发展仍旧任重而道远。

　　从某种程度上来说,在价值取向上,新一轮基础教育课程改革存在典型的城市中心取向。"城市中心"就是以城市社会作为政策制定的出发点。这历来是我国教育政策的一个重要传统,在新一轮基础教育改革中仍不例外③。虽然贯穿新一轮基础教育课程改革的核心理念是"为了每一个学生的发展",但是却在课程标准中体现出明显的"城市中心"的取向。无论是各门课程在不同学习阶段对学生的目标要求和内容标准,还是教学建设以及课程资源的利用和建议等方面,我国新颁布的课程标准都体现出关注都市儿童的身心发展,忽略了农村儿童的重城市、轻农村倾向,体现出浓厚的都市话语主导,遗忘了"中国基础教育的主体在农村"这样一个基本的事实,毕竟中国农村人口约占全国总人口的 80%,因此,广大农村教育的现状才应该是课程改革的重点。

　　新课程实施以来,农村教育的边缘化问题突出地表现在教育教学内容的选择上。课改教材的城市化倾向,是农村学校课改面临的一大难题。尽管新一轮课程改革大力倡导教材的多样化,但遗憾的是在众多版本的教材中,没有一套教材是专门为农村教育编写的。而大多数新教材对农村与欠发达地区的现实情况反映不够,具有明显的城市化倾向,严重影响了新课程在这些地区的有效实施④。事实上,从农村的实际情况来看,大部分毕业生都将通过就业走向社会,仅有少数初中毕业生升入高中,而由高中再升入大学的数量则更为有限。有学者指出：农村基础教育的教育教学目标应该在实现基本教育教学目标之外,另有两方面的任务,一方面要为少数学生的升学做准备,另一方面则要为学生的就业提供服务。农村基础教育所面临的

---

① "希望工程"是 1989 年 10 月中国青少年发展基金会组织实施的一项为青少年发展服务的社会公益事业。它的宗旨是贯彻政府关于多渠道筹集教育经费的方针,动员海内外民间的财力资源建立基金,资助我国贫困地区的失学儿童继续学业,保障适龄儿童接受义务教育的权利,改善贫困地区的办学条件,促进贫困地区基础教育事业的发展。

② "春蕾计划"是在全国妇联领导下,由中国儿童少年基金会发起并组织实施的一项社会公益事业。它以帮助国家推行九年制义务教育,救助失、辍学女童重返校园为长期的战略任务,在海内外广泛募集资金,投入贫困地区举办"春蕾女童班"。中国儿童少年基金会早在 1989 年就设立了"女童升学助学金",开始在贫困地区倡导并开办女童班。1992 年 8 月正式改为"春蕾计划"。

③ 彭泽平,2005.我国新一轮基础教育课程改革的问题检视.教学与管理(11)：3-5.

④ 郭晓明,2004.义务教育新课程实验的进展与反思.当代教育科学(2)：16-19.

这两方面的任务不仅具有共时性,而且还相互紧密地结合在一起①。因此,在农村教育内容的选择上除了要考虑有利于学生基础知识的掌握与基本素质的培养之外,还要具有向学生传授基本的劳动技能等方面的内容。但令人遗憾的是,农村基础教育的教育教学内容基本上偏向城市而脱离了农村的现实,农村教育也因此被边缘化了。

在教学形式上,虽然新一轮课程改革强调教师和学生之间的互动,特别注重学生的参与性,但是对于师资严重短缺的广大农村学校来说,"一对一"的个性化教学真的是说易行难。事实上,新一轮课程改革在设计时主要针对的是大城市和发达地区,并呈现出单一的都市化以及国际化的价值取向。在课程设置上,片面地关注基础知识的传授,忽视了对学生基本劳动技能的培养,致使农村基础教育盲目地被同化于城市;由于应试现象较为严重,劳动技能等课程很少开设,即使开设,也是形同虚设。由于农村教育完全依附城市,脱离农村生活的现实,在耗费了大量的农村资源后,其结果只能是为城市输送了个别精英而已②。这样一来,基础教育并没有给予那些被筛选下来的绝大多数学生在农村环境下生存与发展所必需的知识和技能。这些接受完基础教育的农村孩子基本上处于一种社会"边缘人"的状态,因为他们既不甘心在农村务农,又缺乏在城市就业的机会和能力。

值得关注的是农村义务教育在新课程改革中的边缘化问题非常突出。尽管国家持续不断地加大对农村教育的投入,但是许多农村地区的师资水平和办学条件依然很差,甚至有的农村义务教育根本得不到保障。可是,在新课程的实施过程中,农村义务教育却盲目地照搬城市的模式,坚持"校本课程的开发、研究性学习、信息技术和学科课程的整合以及课程改革中的社区服务与专家引领"等理念。这对很多农村中小学校来说,无异于东施效颦③。

总之,中国的教育水平存在极大的差距,不仅是城市和农村,而且尤其是东部大城市和西部贫困地区之间。农村师资力量薄弱、教育经费短缺、硬件条件不足等现实应该引起广大教育工作者的高度重视④。新课程改革是否会加剧农村教育的边缘化? 在农村实施新课程还存在哪些问题? 应该如何有效地应对? ……诸多问题需要我们客观地、辩证地、理性地思考与讨论,以指导和推进农村新课改的顺利实施。尤其是对广大农村地区课程改

①　鲍传友,2005.论现代视阈中的农村基础教育取向.教育理论与实践(3):28 - 31.
②　邬志辉,马青,2008.中国农村教育现代化的价值取向与道路选择.江苏教育研究(11):3 - 7.
③　同上。
④　张天雪,2008.基础教育改革论纲.重庆:重庆大学出版社:47.

革的扶持问题,有关部门要对农村教育的现状进行充分调研,针对农村教育的实际,无论是在政策还是物质条件的保障上都要向农村适当倾斜。

六、有效教学应充分发挥教师的指导作用,调动学生学习的主动性和积极性

教学方法包括教法和学法。教法和学法是一个问题的两个方面,它们既是对立的,又是统一的。教法和学法作为一对矛盾,一般来说,教师的教法居于矛盾的主要方面,起主导作用[①]。现代教学方法明确突出了学生的主体作用,认为教师的教法归根到底是通过学生主体活动来获得效能,主张把"教"建立在"学"的基础上,并在改进教法的同时,通过多种途径对学生的学习方法进行有效的指导与培养。"教学生学会学习"已成为教育面向未来的重要对策之一[②]。为了提高教学质量,教师必须进行有效教学。有学者指出,有效教学是指"教师遵循教学活动的客观规律,以尽可能少的时间、精力和物力投入,取得尽可能好的教学效果",并指出其三重意蕴:有效果、有效率、有效益[③]。有效教学首先取决于对课堂上应做什么作出正确的决定;其次取决于如何实现这些决定[④]。

为了改变"以教师为中心"和学生被动学习的局面,1992 年以后的教学大纲都把教师的"主导作用"改成了"指导作用",指明在教学过程中,教师的指导作用主要是引导和帮助学生学习英语。为此,教师不但要提高自己的语言素养,还要善于根据学生的年龄特征采用科学、有效的教学方法,排除他们在学习上的心理障碍,以调动他们的主动性和积极性。教师要面向全体学生,因材施教,发挥不同学生的特长,耐心帮助学习上有困难的学生。对学生的点滴进步要及时鼓励,使他们树立信心。对学生在口语实践中出现的小错误,不要有错必纠,以免挫伤他们的积极性。教师要指导和帮助学生养成良好的学习习惯,掌握有效的学习方法,培养自学能力。心理学研究中的发现表明:人是一种未完成的生命存在,它只有通过不断地学习才能完善自身[⑤]。

在传统的教学设计中,学生被置于被动地位,他们的主动性、积极性与

---

① 王炳照,2008.中国教育改革 30 年:基础教育卷.北京:北京师范大学出版社:154.
② 钟启泉,2003.课程与教学概论.上海:华东师范大学出版社:160.
③ 张璐,2000.略论有效教学的标准.教育理论与实践(11):37—40.
④ 中央教育科学研究所比较教育研究室,1990.简明国际教育百科全书·教学(上).北京:教育科学出版社:146.
⑤ 项贤明,2000.泛教育论.太原:山西教育出版社:366.

创造性没有得到重视。许多教师在备课时只注重"备教材"而忽视了"备学生",没有做到因材施教。英语教学的基本目的在于培养学生的交际能力。如果课堂活动缺乏学生的积极参与和主观能动性的发挥,那么,再好的教师及授课艺术也只能是"空中楼阁"。

建构主义学习理论奠基人让·皮亚杰(Jean Piaget)指出:知识既不是客观的东西,也不是主观的东西。它是个体在与环境交互作用的过程中逐渐建构的结果①。人类认知关系的建立是主体与外部世界之间在连续不断的相互作用过程中逐渐建立起来的一个结构的集合。众所周知,教与学的交互作用是教育的本质特征。在教学过程中,教师和学生是主体,学生是一个积极的探索者。教师的职责在于创设学生能独立探究的情景,而不是为他们提供现成的知识和答案。让学生主动、积极地参与到学习的过程中来,使他们成为知识的探索者。

诚然,语言学习是一门实践性很强的基础课程。因此,语言技能的掌握依赖于学生个体的实践。教师的教学效果在很大程度上取决于学生的参与程度和主观能动性的发挥。学习语言的最终目标是交际。为此,教师必须由传统的课堂"独奏者"向"伴奏者"转变。通过互动,使学生自主地探求知识以及自由地进行思考与创造,逐渐培养他们的学习独立性、自主性和创造性。因此,教师必须将因"材"施教与因"才"施教有机地结合起来,将教材内容按其重要性与难易程度划分为若干层次,并根据不同层次学生的学习能力提出不同的要求,使学生不再充当被动的知识接受者,使英语课堂不再是纯粹的填鸭场。

七、课程评价应体现多元化、过程性

随着教育评价朝着多元化方向发展,多元的教育评价成为人们关注的焦点。这具体表现为评价主体多元化、评价对象多元化、评价内容多元化、评价方式多元化、评价工具(评价方法)多元化、评价标准多元化以及评价过程动态化。评价的原则也更多地反映多元化的特点:一是评价是多角度的;二是评价要关注学生不同阶段的成长;三是评价要反映教学信息,尤其是学生的知识和技能在准真实情境中的运用;四是正式和非正式的评价同等重要;五是学生是主动的自我评价者。

通过考察教学评价的历史发展以及未来走向,我们可得到以下的一些启示:教学评价是不断发展与完善的;教学评价的完善与发展,是科学性与

---

① 皮亚杰,1990.皮亚杰教育论著选.北京:人民教育出版社:11.

教育性不断提高的过程，是辩证的多样综合的过程。作为新课程的评价理念而提出的过程性评价具有一定的导向性，其"过程"是相对于"结果"而言的。过程性评价不是只关注过程而不关注结果的评价，更不是单纯地观察学生的表现的评价。相反，过程性评价的一个重要内容在于关注教学过程中学生智能发展的过程性结果，如学生解决现实问题的能力，及时地对学生的学习质量水平作出判断，肯定成绩，找出问题。

过程性评价的功能主要不是体现在评价结果的某个等级抑或是评语上，更不是要比较与区分学生的态度与行为表现。从教学评价标准所依据的参照系来看，过程性评价属于个体内的差异评价，亦即一种把每个评价对象个体的过去和现在进行比较，或者把个体的有关侧面相互进行比较，从而得到评价结论的一种教学评价类型。评价的功能主要在于及时地反映学生学习中的情况，促使学生对学习的过程进行积极的反思与总结，而不是最终给学生下一个结论。

一方面，过程性评价非常关注学生的学习过程。学生在学习过程中常常采取不同的学习方式，而不同的学习方式必然又会导致不同的学习结果。现有的评价方法与评价工具，侧重于对学生的表层式学习方式所产生的学习结果进行评价与测量，对于那些由学生深层式学习方式所导致的学习结果则无法评判或不予关注，从而形成了评价中的死角。过程性评价非常关注学生在学习过程中所采用的学习方式，通过对学生学习方式的评价，将他们的学习方式引向深层式方向。因此，过程性评价很好地填补了上述评价的死角。例如，过程性评价中的学生自评和互评方法，可使他们逐步把握正确的学习方式，树立正确良好的学习动机，掌握适合于自身的学习策略，从而真正提高学习的效率。

另一方面，过程性评价也重视非预期的结果。学生的学习过程是丰富多彩的，不同的学生会因为有不同的学习经历，进而产生不同的学习结果。伯恩斯坦（B. Bernstein）就认为：整合课程使各种不同知识之间的界限变得模糊，学校知识和社会日常知识之间的界限也变得模糊，在教学中由于学生的权力增加而改变了原有的权威关系。这种课程使人们对于知识是如何被获得的形成了另外一个不同的概念，并且不太强调获得知识的状态，而更加关心建立知识的过程[①]。

可是，传统的以目标为导向的学业评价，将评价的目标限定于教育者认

---

① 麦克·F·D·扬，2002.知识与控制——教育社会学新探.上海：华东师范大学出版社：61-62.

为重要的范围之内,从而忽视了其他许多有价值的教育目标,以致削弱了评价导向的积极作用。与之不同的是,过程性评价将评价的目光投向学生的全部学习领域,主张凡是有价值的学习结果都应该得到肯定的评价,无论它们是否属于预定的目标范围之内。这样一来,不仅大大提高了学生的学习积极性,而且也使学生学习经验的丰富性大大增强。这才是现代教学所期待的最终目标。诚然,过程性评价也会对学生学习的结果进行评判,但它与传统评价的不同之处就在于这里的结果是指过程中的结果,而且这里的评价标准也不是事先预设的,而是目标游离和价值多元的。事实上,学生的一些非正式学习活动,像看电视、与人聊天、浏览网页等都可能引起他们一些新的思考。这些新的思考往往会成为一种新思想或者新发现的重要来源。因此,在某种意义上,重视对学生学习过程的评价常常会给我们带来很多意外的发现和收获。

总之,多元化、过程性评价的开展对激发学生的学习兴趣和教师的工作热情以及提高教学质量无疑具有重要的意义。

八、教师培训应坚持规范化原则,重视校本培训

师资培训是教师理解新课程、走进新课程、提高新课程实施能力的一个基本途径。一般而言,教师观念的转变以及对教材与课程标准的理解与把握,更多地有赖于教师培训工作。教师进修是教师获得与教育有关的技巧、态度、信念、价值、理念、知识构思和行为习性的连续过程[①]。可是,令人遗憾的是,新课程实施以来,教师的培训跟不上新课改的要求。这主要表现在以下几个方面:

第一,农村学校普遍存在着培训不到位的现象。一方面是由于农村学校有些校长对教师培训的重要性认识不到位,对培训支持不够,因为他们所在学校的教师是"包班教学",即该班的所有学科都由一个教师来承担,一个班只有一名教师。如果这名教师外出学习,就会影响到校内教学。另一方面是由于继续教育经费的投入严重不足,教师培训缺乏针对性与实效性,完全流于形式。校本培训也由于缺乏课程资源与学科带头人而收效甚微。除此之外,也由于地域局限,有些偏远地区的学校的课程改革工作严重缺乏上级教育部门及时、有效的指导。与此同时,教师缺少课改中的过程培训。如果说教师上岗前的培训是"未雨绸缪",那么上岗后的过程培训则是"雪中送炭"。但是,教师享受雪中送炭的机会太少。教师在岗前培训中学到的理论

---

① 张维仪,2000.教师教育——改革与发展热点问题透视.南京:南京师范大学出版社:86.

一旦涉及课堂实践,便又产生了新的问题,这些问题若不能及时得到解决,往往会出现穿新鞋走老路的局面。

第二,新课程师资培训重知识轻情感,存在着一种片面的功利性思想。培训注重机械地灌输知识,而对课改的深层的经济文化背景剖析不够,轻视或忽视对被培训者的情感渗透,致使部分被培训者对课改的体会不深,认识不高,理解不透,热情不够,使命感不强。相当一部分培训视教师为"新课程的接受器①",只向他们灌输新课程的知识,并把这些知识作为推行新课程的手段,忽视了新课程师资培训的态度与情感目标。

第三,重理念轻案例,重证书轻实用。新课程师资培训主要采用理论学习的方式。培训的理念阐述过多,有空对空的感觉,运用实际案例引领的较少,即使运用,也是一些极端的案例,不注意筛选,不具有典型性。同时,推崇校外培训,对校内培训重视不够。有些校外培训集中一段时间后人手一张结业证书,至于培训的效果则无人问津,对培训工作对实践的指导作用和被培训者的素质提高情况更是缺乏追踪研究。有些培训表面上轰轰烈烈,实际上收效甚微,既耽误了时间又浪费了人力、物力。

第四,教师主体性失落。在培训教学中,培训者往往忽视教师的主体性,没有考虑教师的需求,没有引导教师主动选择和参与培训活动。培训者站在高处俯视着教师,认为教师只是一个知识的接受者,储存他人观念的容器。具有讽刺意味的是:基础教育要求突出主体性教学,但教师的主体性问题却因此陷入了无人问津的盲区。

第五,教师培训不规范。这表现在要么培训课程的设置比较随意,缺乏系统性,要么培训课程过分强调课堂教学的操作细节,缺乏发展性与挑战度。一些培训机构所开设的培训课程缺乏一定的针对性与实效性,对培训对象的基本情况和基本需求缺乏认真的思考和深入的调研,如某县举行了一次关于学校管理方面的培训,不知是该地教师的积极性高,还是主办者在发通知时扩大了范围,前去参加培训的绝大多数是普通教师;而该县举办的另一场课堂教学培训,前去参加培训的却多是一些校领导,不是校长就是教研室主任。除此之外,一些地方甚至还出现了培训内容重复的现象②。

为此,新课程师资培训应坚持"校本培训"模式。因为由专门的师训机构来完成教师培训工作,既存在突出的工学矛盾,又无法满足教师参与课程改革过程中不同阶段的不同需求,并且这种集中式培训的效果要迁移到具

① 杜志强,靳玉乐,2005.新课程师资培训的问题与对策.课程·教材·教法(5):79-83.
② 张晓凤,2007.论农村教师新课程培训.成人教育(2):83-84.

体的教育教学实践活动中,尚有一定难度。教师的教育教学实践能力还必须在学校的实际工作中形成和发展。在集中式培训的基础上,把工作重点放在各学校,由各学校结合实际情况,开展"自修—交流—反思—实践—评价"的多层次、多渠道、全员性的校本培训。

《普通高中英语课程标准(2017 年版 2020 年修订)》明确提出要"加强师资培训,提供经费、时间等多方面的支持"。课程标准能否得到有效实施,很大程度上取决于英语教师对课程标准的理解和执行。因此,相关行政部门和教学负责人应定期组织教师学习本课程标准的理念、目标和内容要求,学习英语学习活动观及教学操作,了解必修课程和选择性必修课程的学时安排、学习内容和学业质量水平等要求,指导教师帮助学生恰当、理性地选择和安排选择性必修和选修课程。学校应积极鼓励、合理安排教师的进修活动,为教师参加有关课程标准的研修班、讲座、培训等提供全方位的支持。同时,对教师特别是边远地区的教师要开展现代信息技术的培训,帮助他们了解、学会使用和熟练掌握现代信息技术。此外,学校还要挖掘校外资源,聘请高校的专家、学者,吸收社会力量,采取请进来或走出去的培训模式,共享社会资源,积极组织教师开展基于课题的校本研究,解决教学中的实际问题,分享教学经验,积极推广教师在培养学生英语学科核心素养和落实立德树人根本任务方面的成功案例和经验①。

第三节　基础教育英语课程改革的展望

一、基础教育发展的趋势

(一)基于素质教育的终身教育理念愈加坚定

1968 年终身教育理论的倡导者保罗·让·郎格朗在其专著《终身教育导论》中率先提出了"终身教育"的概念。他指出:我们所说的终身教育是一系列很具体的思想、实验与成就,换言之,它是完全意义上的教育,包括了教育的各个方面和各项内容以及从一个人出生的那一刻起一直到生命终结为止的所有不间断的发展②。终身教育思想主张将教育贯穿于人的一生,

---

① 中华人民共和国教育部,2020.普通高中英语课程标准(2017 年版 2020 年修订).北京:人民教育出版社:114 - 115.
② 保罗·朗格让,1988.终身教育导论.北京:华夏出版社:86.

强烈要求冲破传统教育不合理的僵化体制,利用现代社会中一切可资利用的教育资源,满足一切学习需求。终身教育是一种完全意义上的教育,因为它是个人一生的教育机会与社会的教育机会的统一,是一切教育机会的统一。按照赫梅尔的观点,终身教育是"可以与哥白尼学说带来的革命相媲美"的一种学说。这种评价正确而又客观地揭示出了终身教育在世界教育思想史上所具有的历史地位[①]。

基础教育是为学生的发展打基础的课程。它应该促进学生如下能力的发展[②]：第一,学会认知(learning to know),学会认识自然、认识社会、认识自身的能力。学会认知既是一种手段,又是一种目的。作为手段,它应使每个人学会了解他周围的世界,至少是使他能够有尊严地生活,能够发展自己的专业能力和进行交往；作为目的,其基础是乐于理解、认识和发现。第二,学会共同生活(learning to live together),即学会理解和尊重他人、学会合作、交流、沟通,学会与自然、社会的和谐相处。第三,学会生存(learning to be),发展学生的个性,增强他们以自主性、创造性和责任感来行动的能力。第四,学会终身持续发展(learning to develop sustainably all life),能适应并掌握变化,不断学习、创造,持续不断地终身发展。

卡夫曼[③](Draper Kauffman)认为未来导向的课程应该包含六个方面的能力：① 获取信息；② 清楚地思考；③ 有效交流；④ 理解人类的环境；⑤ 理解个人和社会；⑥ 提高个人能力。决定人类命运的最重要的因素是人的素质,不仅是精英人物的素质,更是几十亿普通地球居民的平均素质。因此,未来基础教育应坚持以素质教育为基础的终身教育理念。素质教育旨在克服以片面追求升学率为标志的"应试教育"的弊端。"面向全体学生,全面提高学生的基本素质"是素质教育的目的,"注重开发受教育者的潜能,促进受教育者德智体诸方面生动活泼地发展"是其基本特征,全面性和全体性是其核心[④]。所谓全面性,是针对素质教育的内容而言的,具体体现为受教育者德、智、体、美、劳诸方面的基本素质。所谓全体性,是针对素质教育的对象而言的,即素质教育应面向全体学生,而不是部分或少数学生。

21 世纪是以信息技术和生物技术为主要标志的时代,终身教育的内涵又发生了变化。一方面,生物技术的应用使人的寿命大大延长,同时进一步

---

① 顾明远,孟繁华,2001.国际教育新理念.海口：海南出版社：37.

② 联合国教科文组织总部中文科,1996.教育——财富蕴藏其中.北京：教育科学出版社：76.

③ Ornstein A C, Hunkins F P, 1988. Curriculum: Foundations, Principles, and Issues. Prentice Hall: 332.

④ 崔相录,1998.第四讲 素质教育的历史考察.湖南教育(4)：6-9.

揭示了人脑活动的机理,为人的智力开发提供了科学依据,终身教育的内涵更为宽广,现代的生物技术的成果又可以促进终身教育的发展;另一方面,科学技术是双刃剑,日新月异的科技发展也会给社会伦理道德诸多方面带来巨大影响,教育要解决的问题更多更大,教育必须是终身化的。

基础教育是国民素质的奠基工程,承担着教育既要瞄准知识经济的需要培养高素质尖端人才,又要为农业经济、工业经济培养合格的人才和建设者的重任。因此,未来基础教育有必要坚持以素质教育为基础的终身教育理念。终身教育也必将使教育最终摆脱因制度化、标准化带来的形式主义的影响,使教育的各个方面越来越同人的本质相联系,从而使教育趋向人格化。

(二) 以人为本贯穿始终

以人为本是科学发展观的核心。众所周知,科学发展观运用于基础教育,要求我们在教学中始终坚持"以学生及学生的发展为本",运用统筹兼顾的方法促进广大学生在知识与技能、过程与方法、情感态度与价值观三个维度方面的全面协调与可持续发展。学生的发展既指全体学生的发展,也指全面和谐的发展、终身持续的发展、主动活泼的发展。课程设计的根本目的在于育人。育人首先要掌握学生生理、心理发展的规律和个性差异。因为学生身心发展规律和个性差异程序设计之间具有必然的本质性联系。这主要表现在三个方面[①]:一是从青少年心理发展的内因看,课程设计必须反映青少年已经达到的知识、智力水平和可能产生的学习新事物的动机、兴趣和需要;二是从青少年认知发展的过程看,教材的体系要反映青少年心理发展的顺序性。唯有如此,才能使学生不断学习新知识,提高认知能力;三是从学生的年龄特征和个性差异看,课程要反映学生心理发展的阶段特征。学生的年龄特征和个性差异是学校开设必修课和中学开设选修课的重要依据之一,课程既要体现统一性,又要表现多样性。同时,中小学教材内容的组织和教材体系的确定也要反映学生心理发展的阶段特征。

课程与学生之间是相互依存、相互制约、彼此促进的关系。课程的设置必须符合学生心理发展的规律与水平,课程在实施中应能促进学生生动活泼、全面和谐地发展。学生的发展有赖于课程的指引。首先,学生对课程的需要是全面的。一方面,学生个体的发展对课程产生的全面需要,包括健身

[①] 宋桂月,金莺,2002.全日制义务教育普通高级中学英语课程标准教师读本.武汉:华中师范大学出版社:9.

的需要、认识自然与社会的需要、审美的需要、交往的需要、了解自我的需要、劳动的需要以及升学与就业的需要等；另一方面，学校课程的设置、各类课程标准的制订和各级各类教材的编写均须满足学生身心发展的需要。其次，学生对课程的需要是有层次的。这体现了学生身心发展的阶段性、连续性和个性差异性。再次，学生对课程的需要是十分具体的。如教材内容的具体选择和具体编排、插图和练习等均应有助于充分调动学生学习的主动性，既要开发学生的智力，又能培养学生的动手能力，既要使学生的发展上一个新台阶，又不能超越学生的接受能力。可见，学生对于课程的意义怎样强调都不为过。

20世纪60年代以来，伴随着对"技术统治一切"的质疑，对各国进行的教育改革未能使学生和社会从当代的尖锐矛盾中解放出来的反思，人们逐渐打出了"人道主义的教育""反权威教育""个性化教育"等旗号。于是，首先在西方发达资本主义国家出现了与科学主义教育思潮相对的人本主义教育思潮。它以人本主义哲学和心理学作为共同的理论基础，重视人的尊严和价值，强调"以人为本"的教育思想，以人的发展为出发点和归宿①。人本主义教育突出人的主体地位，重视人的个性，要求设置全面的教育内容，强调情感的教育价值，注重良好师生关系的形成等观念，对克服传统教育的弊病具有重要的现实意义。

人既具有社会属性，又具有自然属性，是社会属性和自然属性的统一体。人的发展与社会、自然的发展息息相关、密不可分。因此，基础教育课程改革应该始终把"以学生及学生的发展为本"作为基本的课程理念与价值取向，这是建立在马克思关于人的全面发展学说的基础之上的。马克思主义关于人的全面发展理论强调人的发展与社会生产发展相一致，强调人的个性与自由的发展，离开了个性发展和自由发展，就谈不上全面发展。人是社会的人，社会是人的社会，人的发展离不开社会的发展，社会的发展也离不开人的发展。因此未来基础教育发展必将贯彻以人为本的方针。

（三）课程与教学改革不断深化

课程与教学的改革是整个教育改革的核心，任何国家的教育改革都无法回避课程、教学领域的革新。因此，加快课程改革，优化教学过程，确立适应时代要求的课程与教学体系，是各国面临的共同教育课题②。自党的十

---

① 张人杰，1997.中外教育比较史纲：现代卷.济南：山东教育出版社：45.
② 钟启泉，2003.课程与教学概论.上海：华东师范大学出版社：167.

一届三中全会以来,我国已经走过了40年波澜壮阔的改革开放历程。在这40年间,我国中小学课程与教学伴随着整个社会的历史变迁,发生了翻天覆地的变化,取得了令人瞩目的成就。改革开放40年,中国不断走向世界,世界日益影响中国,中国和世界的联系更加紧密。

我国40年的课程与教学改革,是全球教育改革的重要组成部分,同时又深受世界教育改革理论和行动的影响。一些国际上普遍认可的先进教育理念,如学会认知、学会做事、学会共处、学会生存的理念,在我国得到了广泛传播,并在教育实践中发挥着积极的影响;有些教学改革项目直接推广到我国中小学,如法国的"做科学"项目;有些教学理论经过改造加工,成为我国课程与教学的具体元素,如布鲁姆的"掌握学习"理论和教育目标分类学。因此,积极学习和借鉴国际教育理论和实践探索的新成果,促进了我国课程与教学的发展变化,取得了可喜的成果。

在全社会持续不断的改革探索中,课程与教学也是积极的参与者和实践者。社会大变革赋予了课程与教学鲜明的时代气息,为课程与教学的发展设定了独特的社会条件。首先,全方位的改革探索培育了大胆改革、积极进取的时代精神,创造出了一种求新求变的社会氛围,为课程与教学改革探索营造了有利的心理环境。其次,持续不断的改革有效解放了社会生产力,创造了大量的物质财富,为课程与教学的发展提供了坚实的物质保障。再次,改革探索引发的新问题、新矛盾也为课程与教学的发展提供了动力。

纵览我国40年课程与教学的改革探索,从"传统教育"到"现代教育",从"应试教育"到"素质教育"的大转变中,大体可以归纳出如下四条贯彻始终的思想线索[1]:一是"科学主义"与"人本主义"之争;二是古今中外之争;三是坚守完善与贬斥突破学校教育之争;四是现代教育与后现代教育之争。不管是目标体系的变革,抑或是教学体系、课程体系以及评价体系的变革,都要求教育要有利于促进课程和教学的现代化,要主动地适应社会的发展。改革开放至今各个阶段的课程与教学改革都是在我国经济与社会发生重大变革的环境中孕育而生的。第一次是在"文化大革命"之后拨乱反正的伟大社会变革和全党工作重心转向以经济建设为中心的历史条件下出现的;第二次改革是在我国经济体制、政治体制改革提上日程,经济稳步发展的背景下产生的;第三次改革是在物质与精神文明建设取得巨大成就,知识经济初见端倪,国际综合国力竞争对人才素质的要求凸显出来的背景下产生的。

---

[1]　王本陆,2009.中国教育改革30年:课程与教学卷.北京:北京师范大学出版社:28.

旨在全面推进素质教育的新一轮课程改革无论在广度还是在深度上，均是前所未有的。这次改革，步伐之大，速度之快，难度之大，都是新中国成立以来历次改革所不可比拟的。它将实现我国中小学课程从学科本位、知识本位向关注每一个学生发展的历史性转变。

诚然，随着社会的不断发展，教育必将继续走适应社会发展的道路，课程与教学改革也必将不断深入下去，永不停止。

（四）教育均衡发展更加迫切

当前，我国基础教育的均衡发展要求与教育发展不平衡的矛盾非常突出。这一问题不解决，基础教育的发展必将困难重重。基础教育均衡发展是指在教育公平原则支配下，国家与各级政府及教育部门制定的有关基础教育的政策、法律和法规等都要体现教育均衡发展的基本思想，而且全国不同地区之间、城乡之间、学校之间以及群体之间的各种基础教育资源都必须均衡配置。各级学校以及教育机构，在各种具体的教育教学活动之中，要为每一个受教育者提供均衡的教育和发展的机会①。具体来说，教育资源配置均衡指教育的"硬件"配置（如校舍、教学实验仪器设备、生均教育经费等）和"软件"配置（如教师、图书资料等）均衡；教育目标均衡指学生在德、智、体、美、劳等方面均衡发展与全面发展；教育功能均衡指教育所培养的劳动力，在总量与结构上与经济及社会的发展需求达到相对的均衡。

概括地说，基础教育的均衡发展主要表现为：入学权利和入学机会实现均等发展；区域间实现均衡发展；城乡间实现均衡发展；学校间实现均衡发展；学生间实现均衡发展；不同类别、不同级别教育间实现均衡发展；教育质量实现均衡发展等。可见，基础教育均衡发展的基础就是学校的均衡发展，因为学校是实施教育教学的基本单位。基础教育均衡发展的终极目标就在于合理配置教育资源，力争办好每一所学校和教好每一个学生。

一直以来，我国基础教育存在地区之间差异较大、发展极不平衡的严重问题。由于我国地域辽阔，自然条件差异明显，民族众多，社会经济发展水平和文化教育发展极不平衡，地区差异很大。我国西部广大地区基础教育水平与东部和沿海地区相比，各方面都存在很大差距，即使在西部地区内，城市与边远地区之间、学校之间的差距也很大。在广大的西部地区，受当地社会经济文化教育发展水平落后的制约，交通不畅，与外界的接触不多，很

---

① 黄志坚，2007.谈基础教育的均衡发展.青年教师（8）：6-9.

多学生缺乏学习的内在和外在动力及条件。在师资队伍的水平上,西部地区特别是边远民族或多民族聚居区的学校,教师的学历层次低、教学观念封闭落后、教学方法陈旧。在教学条件和教学资源的利用上,西部地区的大多数学校也存在极大的差距。因此,在目前实行全国统一的课程标准、统一教材、统一的测试评价要求下,要使西部地区的基础教育水平赶上全国发展水平,难度是非常之大的。必须加大教育投入的力度,采取各种有效措施,制定出相应的扶持政策,提高师资队伍水平,才能尽快提高西部地区的教学水平,使之能适应我国经济发展的需要。

教育一般包含精英教育、大众化教育和普及教育三个发展过程与发展阶段。就基础教育而言,我国已基本普及九年义务教育。从教育均衡发展的阶段性特点来看,比较容易的阶段是普及阶段,而从大众化阶段向普及阶段迈进并基本实现普及阶段的目标是实现教育均衡发展的最佳时期[1]。在实现了普及并进入巩固提高的阶段后,一些经济条件和办学条件较好的地方与学校又会有新的发展愿望和要求。这样在普及阶段大大缩小了的教育差距又会重新出现扩大的趋势。因此,在推进教育均衡发展的过程中,一定要把握好不同阶段的特点,并采取相应的对策。

总而言之,教育均衡发展既是一种理想,更是符合我国当前基础教育现实需要的一种发展策略,也是教育改革及其发展的基本价值取向。因此,以科学的发展观为指导推进基础教育均衡发展,必然成为未来我国基础教育领域要重点解决的战略任务。

二、英语课程改革的方向

(一)课程目标更注重整体化,培养学生综合语言运用能力和核心素养

社会生活的信息化和经济的全球化,使英语的重要性日益彰显。作为最重要的信息载体之一,英语已经成为人类生活各个领域中使用最广泛的语言。许多国家在基础教育的发展战略中,也都把英语教育作为公民素质教育的重要组成部分,并将其摆在了突出的地位[2]。作为基础教育阶段的必修课程,英语课程的学习,不仅是学生通过学习与实践活动,逐步掌握英语知识和技能,提高语言实际运用能力的过程,也是他们拓宽视野、陶冶情操、磨砺意志、丰富生活经历、开发思维能力、发展个性以及提高人文素养的

---

① 黄志坚,2007.谈基础教育的均衡发展.青年教师(8):6-9.

② 中华人民共和国教育部,2002.全日制义务教育普通高级中学英语课程标准.课程教材教学研究·中教研究(1):18-20.

过程。我国基础教育阶段英语课程的主要任务在于激发和培养学生英语学习的兴趣，养成良好的学习习惯并形成有效的学习策略，发展自主学习的能力和合作精神，使他们树立自信心；使学生掌握一定的英语基础知识和听、说、读、写技能，并形成一定的综合语言运用能力；培养学生的观察、记忆、思维、想象能力和创新精神；帮助学生了解世界及中西方文化的差异，拓宽视野，培养他们的爱国主义精神，形成健康的人生观，为他们的终身学习和发展打下良好的基础。

基础教育阶段英语课程的目标将继续采用国际通用的分级方式，遵循语言学习的基本规律与不同年龄阶段学生身心发展的特点，将小学、初中、高中甚至是大学各阶段有机地衔接起来进行整体的设计。以学生语言知识、语言技能、情感态度、学习策略和文化意识等的发展作为基础，培养学生的英语综合运用能力以及跨文化交际的能力。学生综合语言运用能力的形成应该建立在学生语言知识、语言技能、情感态度、学习策略与文化意识等整体发展的基础之上，与此同时，要正确处理好以上五个方面之间的关系。其中，语言知识和技能是综合语言运用能力的基础，文化意识则是得体运用语言的保证，情感态度是影响学生学习与发展的重要因素，学习策略是提高学生学习效率、发展他们的自主学习能力的保证[①]。这几个方面相辅相成，共同促进学生综合语言运用能力的形成。

美国哈佛大学教授、发展心理学家加德纳在 20 世纪 80 年代提出了著名的多元智力理论。这一理论认为，就其基本结构来说，智力不是一种能力而是一组能力，是多元的，而且这组能力中的各种能力不是以整合的形式存在，而是以相对独立的形式存在。根据加德纳的多元智力理论，人的智力领域是多方面的，每一个体的智力都具有自己的特点以及独特的表现形式，个体智力的发展方向及程度均受到环境与教育的影响与制约。现实生活中人们在解决实际问题时所需要的智力也是多方面的，需要每个人都充分利用多种智力来解决各自面临的各种实际问题。因此，加德纳的多元智力理论为我们促进学生的全面发展提供了一个理论上的新支点。我们的学校里再也不能片面地向学生展示某几个智力领域了，相反，我们向学生展示的智力领域应该是全方位的，是能够在真正意义上促进学生全面发展的。教育要促进学生的全面发展，这要求我们教育工作者：第一，课堂中基本知识与基本概念的教学应该涉及多个智力领域，要充分调动

① 中华人民共和国教育部，2001.全日制义务教育普通高级中学英语课程标准（实验稿）.北京：北京师范大学出版社：6.

学生的多方面智力潜能,从不同的角度、通过不同的活动帮助学生理解与学习,提高教学活动的质量。当然,具体到每一教学活动是否应该涉及某一智力领域以及如何涉及某一智力领域应取决于该智力领域是否有助于学生对概念的理解与对知识的把握。第二,重新思考与设计课外教育教学活动。我们的课外教育教学活动可以根据知识范畴或者智力领域的不同划分成不同的兴趣小组,且不同兴趣小组的活动时间应尽量错开,从而使得学校的教育教学活动可以向学生展示多方面的智力领域,在真正意义上促进学生的全面发展。

　　未来英语课程目标的设计必须既遵循语言教学的一般规律以及不同年龄阶段学生生理和心理发展的需求与特点,也要考虑到我国地域辽阔、民族众多以及各地经济与教育发展极不平衡的具体国情,更加注重英语课程的整体性、灵活性以及开放性,致力于培养学生的综合语言运用能力与跨文化交际的能力。

　　《义务教育英语课程标准(2022 年版)》明确提出"加强单元教学的整体性,发挥核心素养的统领作用"。英语课程以习近平新时代中国特色社会主义思想为指导,全面贯彻党的教育方针,落实立德树人根本任务,以培养有理想、有本领、有担当的时代新人为出发点和落脚点。围绕核心素养确定课程目标,选择课程内容,创新教学方式,改进考试评价,指导教材建设,开展教师培训①。推动实施单元整体教学,教师要强化素养立意,围绕单元主题,充分挖掘育人价值,确立单元育人目标和教学主线;深入解读和分析单元内各语篇及相关教学资源,并结合学生的认知逻辑和生活经验,对单元内容进行必要的整合或重组,建立单元内各语篇内容之间以及语篇育人功能之间的联系,形成具有整合性、关联性、发展性的单元育人蓝图;引导学生基于对各语篇内容的学习和主题意义的探究,逐步建构和生成围绕单元主题的深层认知、态度和价值判断,促进其核心素养综合表现的达成②。

　　核心素养是 21 世纪以来许多国家和组织为培养适应未来竞争的人才提出的教育目标。未来课程改革应以核心素养为导向,发挥素养对于英语课程的统领作用。课程目标的设定、课程内容的选择、教学方式的创新均以发展学生的核心素养为目标。同时,以培养学生核心素养为目标的课程要

---

① 中华人民共和国教育部,2022.义务教育英语课程标准(2022 年版).北京:北京师范大学出版社:2.
② 同上,第 47—48 页。

求强化学科内知识整合，强调有意义的教学，强调加强课程内容与学生经验、社会生活的联系①。

（二）课程内容更注重生活化，关注学生人文素养

英国教育家怀特海（A.N.Whitehead）就曾说：教育只有一种教材，那就是生活的一切方面②。课程生活化意味着课程要直接面向社会，与生活融为一体，不仅使课程与学生生活与现实社会实际之间保持密切的联系，而且使实践与生活成为学生个人发展的活的源头。未来的课程教材将继续并愈发强调知识的应用，更加强调知识来源于生活与社会的实际需要，进一步删减那些在社会生活中用处不大同时偏难偏深的学习内容，进一步增加面向生活和面向社会的学习内容，进一步强化 STS（科学—技术—社会）课程设计思想。正如美国教育家杜威所言：学校必须呈现现在的生活——即对于儿童来说是真实而生机勃勃的生活。像他在家庭里，在邻里间，在运动场上所经历的生活那样③。教材脱离学生生活，就仿佛让学生"在他正在尝试着某些完全不同的东西的时候，却吞下与消化一口不可口的食物④"。我国著名教育家陶行知曾提出"生活即教育"的重要思想，认为教育要通过生活才能迸发出力量，成为真正的教育，课堂教学和生活有着密切的联系，生活既是课堂教学的起点，也是课堂教学的归宿。只有让英语走进生活，生活才会让英语教学大放异彩。因此，我们的课程内容应尽量让学生在日常生活实践中体验到学习英语的快乐。

随着社会生活的不断进步和发展，英语与人们生活的关系越来越紧密，社会是学习英语的大课堂，学习英语不能脱离生活，要强调英语教学和社会生活接轨，引导学生学会用所学知识为自己的生活服务，培养他们的自主创新意识，让他们感受到英语学习充满生活气息，真正调动学生学习英语的热情。新课程强调学生要会用英语做事情，在做事情的过程中发展语言能力、思维能力以及交流和合作的能力，让现实生活与英语的联系进一步密切，让学生通过课外活动观察与体验生活中的英语。课外活动形式很多，而且因为其生动活泼，寓教于乐，往往深受学生的欢迎。如果英语学习能与真实的丰富多彩的课外活动相结合，那么学生就能接触到更贴近现实生活、学习实

---

① 王卉，师曼，苏涵仙，等，2022.《义务教育英语课程标准（2022 年版）》解读（笔谈）.湖南第一师范学院学报（3）：21-31.

② 华东师范大学教育系，杭州大学教育系，1980.现代西方资产阶级教育思想流派论著选.北京：人民教育出版社：116.

③ 杜威，1994.学校与社会；明日之学校.北京：人民教育出版社：6.

④ 杜威，1994.学校与社会；明日之学校.北京：人民教育出版社：130.

际以及贴近时代的信息资源。

英语教学的特点之一是要努力使学生直接体验语言与运用语言,尽可能多地让他们以不同形式,通过不同渠道接触与学习英语。学校是学生学习的最主要场所,校园语言环境也应该成为学生学习英语的重要课程资源。要重视校园生活化英语语言环境的软硬件建设,因地制宜地营造一个让学生随时随地能接触英语的良好环境,使校园成为广大学生学习英语的有效场所。课堂是学生进行各种学习活动的主要阵地,让教室的每一件物品、每一个角落和每一面墙壁都会"说"英语,这种"拟人"的教室环境无疑会增强学习氛围,激发每个学生的学习热情。例如,我们可以把黑板上固定的一角设为"英语角",因为黑板是教师每日向学生传授知识的主要工具之一。开始的时候,由教师提供一些学生比较感兴趣的信息,以后慢慢地可以交给学生自己来做。这样一来不仅能调动学生学习英语的积极性,还可以让学生体会到用英语做事的乐趣和成就感;同时,教师还可以带领学生一起布置教室,如在学生容易看到的地方贴上一些警示性的英文标语,在一些常用物品上贴上英文标签,在墙壁上贴一些有激励性的英文谚语,把学习园地布置为英语小擂台,让学生在良性竞争的氛围中产生学习英语的兴趣和动力。

在日常的英语教学中,我们习惯于在"英语知识和技能"的范围内规划我们的一切教学活动,缺乏对学生"生活世界"的关注,缺乏现实感和生活感,学生的生活,学生的快乐,学生是否学以致用一概不知,学生对英语课缺乏兴趣,甚至厌倦,这就使得我们的英语教学变得越来越孤立,越来越不利于学生的终身发展。事实上,生活能使学生领略到英语的无穷魅力,强化学生学习英语的成功感,英语则可以有效拓宽学生的生活空间,扬起学生追求生活的热情。"生活化"的英语课程能引领学生进入丰富多彩的英语世界,让英语融入学生的日常学习生活,从而实现英语教学效果的最优化。

同时,英语课程更应该关注学生的人文素养。人文就是人类文化中的先进部分和核心部分,即先进的价值观及其规范。其集中体现是,重视人、尊重人、关心人和爱护人。简而言之,人文,即重视人的文化。人文的核心是"人",以人为本。这就是我们常常说的人文关怀、生命关怀。人是衡量一切的尺度,在人世间的各种权利,只有人权是天赋的,生来具有的,不可剥夺也不可代替的。承认人的价值,尊重人的个人利益,包括物质的利益和精神的利益。当我们谈到教育的时候,无论是教育工作者还是非教育工作者,都有一个同感,我们的教育太缺乏人文了。一个人的精神世界有三大支柱:科学、艺术、人文。科学追求的是真,给人以理性,科学使人理智;艺术追求的是美,给人以感性,艺术让人富有激情;人文追求的是善,给人以悟性,人文中的信仰使人虔诚。科学强调客观规律,艺术更注重主观情感;科学讲的是理性,艺术更富于情感;科学是根据事物的普遍性处理事物的特殊性;艺术是根据事物的特殊性去处理事物的普遍性。人文则既有深刻的理性思考,又有深厚的情感魅力。一个人的精神世界,不能没有科学,也不能没有艺术,更不能没有人文。提高人文素养不但有利于科学作用朝着更有利于人类的方向发展,而且还更有利于科学自身的发展,因为,人文知识使人更高尚、更聪明和更富有智慧①。正因为如此,我们的基础教育课程改革应该更加关注对学生人文素养的培养。

（三）课程实施更注重实效性,促进师生共同发展

21 世纪人类进入了以知识创新为灵魂和以高科技发展为特征的知识经济时代。它使当代知识领域发生了前所未有的变化。例如,新的学科不断形成,知识门类大量涌现,知识总量迅猛增长,知识更新的周期则大大地缩短。所有这些变化促使人们为生存而必须进行终身学习,即活到老,学到老。

同时,21 世纪是网络信息化的时代。日新月异的信息技术带来了极大的存储功能以及方便快捷和准确的查询功能,使得知识信息的传播、存储与检索工具发生了革命性变化。人们对知识的拥有不在于记住了多少知识,而在于收集信息、分析信息和利用信息能力的高低。未来学家认为,将来的文盲不再是目不识丁的人,而是一些没有学会学习方法、不会自己钻研问题和没有预见力的人。因此,致力于培养学生获取信息的能力与创造能力成为当今世界教育的重要任务。与此同时,时代的发展也促使世界教育变革呈现出一个重要的趋势,那就是由单纯重视"教"变为同时重视"学",学习问题成为现代教育的核心问题之一②。

1996 年,国际 21 世纪教育委员会在向联合国教科文组织提交的《教育——财富蕴藏其中》这一报告书中提出,教育应围绕四种基本学习来加以安排,这四种学习将是每个人一生中的知识支柱:学会认知是获取理解的基本手段;学会做事,以便能够对自己所处的环境产生影响;学会共同生活,以便与他人一起参加所有的活动并在其中积极开展合作;最后是学会生存③。由此可见,学习已经成为当今人们实现自我的重要途径。学会认知、

① 张楚廷,2000.教育论.长沙:湖南教育出版社:248.
② 袁振丽,2005.学习方式的转变浅析.教书育人(35):59 - 61.
③ 联合国教科文组织总部中文科,1996.教育——财富蕴藏其中.北京:教育科学出版社:83.

学会做事、学会共同生活和学会生存是当今时代对人的基本要求,也是我国在全面推进素质教育的过程中学校教育应该努力实现的培养目标。

学生学习方式的转变,促使教师改变其职能进而改变其教学方式。未来的学校必须把教育的对象变成自己教育自己的主体,受教育的人必须成为教育他自己的人,别人的教育必须成为这个人自己的教育,这种个人与他自己的关系的根本转变会成为今后几十年内科学和技术革命中教育所面临的最困难的一个问题①。教师应注重培养学生的科学思维品质,要随着学生学习方式的转变,重新构建旨在培养学生实践能力和创新精神的教学方式,鼓励学生对教师的超越和对书本的质疑,赞赏学生富有个性化的理解与表达,使学生在教师的引导下积极主动地学习,将学习变得更加丰富而有个性,能针对不同的学习内容,选择不同的学习方式,使学习过程成为学生不断提出问题和解决问题的探索过程。

没有最好,只有更好。从翻译法到直接法、听说法、视听法、认知法、交际法,再到任务型教学法,近百年来外语教学发展的历史表明,当今世界上并不存在外语教学的"最佳方法"。由于外语教学的各种流派的方法体系都有各自相对的优点与缺点,因此,一方面,我们应该运用历史与发展的眼光对各派的主张进行具体分析,吸纳它们的长处,为提高我国的外语教学质量,实现教学最优化服务。另一方面,我们应从实际出发,不断探索,走出一条适合我国国情的英语教学新路子。尤其在基础教育阶段选择英语教学方法时,我们应该注重以下几个方面:其一,在处理听、说、读、写四项技能的关系方面,教学的初级阶段应该以听说为主,并在听说的基础上培养学生读写的能力,在四会的基础上,侧重培养学生的阅读能力。其二,在处理语言基础知识与语言能力的关系方面,要以培养学生的语言能力为主,而且一开始就要注重培养语言能力。事实上,讲授语言基础知识也是为培养语言能力服务的。在培养学生运用语言能力的过程中,要兼顾语言的形式、语言所表达的内容以及语言的功能。其三,加强语言的实践性练习。练习主要是以有意义的交际性练习为主,以适量的机械性练习为辅,不仅要连贯还要有情境。其四,在学生掌握语言材料的过程中,注意发挥语言知识与学生智力的作用。随着学生学习的语言材料日益增多,就越有必要发挥这两方面的作用。其五,要充分利用信息化设备、手段和直观教具,用英语教英语,必要时适当利用母语。

总之,为适应社会的飞速发展,基础教育英语课程实施将更注重实际效

---

① 袁振国,2002.教育新理念.北京:教育科学出版社:187.

果,并致力于教师和学生的共同发展。

（四）课程评价更注重多元化,突出学生在评价中的主体地位

课程评价有广义和狭义之分。狭义的课程评价特指对课程计划、课程标准及教材在改进学生学习方面的价值作出判断的活动或过程；广义的课程评价即教育评价,是指按照一定的价值标准,通过系统地收集有关的信息,对教育活动中受教育者的发展变化以及构成其变化的诸种因素满足社会与个体发展需要的程度作出判断,并为被评价者的自我完善和有关部门的科学决策提供依据的活动。

1983年美国哈佛大学的发展心理学家霍华德·加德纳（Howard Gardner）在《智力的结构》一书中提出了多元智力理论。多元智力理论认为：每个人都同时拥有九种智力[①],只是它们在每个人身上以不同的方式、不同的程度组合存在,使得每个人的智力都各具特色。对学生的评价应关注其个体间发展的差异性和个体内发展的不均衡性,评价内容多元,评价标准分层,重视评价对学生个体发展的建构作用。多元智力理论倡导的评价思想为建立促进学生全面发展的评价体系提供了有力的理论依据与支持,对课程评价具有重要的启示：一是评价的标准具有多元性。不同个体在九种智力方面拥有的量各不相同,九种智能的组合与操作方式更是各不相同,因此,教学评价的尺度应该是多元的。二是评价的目的应该是为学生的发展提供契机。传统评价中,学生要尽力在他们可能并不擅长的学业领域中去适应评价的要求,而不能发展自己的优势智力。而课程的评价目的应在于通过识别学生的优势智力领域,为学生提供发展自己优势智力领域的机会。三是评价的来源应是学生的活动。传统评价中,决定学生优劣的往往只是一张各学科分数的成绩单,而多元智能理论认为,只有在社会生活和与社会环境的联系中,在问题情境或特色文化背景中,才会有某种智力的体现。所以,评价应立足于学生的学习活动,引导学生扩展学习的内容领域,开拓与多元化智力结构相匹配的学习活动。四是评价的核心是"全人观",即每个学生都能获得成功,每个学生都有自己的优势智力领域,每个学生的智力发展都贯穿于生命的全过程。五是评价的方式尽量采用档案袋和活动

---

① 传统的智力理论认为人类的认知是一元的、个体的,智能是单一的、可量化的,而霍华德·加德纳认为,智力是在某种社会或文化环境的价值标准下,个体用以解决自己遇到的真正的难题或生产及创造出有效产品所需要的能力。智力的基本性质是多元的——不是一种能力而是一组能力,其基本结构也是多元的——各种能力不是以整合的形式存在而是以相对独立的形式存在。九种智力指言语-语言智力、音乐-节奏智力、逻辑-数理智力、视觉-空间智力、身体-动觉智力、自知-自省智力、交往-交流智力、自然观察智力、存在智力。

法。单靠纸笔测验是很难测出学生的多元智能的,而档案袋和活动法则能从时间、空间两个方面记录和观察学生的表现。

因此,基础教育英语课程评价应重视综合评价,关注学生的个体差异,实现评价指标的多元化。学业成就曾经是考查教师教学业绩、学生学习效果以及学校办学水平的重要指标。在关注学生学业成就的同时,我们更应该关注学生个体发展的其他方面,如人生观、价值观、学习态度、分析与解决问题的能力以及创新精神等。评价要从过去考查学生学到了什么知识逐步转变为对学生学会学习、学会做人、学会合作、学会生存等方面进行综合的评价。在进行综合评价时,要特别重视学生的个体差异。只有对学生各个方面进行综合评价,才能准确、真实地反映学生的学业成就,才能使学生的个体差异得到发展。

此外,基础教育英语课程评价应强调参与及互动,实现评价主体的多元化。英语课程评价体系应使学生从被动接受评价逐步转向主动参与评价。目前世界各国的教育评价逐步成为由教师、学生、家长、管理者以及其他专业研究人员共同参与的交互评价的过程,这也是教育过程逐步民主化、人性化的体现。在这种新的评价体系中,最重要的特点在于学生成为评价主体中的一员。在评价主体扩展的同时,评价者与被评价者之间的互动也越来越得到重视。在民主、平等的互动中关注被评价者发展的需要,共同承担起促进他们发展的职责。学生成为评价的主体之后,他们将积极参与评价,并在评价过程中自我反思和自我教育,从而促进自我发展。多元化、互动的评价体系非常有利于参与评价的各方在相互沟通协商中,增进彼此的了解,形成积极、友好、民主、平等、和谐的评价关系,这将有助于评价者在评价过程中有效地对被评价者的发展过程进行监控与指导,帮助被评价者接纳与认同评价结果,促进其不断改进,获得不断发展。

《全日制义务教育普通高级中学英语课程标准(实验稿)(2001)》指出:学生是学习的主体,无论是教学还是评价都应该以学生综合语言运用能力的发展为出发点。评价应该有益于学生认识自我和树立自信;应该有助于学生反思与调控自己的学习过程,从而促进语言能力的不断发展。教师应该使学生认识到自我评价对于学习能力发展的重要意义,并学会自我评价的方法。在各类评价活动中,学生都应该是积极的参与者及合作者①。

---

① 中华人民共和国教育部,2001.全日制义务教育普通高级中学英语课程标准(实验稿).北京:北京师范大学出版社:37.

《义务教育英语课程标准(2011年版)》也强调要体现学生在评价中的主体地位，认为学生是学习的主体，也是评价的主体。评价标准的确定、评价内容和方式的选择以及评价的实施等均应以促进学生的发展为目标。

《普通高中英语课程标准(2017年版2020年修订)》明确提出要突出学生在评价中的主体地位，关注学生的全面发展和进步。学生既是学习的主体，也和教师一样同为评价的主体。评价目标和标准的确定、评价内容和方式的选择、评价方案的实施等均应以促进学生的英语学科核心素养发展为指向，应符合学生的心理和认知发展阶段及年龄特征，任务情境和活动内容应为学生所熟悉，并为学生提供充分的展示机会。

一句话，评价是英语课程的一个极其重要的组成部分。而突出学生在评价中的主体地位对于实现课程目标具有非常重要的意义。

三、基础教育英语课程改革的推进

（一）基础教育英语课程改革面临的困难

1. 教师专业水平不高

新一轮基础教育课程改革为中小学课程与教学带来了新的理念，也对教师提出了前所未有的崭新挑战，迫切要求转换教师角色、促进教师专业发展。新课程改革不仅要改变学生的学习生涯，而且也将改变教师的教育教学生涯。教师将在新课程中实现自身专业化的发展，教师的专业化的发展又将构成新课程实施的必要条件[①]。然而，当前教师专业化水平依然是课程改革的一个瓶颈。特别是，教师专业化水平的城乡差异、区际差异及校际差异依然存在。新课程改革使广大中小学英语教师面临以下几方面的挑战。

一是教育教学观念的更新。为了落实新课程改革理念，教师必须转变教育观念。教学中教师不仅要关注学生的语言学习，也要关注学生整体素质的发展，要把学生的全面发展作为教学的根本出发点。在教学策略上，教师要由注重知识传授向注重学生发展转变，由注重教师"教"向注重学生"学"转变，由注重结果向注重过程转变，由统一规格教育向差异性教育转变。此外，新课程还要求教师由面向少部分学生向面向全体学生转变，由片面的智力发展观向全面发展观转变，由教会学生知识向教会学生"会学"转变。

二是教师角色的转变。在新课程教学环境下，教师角色将由知识的传

---

① 刘捷，2002.专业化：挑战21世纪的教师.北京：教育科学出版社：35.

授者转化为学生学习的促进者,由教学管理者转化为学生成长的引导者,由居高临下转向"平等中的首席①"等。新的角色要求教师努力构建民主、和谐以及良好互动的师生关系与教学关系,让学生改变过去单纯接受式的学习状态,强调自主学习、合作学习和探究学习。教师要创设丰富的教学情境,指导学生开展好研究性学习,引导他们将知识转化为能力。新的课堂教学模式无疑使教师的知识结构、教学思想及教学行为处于一种时时面临挑战与激励的状态,需要教师不断更新知识与调整行为,才能尽快适应新课程的要求。

三是教学方式的革命。新课程提出了以人为本的教育理念。因此,在教学过程中教师应培养学生的独立性与自主性,积极开展探究性教学。教学要从学生的经验与体验出发,密切知识与生活之间的联系,引领学生不断深入地观察与体验真实的社会生活,使他们积极、主动地参与学校及社区的各种活动,使他们在实际活动中体验和发现并综合运用各种知识去解决各种问题,以提高学生参与社会的实践能力。新课程同时提倡交流与合作的学习,推进信息技术在教学中的广泛应用,鼓励计算机支持下的协同教学。因此,要求教师要具有广泛的合作与沟通能力。通过同学科教师及跨学科教师之间的合作,达到资源共享和共同进步,减少教师职业的孤独感和工作负担;通过与家长的合作,更好地使自己的教育教学理念落到实处。

四是课程开发能力的要求。传统的教学只强调教材因素,而新课程则强调教师、学生、内容和环境四个因素的整合与动态发展。教学已由过去的统一与确定变成现在的多样与不确定。由于课程是开放的,教师也相应地由课程计划的执行者转变成创造者。因此,新课程要求教师具备一定的课程开发能力,学会开发与利用课程资源,增强对课程的整合能力以及提高信息技术和学科教学有机结合的能力。教师要通过查找资料、创设情景与组织活动等来完成教学方案的设计;要通过各种视听手段如挂图、音像等来丰富教学内容与教学形式;要利用计算机与多媒体软件来促进学生个性化学习;要开发利用图书馆、广播电视、英语报刊以及网络等多种资源,为学生创造自主学习的良好条件。

五是新的评价机制的适应。评价是教师对教学对象、教学资源与教学

①　多尔认为,教师无疑是一个领导者,但仅仅是学习者团体中的一个平等成员,即"平等中的首席"(first among equals)。"平等者中的首席"界定了转变性后现代课程中教师的作用。作为平等中的首席,教师的作用没有被抛弃,而是得以重新构建,从外在于学生情境转变为与这一情境共存。教师是内在于情境的领导者,而不是外在的专制者。参见小威廉姆·E·多尔,2000.后现代课程观.北京:教育科学出版社:238。

行为状况进行的一种综合性判断。传统的评价学生的方法主要是看学生的考试成绩，而新课程对学生的评价则是从知识、能力、情感态度及价值观等方面进行的，而且卷面分数的比例不再占有支配地位，而更倾向于对学生的个人发展与全面素质及他们实际运用语言的能力进行评判。因此，对教师的评价也以能否帮助学生达到上述学习目标为主要标准，是对教师进行的一种综合性评价。教师必须使自己不断适应社会发展对英语教学的要求。

总之，面对种种挑战，教师必须转变观念，提升教学能力，既要理解、领会和运用新的教学理念和方法，提高新课程的实施能力，还要积极提高自身对课程与教学进行评价的能力。总之，要实施好新课程，教师必须有课程意识、学生意识、问题意识和发展意识。

2. 学生主体性发挥不够

唯物辩证法告诉我们，外因是变化的条件，内因是变化的根据，外因通过内因而起作用。在教学活动中，教师的活动属于外因，学生的自觉能动性属于内因，教师的活动归根到底要通过学生的自觉能动性才能发挥作用。正如皮亚杰所认为的：儿童是主动的学习者，真正的学习并不是由教师传授给儿童，而是出自儿童本身，应让儿童自发地和主动地进行学习①。因此，在教与学这对矛盾中，学生是主体，成功的教学在于能够充分地调动与发挥每一个学生潜在的学习主体性，使他们乐学、好学。

主体性也就是指作为主体的规定性。它是人类通过自我创造而形成的一种本能。学生主体意识的强弱决定着其主体性的发展②。人的主体性发展实质上是指人的各种能力和力量的综合发展，它不仅包括人的理性因素，还包括各种非理性因素，即人格③。在教育教学的过程中，学生主体性是指学生作为学习主体的质的规定性，是教育活动过程中作为主体的学生在教师引导下处理与外部世界的关系时所表现出来的功能特征，一般指学生的学习自主性、能动性以及创造性。

长期以来，由于受传统教育思想的束缚以及"应试教育"与片面追求升学率的影响，英语教学主要采用传统的"3P"（Presentation 讲授——Practice 练习——Production 表达）教学模式，因而极大地束缚了学生个性的发展，使他们的主体作用难以得到有效的发挥。尽管新一轮基础教育课程改革倡导任务型教学方式，但由于种种原因，传统教学方法根深蒂固，仍旧对当前

---

① 皮亚杰，1990.皮亚杰教育论著选.北京：人民教育出版社：4 - 5.
② 解红玲，2002.加强学生主体性教育的方法和途径.山西教育(23)：20 - 21.
③ 张天宝，2001.主体性教育.北京：教育科学出版社：59.

的英语教学产生着巨大的影响。传统的"3P"教学模式的负面影响具体表现在以下方面。

首先，传统的"3P"教学以教师为中心，严重地忽视了学生的学习自主性。在传统教育及应试教育的影响下，教师主要通过灌输的形式来达到教学的目的。灌输在本质上意味着压迫，意味着对学生作为活生生的人的个性与情感世界的漠视，也意味着对学生主体性的放逐。教育中灌输的泛滥必然导致价值引导及自主建构的缺失。于是，学生的主体性遭到忽视和遮蔽当然就不可避免了。此外，传统的教材编写、课堂教学组织形式及教学过程等也大多是从教师"如何教"来设计的。学生的学习似乎成了他人的事情，而不是学习主体的自主活动。不是教师的教服务于学生的学，而是学生的学服从于教师的教。学生在整个教学过程中，成了被动接受知识的"容器"，教师则扮演了教学过程"主宰者"的角色[①]。

其次，传统的"3P"教学以语言知识教学为中心，忽视了学生学习兴趣的培养及学习能动性的发挥。实际教学中，教师关心的是学生掌握了多少知识，并不关心他们的情感与态度及价值观等在成长期的变化与发展。由于对知识的过分强调，教师成了知识传授的"工具"，学生则充当了知识的"容器"，师生之间不存在真实和直接的精神交流，双方并没有形成积极的人际交流的情感体验。因此，师生关系对学生的陶冶性与教育性也就不存在了。虽然，课程教学离不开知识，但是据此夸大知识的价值，甚至将知识凌驾于学习者之上，则无疑是一种目的和手段的倒置。

再次，传统的"3P"教学以课堂为中心，缺乏开放性与挑战性，从而束缚了学生创造性思维的发展。虽然，课堂教学活动是教学的基本形式，但并不是唯一的形式。许多教师受传统教学观的影响，其教学只囿于课堂，变成了封闭式教学，致使学生脱离实际与社会。课堂的"双基"教学模式，一贯强调基础知识及基本技能的教学，很容易把学生当成知识的容器，从而忽视人才成长的过程，导致教学过程模式化、形式化与表面化[②]。事实上，教师经常抱怨的诸如学生普遍在思想上缺乏自我教育能力，在生活上缺乏自理能力，在学习上缺乏自信能力以及在行为上缺乏自我调控能力等现象，便是教学活动以课堂为中心的必然结果。与此同时，如果学生在课堂中只是被动地回答教师的提问，而很少对教师的教学提出疑问，这样的课堂教学也必然是缺乏创造性的。

---

① 宋广文，2002.研究型课程理论与实践.济南：山东人民出版社：158.
② 易斌，潘利锋，2010.任务型外语教学对学生主体性的关怀.湖南科技学院学报（2）：162－163.

总之,传统的接受学习方式过于强调机械训练与死记硬背,忽视了学生的学习自主性,使学生的学习完全变成了纯粹被动的接受和记忆的过程,极大地压抑学生的兴趣与热情,影响了学生智力和思维的发展。自主学习则是与传统的接受学习相对的一种现代化学习方式。它以学生作为学习的主体,通过学生独立分析、探索、实践、质疑、创造等方法来实现学习目标,因而受到广大教育工作者的高度重视。

3. 课程资源整体不足,配置不均

课程资源可分为目标资源、教学活动资源以及组织教学活动资源三类,是为设计课程与制定教学计划服务的各种可资利用的方法与途径①。课程资源也指形成课程的要素来源以及实施课程的必要而直接的各种条件,例如,人的知识、技能、经验、情感态度、活动方式与方法、价值观以及培养目标等方面的因素,都是课程的要素来源。它们的特点是不仅作用于课程,而且能够成为课程的要素。又比如,直接决定课程实施水平与范围的人力、物力、财力、时间、场地、环境、设施、设备、媒介以及对于课程的认识状况等因素,均属于课程的实施条件。它们的特点是虽作用于课程,但并不是构成课程本身的直接来源,却在很大程度上决定着课程的实施范围和水平②。

毫无疑义,课程资源的开发和利用对于转变课程的功能及学生的学习方式具有非常重要的意义。一方面,课程资源的开发和利用可以让广大教师与学生的生活和经验进入教学过程之中,从而超越以往狭隘的教育内容,能使教学"活"起来;另一方面,课程资源的开发和利用有利于激发学生的学习主动性与积极性,改变学生在教学中的被动地位,使学生从被动的知识接受者转变成为主动的知识建构者。与此同时,课程资源的开发和利用还有利于广大教师开阔教育视野,转变教师的教育观念,从而更好地激发教师的创造性智慧。由此可见,课程资源的作用比以往任何时候都显得更为重要。

令人遗憾的是,由于长期高度统一的计划体制,无论是在职前培养或在职培训中,广大中小学教师都很少接触课程资源的概念,从而更加凸显了课程资源的重要性和紧迫性。我国学校教育的最主要的课程资源一直都非教材莫属,以致人们往往误认为教材就是唯一的课程资源,认为课程资源的开发与利用,就是指教材的编写与订购,甚至是从国外进口。毋庸置疑,直到现在,教材(主要是指教科书)仍然是最重要的课程资源,但是倡导课程资源

---

① 顾明远,1998.教育大辞典(增订合编本).上海:上海教育出版社:902.

② 教育部基础教育司,2002.走进新课程:与课程实施者对话.北京:北京师范大学出版社:211.

的开发与利用,并不是主张彻底不要教教材了,也绝不是否认教材的重要性和严肃性①。但是,从课程资源和时代发展的要求来看,教材不仅不是唯一的课程资源,而且教材的作用和地位还不断地呈现出相对下降的趋势。因此,在认识上我们一定要打破把教材作为唯一的课程资源的局限性,合理地构建课程资源的结构和功能。在教材的开发与建设方面,为体现时代发展的多样化需求,我们也有必要进行教材结构上的突破。就传统教材本身而言,其结构单一并落后于时代要求的不足比较突出。因此,教材的编写应该根据学生的心理发展特点,从学生的兴趣与经验出发,精选对于他们终身学习所必备的基础知识和基本技能,尝试以多种多样、趣味横生而富有探索性的素材来展示教育内容,及时地反映当前社会经济与科技发展的现状和成果,并能提出观察、实验、操作、讨论以及调查的相关建议②。

　　长期以来,中小学课程资源的结构非常单一,除了教材作为唯一的课程资源之外,在课程资源的开发主体、内容、条件以及基地等方面也很单一,而且未能形成有机整体③。以课程资源的开发主体为例,主要依靠的是少数专家,尤其是一些学科专家。不可否认,这些专家开发的课程在内在的学术品质上可能是很好的,但是就课程反映的不同地区、不同学校和学生的多样性以及差异性而言,却又是无能为力的,也难以苛求于他们④。因此,如果要使课程结构适应地区差异和不同学校的特点以及学生的个性差异,为学生提供更多的选择,就必须充分发挥各个地区、学校、教师、学生以及广大家长等在课程资源开发中的主体作用。学校和教师对于教材的使用,不应该是生搬硬套地教教材,而是应该更多地强调把教材作为重要的课程资源来利用,根据自身所处的实际情况创造性地使用教材,并体现个性化的风格与特点。

　　就课程实施的活动空间而言,课堂是实施课程的最主要条件。然而,许多农村中小学还缺少相应的专用教室、图书室、实验室以及课程资源库等。学习方式与学习内容还缺少包括研究性学习、社区服务、社会实践以及劳动技术教育等综合实践活动的形式,而主要集中在各学科内容的课堂教学之上;就课程素材和内容而言,过于忽视学科知识的新进展以及各学科知识之间的相互渗透和融合,偏重知识资源特别是学科知识资源的开发,远离学生的生活经验;就课程资源的载体形式而言,课程资源的开发对于开发多样化

①　吴刚平,2001.课程资源的开发与利用.全球教育展望(8):24 - 30.

②　同上。

③　教育部基础教育司,2002.走进新课程:与课程实施者对话.北京:北京师范大学出版社:214.

④　吴刚平,樊莹,2001.课程资源建设中的几个认识问题.教育理论与实践(7):40 - 42.

的课程资源载体形式明显重视不够，往往偏重纸质印刷品，甚至把教科书作为唯一的课程资源加以固化①。

除此之外，值得一提的是，迄今为止，尚未建立起校内与校外的课程资源转换协调机制。首先，学校在图书馆的藏书结构、服务方式、服务时间以及使用效率上，还需要不断进行调整和加以完善。其次，基础教育还需要广泛拓展和利用各种校外课程资源的途径，例如公共图书馆、展览馆、科技馆、博物馆、青少年活动中心、农村、部队、工厂、企事业单位、政府机关、高等院校以及科研院所，还包括广泛的自然资源，与此同时还要积极地开发各种信息化的课程资源，有效发挥各种公共网络资源的价值。网络不仅是课程资源共享的手段，其本身就是一座课程资源库，具有巨大的发展潜力②。

总之，网络资源的异军突起无疑在很大程度上为优化课程资源的结构提供了强大的动力。今日的教材，不应该，也越来越不可能是唯一的课程资源了，更不应该等同于课程本身。虽然教材仍然是一种重要的课程资源，但对于各类学校以及广大的教师们而言，课程实施绝不是简单地"教"教材，而应该是如何有效地"用"教材。

4. 终结性评价影响太深

终结性评价又称总结性评价或结果评价，它是指通过对学生某学习阶段结束后学习结果的评价，来评定学生的学业成绩，确定学生达到教育目标的程度，说明学生掌握知识、技能的程度和能力水平状况，以确定学生在后续学习中的起点，预言其成功的可能性，并为确立新的教育目标提供一定依据。终结性评价具有三个基本特点：在目标上，是对整个教学活动或某个重要部分上所取得的较大成果进行全面的评定，并给学生评定成绩；在内容上，着眼于学生对某门课程整个内容的掌握，常常分量大而频率低；在测试内容的概括性上，概括性水平较高，题目多为知识、技能、能力等多种因素的综合体。布卢姆认为，终结性评价的首要目标是给学生评定成绩，或为学生作证明，或者是评定教育方法的有效性③。因而，概括地说，终结性评价乃是在学完某门课程或某个重要部分之后进行的旨在评价学生是否已达到教学目标要求的概括性水平较高的测试和成绩评定。

终结性评价在教学工作中的作用表现在几个方面。其一，为学生评定成绩。通过终结性评价，确定学生在某门或某些课程上的进步和达到教学

① 吴刚平，2001.课程资源的理论构想.教育研究(9)：59 – 63.
② 吴刚平，2001.课程资源的开发与利用.全球教育展望(8)：24 – 30.
③ B·S·布卢姆，等，1987.教育评价.上海：华东师范大学出版社：100.

目标的程度,从而对学生的学业成就作出整体的价值判断。这种判断可用于证明学生的资格,为学生的安置提供依据。其二,预言学生在后续学习中成功的可能性并确定学生在后续学习中的起点。由于终结性评价比较概括地反映学生的知识、技能和能力的总体水平,因而,在某门学科的终结性评价中得分高的学生,往往可预测为在以后的其他学科或该学科的后续学习中也是成功者。当然,这种预测是有限定条件的,要看到学生的发展性和波动性。可以通过终结性评价具体明确学生的知识、技能掌握和能力发展水平,从而帮助教师确定后续学习的前提。其三,为学生提供学习反馈。终结性评价使学生明确自己整体的学习效果,并对学生的学习动力产生重要影响。

当前,我国基础教育仍以小学毕业考试、中考、高考成绩为评价教师及学生的主要指标,教师的教学业务考核以学生参加各种级别的考试成绩为衡量标准,教学仍以应付各种考试为主,不能全面真实地评价学生的发展。造成这种局面的原因主要是目前我国的教学评价仍以终结性评价为决定性的评价,虽然强调体现学生学习过程的形成性评价,但由于操作起来并不容易,因此,无论教师、学生、家长,还是学校和教育主管部门,更多的是以学生在平时的统考以及最后的中考或高考中的成绩作为评价学生英语能力与教师教学水平的主要标准。因此,绝大多数学生学习外语的主要目的还是通过考试,教师的教学也围绕考试的导向进行,研究考题之后接下来的便是题海战术,做各种模拟试题,三天一小考,五天一大考,周末和节假日统统补课,教学活动几乎都是针对应试内容进行,提高学生实际运用语言能力的目标几乎成为空谈。同时,教学评价以终结性评价为主、忽视形成性评价的另一个后果是,只重视学生的学习结果而不注重学习过程,忽视学生的自我评价和为学生成长、发展服务的教育功能,忽视了学生的学习态度、学习兴趣以及个性与情感的发展,因而缺少以人为本的教学观念,不能全面衡量学生的发展,不利于学生整体素质的提高。

终结性评价一直是外语教学中主要的评价方式,是检测学生综合语言运用能力发展的重要途径,也是反映教师和学生的教、学效果以及学校办学质量的重要指标之一。虽然终结性评价所传递的信息被普遍接受,但往往远离事实。终结性评价注重以考试成绩作为最终评判标准来评定学生的学习能力以及教学质量,这样的评价方式严重忽视了学生的学习过程以及他们日常的学习行为表现,在某种程度上无疑夸大和强化了考试分数的作用,致使相当一部分学生缺乏良好的英语学习动机,把英语学习的目的仅仅局限于考试或升学,不利于激发学生学习英语的积极性以及保持学习的持久性。评价本应该强调其诊断与发展功能，弱化其甄别和选拔功能。可是，我国传统英语教学的评价方式过多地依赖于终结性评价，无论是教师、学生还是家长，更多的是以英语考试成绩来评判学生外语学习能力的高低。因而这种不科学的评价方式使相当多的学生丧失了英语学习的积极性和自信心，尤其是地方院校的生源从客观上看本来就处于劣势，势必极大地降低学生英语学习的效率，使他们更多地产生焦虑，在很大程度上引导学生只重视支离破碎的语言知识的记忆和背诵，而忽视了对语言本身的运用以及交际能力的提高。

总之，教师现有的评价方式仍然受制于应试教育的思维方式。传统的评价方式在很大程度上不仅仅忽视了学生在英语学习中的主体性、能动性以及创造性，而且也不利于英语教学方法与教学内容的改革。过程性评价本来强调的是学生学习、生活的过程，淡化以往过于追求结果的状况，但是教师实际上仍然习惯以教学结果来判断评价方式的好坏。终结性评价与形成性评价的区别如表 6-3 所示。

表 6-3　形成性评价与终结性评价的比较

项　目	终　结　性　评　价	形　成　性　评　价
目的	判定最终学习结果，为甄别和选拔服务	改进教和学，为学生成长、发展服务
职能	作出成绩评价	诊断、分析教学过程，提出改进措施
时间	教学结束时	教学过程之中
内容	长期性综合目标（全面的综合性的技能、能力等）	针对短期性从属目标的形成性目标（包括知识、技能、策略、情感等）
方法	期终考试、学年考试等测试型的评价	在各单元进行的单元内的测试型及非测试型评价
实施	期末或学年	分单元或每周、每月进行一次
形式	记分	记述是否达到目标要求，提出缺点和建议

（二）基础教育英语课程改革面临的阻力

1. 课程管理部门对新课程实施的重视程度

课程管理（Curriculum Management）是指有关部门（或）、人员对课程的各个运行环节所采取的规划、指导、决策、监督、协调等措施。它是一项系统工程,涉及规划、实施、评价等诸多因素①。课程管理体制的最终落脚点在学校,学校课程管理是我国基础教育课程管理的重要组成部分。有学者认为,如火如荼的新课程在冲击着学校办学理念与教师教学行为方式的同时,也给课程管理,特别是学校管理带来了极大的挑战。这种挑战主要有以下几个方面:其一是如何看待学生的大胆质疑;其二是如何对待教育民主;其三是如何处理形式与内容的关系;其四是如何把握教学内容的核心;其五是如何规范学生的行为;其六是如何加强教育教学的常规管理②。

我们认为,在新课程实施中,学校管理应该坚持轻"管"重"理"的原则。管理本身就是一种服务,是一种建立在制度与规范基础之上的一种全方位的服务。单纯以"控制"为核心的课程管理职能已受到来自多方的严峻挑战,走向"服务"是课程管理职能变革的必经之路③。新课程中学校管理的实质是,根据新课程理念,激活教师的活力,释放教师的潜能,为教师的成长服务,为教师的发展提供更大的平台,让教师放开手脚,大胆创新,大胆实践,最大限度地解放教育生产力④。

在课程改革中,基层学校管理工作的重点不是琢磨新课程的理论问题或价值问题,而是结合本校实际,努力探索新课程的实施方案,并使新课程理念有效地体现在学校工作的方方面面。因此,在常规教学管理方面,学校可以不做整齐划一的要求,而是根据教师的实际情况提出分类要求,使其更具有实用性,提倡教师将自己课堂上的感受尤其是师生互动的感受写进教后感,建议教师多为学生设计一些实践性作业;在德育管理方面,学校应该从学生实际出发,更多地关注学生的兴趣点,更注重形式的灵活性与方法的多样性;在后勤管理方面,学校应该突出服务意识,为教学与学生的发展服务。

同时,课程改革并不是对学校常规教学管理的淡化与否定,而是根据新课程的理念与要求,进一步提高教学常规管理的水平。因此,学校领导不仅要认真学习新课程有关的理念,切实把新课程理念落实到自己的教学实践中去,而且要不断地探索新课程条件下加强教学常规管理的手段与实现教学质量目标的措施。

---

① 钟启泉,2007.课程论.北京:教育科学出版社:240.
② 深圳市南山区课程改革调研组,刘晓明,房超平,2006.课程改革的理性反思.课程·教材·教法(9):3-8.
③ 钟启泉,2007.课程论.北京:教育科学出版社:246.
④ 深圳市南山区课程改革调研组,刘晓明,房超平,2006.课程改革的理性反思.课程·教材·教法(9):3-8.

与国外教育改革相比较，我国本次基础教育课程改革还存在着课程指导有待加强的不足之处。课程指导对推进教育改革具有非常重要的意义和作用，它引领着人们正确地理解和安排课程内容。尤其是在课程计划与实施的过程中，如果缺乏专业和专家的有效指导，就会使新课程严重脱离学校、教师以及学生的实际情况。目前，"课程改革领导者"具有三重身份：新课程的一些政策制定者们，以行政官员的角色在制订新课程，以学者的身份在宣讲新课程，以商人的身份从新课程中获取利益。例如市场上各类新课程培训类书籍品种繁多，担任主编的多是新课程改革的核心组成员。这种官、学、商不分的现象不利于教育、教学的健康发展。

面对新课程体制与课程改革目标，由于学校管理方式未能适应新课程实施的要求，目前的学校管理方式仍然存在很多弊端，如学校管理过于封闭，把教师与学生牢牢地关在校门之内，很难接触社会生活，开展社会实践；学校管理缺乏人文关怀，过于官僚，权力基本上掌握在校方高层手里，教师和学生的教学主动性与创造性难以激发；教学管理本末倒置，缺乏实效，把注意力只放在狭窄的人事安排上，而不是主动地为校本研究提供资源和服务。

2. 学校在新课程实施中的形式主义与急功近利倾向

毋庸置疑，新课程的实施给一直以来沉闷的传统教育吹来了一股清新的空气，给我国的基础教育带来了新的希望。然而，在新课程改革的推进过程中，一些学校与教师不同程度地存在着形式主义和急功近利的倾向，主要表现在以下方面：

首先，对课程改革结果的预期过于理想化。由于一些学校与教师缺乏系统的理论指导，不仅对新课程改革的理解不够透彻，而且对学生缺乏实际的分析，加上对课程改革中所遇到的困难估计不足，因此期望在新教材和新教法实施以后，教学的效果会发生翻天覆地的变化，然而，实验的结果与教学的预期却相差甚远。于是一些学校与教师就开始对课程改革产生疑虑，对新课程逐渐丧失了信心，教学又开始回到原来的老路上去了。

其次，盲目追求外在形式的表现。在实施新课程改革的校园里的确出现了许许多多令人可喜的变化，然而也存在着诸多急功近利和追求形式的倾向。例如，在一些课堂教学中，许多教师盲目地追求课堂气氛的活跃，不考虑恰当与否，均大量采用多媒体进行教学，组织游戏、表演、小组讨论以及动手操作等，使很多课变成了活动课、表演课、观赏课和手工课，使学生的主要精力发生了偏差。从表面上看，这些课堂气氛活跃，学生表现积极，似乎很符合新课程改革的理念，但实际上学生不仅没有学到知识，也没有拓展思维，更没有培养能力。还有在校本行动研究中，一些学校不管自身的师资力量状况和研究水平的高低,教研项目一律求新、求大和求异。有的学校为了在课程改革中"出彩",甚至出资请专家代笔发表文章,宣传课改成绩,令人遗憾的是,这些所谓的研究真正被落实到日常课堂教学中的却少之又少。此外,许多学校的新课程改革实验汇报课及相关活动也带有太多的表演成分,教改论文与实验报告中充斥着诸多的大话、空话和假话。还有部分教师担心,新课程中学生练习少了,死记的东西少了,基础知识不牢固了,会影响学生的考试成绩,进而影响自己的荣誉、奖金甚至是职位,于是,他们虽然在课堂上运用新课改的理念与方式进行教学,然而在课下又大量采用传统的"题海战术"等做法对学生进行"课外辅导"以及"培优补短"。而且由于新课程考试出题的方式更为多样和灵活,更侧重于考查学生的综合语言运用能力,但为了确保学生考试的成绩与分数,课内外训练的力度不断加大,结果是新课程改革实施以后学生的学习负担不但没有减轻,反而越来越重。这很显然已背离了新课程改革的美好初衷。

再次,有些改革实践丢了精神而流于形式。首先,表现为简单化,如把师生之间的"互动"简单地理解为"问答";把强调学生自主简单理解为放任自流;把突出过程与方法,强调体验的生成与情感的丰富,简单地理解为知识不那么重要了,甚至理解为情感、态度、价值观的教育可以孤立进行。其次,还表现为绝对化,如把结果和过程、认知与情感、接受学习和探究学习放在一个非此即彼的境地来处理,以泛化的探究全盘否定接受学习等①。

例如,在校本教研中就有非常明显的形式主义倾向。一是教研主体与教研分离。毫无疑义,教师是校本教研的主体,但在很多学校,校本教研过程中并没有形成群体性的合作研究共同体,校本教研成为个别领导或者骨干教师的"专利",教研停留在单个地针对自己教学问题进行研究的层次,广大教师仍然游离于校本教研以及具体的教学实践之外,没有形成教师之间的互助、合作、交流的良好的文化氛围。二是许多教师由于对校本教研的理论价值缺乏深度认识,将校本教研当作了一种额外的负担。经常听到有教师抱怨说:"我的新课都上不完呢,哪里有时间来搞校本教研啊?"还有的教师,由于缺乏问题意识,即使遇到教学问题,也往往意识不到其中的研究价值。如,有的教师因为教学任务完成不了,不但不去分析其中的具体原因是什么以及思考怎样解决这个问题,只是一味地要求增加教学课时,不断挤占综合实践活动课和校本课程等课程的课时,教学收效甚微。三是一些学校

---

① 石鸥,2005.关于基础教育课程改革的几点认识.教育研究(9):28-30.

平时没有认真地引导教师去发现现实教育中那些具体而真实的问题，而是将校本教研作为一种作秀的手段，为了搞校本开放活动，绞尽脑汁找问题，结果想出的问题常常脱离教学实际，不仅对于摆在面前的实际的教学问题视而不见，而且热衷于一些宏大问题和热点问题，甚至研究的是国家级和省级课题，而这些大课题并不是从实际教育情境中的具体问题提炼出来的共性问题。这种形式主义的研究现象广泛存在。

针对目前课程改革中有些地方和学校所出现的形式化、走过场的倾向，有学者尖锐地指出，课程改革不是表演、搞笑、作秀，不能让宝贵的课堂时间被表演式的"新课程"的泡沫和水分所占据。课程改革应该实事求是，扎扎实实，切忌不顾效果甚至违反知识学习的科学规律而片面追求形式，为了活动而活动。

3. 教师对新课程改革的消极态度

教师是课程改革的关键人物。成功的课程改革一定要鼓舞教师参与，不能让教师游离于教育改革之外。只有广大教师认同改革理念，积极参与改革过程，并在改革过程中学习与成长，主动担负改革的责任，做改革的行动者，这种自下而上的改革，才能达成改革的理想和效果[1]。教师对新课改的态度，是新课程实施的一个非常重要的条件，它直接决定了新课改的进程和实效。英国著名课程论学者埃格尔斯顿认为，教师在隐性课程对儿童的影响方面所起的作用更加明显和巨大。因此，教师在决定课程及其结果方面起着主要的作用[2]。当前，作为新课改的直接实施者，一线教师对课改所持的态度却并不太乐观，有的甚至表现出抵触、消极情绪。教师对课程改革的消极态度主要体现在两个方面：一是对课程改革目标、课程标准、课程实施过程等方面有不正确的看法，不能掌握其真正的内涵。二是对课程改革的消极情绪。有调查显示，教师对"新课程改革"持积极乐观态度，表示支持并主动适应者仅占41.3%。加之，人的惰性决定了人居安怕变、墨守成规的心理特点。不愿接受新生事物、惧怕变革，害怕麻烦的思想情绪在教师中一直存在，还有一部分教师有"做一天和尚撞一天钟"的思想，抱着老经验不放，认为新课程是花架子，搞形式，不想花更多的心思去学习、落实新课改理念。

许多教师因为对课程改革的新理念与新举措缺乏兴趣，因此在新课程

① 欧用生，2000.课程改革——九年一贯课程的独白与对话.台北：台湾师范大学书苑有限公司：15.

② Eggleston J，1992. The Challenge for Teachers.London：Cassell Villiers House：18.

实施中他们游离于这场改革大潮之外。长期以来，在中央集权的课程政策制度影响下，我国广大教师很少有参与课程决策的机会与权力，因此，许多教师对新课程改革缺乏必要的热情和兴趣。事实证明，广大教师中存在的上述心态非常不利于新课程的实施和推广。新课程改革如果没有广大教师的积极参与、大胆尝试，要想取得成功是绝不可能的。

在新课程改革与实施中，我们也发现一些教师在教学方式的转变中迷失了自我。新课程理念是基于建构主义心理学、人文主义哲学以及知识社会学的，因此，在学生的学习活动中，新课程理念下的教师应该扮演学生学习的指导者与促进者的角色。事实上，对于广大教师而言，这种角色扮演还只是停留在角色期待的层次，远远达不到角色领悟，更谈不上角色实践。这种不确定的状况直接导致了教师自身角色的冲突与迷失，如有的教师一方面鼓励学生大胆探索，倡导自主学习和合作学习，另一方面却在学生的合作学习中又自觉或不自觉地充当了最后的仲裁者。还有一些教师则将自己当成了学生学习的旁观者，仿佛学生的学习跟自己没有什么关系，完全忘记了教师的传道、授业及解惑等基本职责，将学生自主变成了学生"自由"①。

许多学者对教师"抵制新课改"的现象作了认真分析。郝德永认为几年来的新课程实践表明，我们很缺乏"能与新课程同行"的教师；李子建认为，由于新课程带来的"根本性改变"直接动摇了教师原有的价值观与信念，容易使教师感受到巨大的情感危机，因而新课程很容易遭到教师的抵制。卢乃桂等则认为，大面积地推广新课程改革必然会加重教师的工作负担，迫使他们不得不付出更多的时间和精力去回应新要求以及努力去改变自己传统的教学方法，这样就难免会让部分教师产生焦虑、抵触甚至是对抗的情绪。容中逵认为，许多一线教师对新课程改革的新理念以及新要求并未从内心里主动接受，也没有真正地积极践行。在许多学校中，能够胜任新课程改革要求的一线教师寥寥无几②。

对看起来利国、利民、利学生的新课程改革，一些教师为什么会持有消极的态度呢？从内部因素方面来分析，部分教师忽视培养学生的沟通能力、思维能力和创造能力等。这种观念显然与新课程改革的理想和初衷大相径庭。与此同时，教师们常常不愿逾越自己专业的"舒适地带"，这种个体心理

①　邬向明,2005.课程改革：问题与对策.课程·教材·教法(2)：4-7.

②　容中逵,2006.抵制、规避还是适应、胜任？——论新基础教育课程改革实施中的教师问题.教育理论与实践(15)：30-32.

特质也在一定程度上导致了教师对于课程改革的抵制。除此之外，遵循"实用性伦理"，认为课程改革的成本过高等观念也阻碍着教师对新课程态度的转变。

4. 学生对学习方式转变的适应程度

新一轮基础教育课程改革遵循"以学生发展为本"的理念，大力提倡学生学习方式的变革，即实施自主学习、探究学习和合作学习。这是对从洛克（John Locke）、斯宾塞（Herbert Spencer）时代以来将学生看成是一张白纸、一个空的容器，教学就是教师单向的传递与灌输，对从赫尔巴特（J.F. Herbart）到凯洛夫课堂教学"五环节"的教学规范的一种彻底的否定①。然而，不得不提的是，当前由于我国普遍存在着大班制教学，教师尚缺乏新课程所要求的教学素质与教学技能。这种现状直接导致对学习目标、学习动机以及学习过程的忽视，在具体的班级教学活动中出现为活动而活动、为探究而探究等只注重形式的现象，使课堂学习活动处于失控的状况，整个课堂乱哄哄，缺乏应有的教学秩序。这种形式和内容脱离的学习方式的转变并不是新课程改革所追求的，因为它不仅不利于培养学生的学习主动性与创新能力，反而会降低课堂教学的质量，最终导致教学的低效甚至是无效。这种活动的学习虽然看似热闹非凡，但是学生究竟能学到多少或者能探究出什么结果等，实在无法预料。因此，教师在引领学生尽快地建立与适应新的学习方式方面必须有所作为。

首先，通过构建民主、平等、和谐的新型师生关系来激励学生建立新的学习方式。新一轮基础教育课程改革大力倡导建立自主、合作、探究的学习方式，对广大教师的作用与职能均提出了强烈的变革要求。教师过去那种居高临下的地位在新课程的课堂教学中将不复存在，取而代之的是教师走进学生中间，与他们开展平等的交流与对话；师生通过交流和互动以及共同发展的真诚与激情打破过去那种教师控制的教学活动下的严肃和沉闷。教师的职能要更多地体现在帮助、激励、参谋，而不仅仅是传递、教育与训导；师生之间的关系应该是以情感交流为纽带，而不仅是以知识传递为纽带；教师的作用是要点燃学生思想的火炬，而不仅是填满知识的仓库。因而，构建平等、和谐的新型师生关系不仅有利于学生发挥他们的主体精神，完善他们主体的人格，养成他们主动学习的习惯，而且有利于学生积极、主动、创造性地去构建新的学习方式。

其次，通过培养信心，提高学生自主学习的能力。新教材注重了学生的

---

① 蔡铁权，2006.三维目标的课程观诠释.全球教育展望(3)：57-61.

身心特点,考虑了学生的年龄特征、兴趣特长和认知水平,对于激发学生的求知欲起到了积极作用。但学生一直接触的是传统单一的填鸭式的教学方式,对新教材还一下子难以适应,为了改变这种状况,教师首先必须从提高学生的学习兴趣入手,积极培养学生的学习信心,增强动手实践的能力,让学生放开手脚,让课堂活跃起来。

再次,通过团队精神的培养,提高学生合作学习的能力。合作学习是学生相互支持、配合、合作交流的学习形式,它能有效地促进学生相互取长补短,达到教学相长的目的。特别是学生能够面对面地互动,进行有效沟通,对学习有很大的帮助。学生在小组或小团队中为了完成共同的任务,相互有明确的责任分工,并能够互助、互动学习,共同解决问题。

最后,通过开放、互动的教学手段,提高学生探究学习的能力。探究学习是探索精神、创新能力相融合的学习方式和学习过程。新课程强调通过学生的自主探索,让学生主动、独立地发现问题,并通过实验、操作、调查、信息收集与处理、表达与交流等活动,达到获得知识技能、理智和情感体验,建构知识,掌握解决实际问题的方法的目的。

(三)基础教育英语课程改革的推进策略

1. 坚持教师专业化发展道路

教师专业发展指的是作为专业人员的教师在教学专业上不断成长的过程。通过这一过程,教师得以更新专业结构、提升专业水准、获得持续发展,它包括职前教师的培养、新教师的入职辅导和在职教师的持续进修这三个有机统一的阶段[1]。教师是课程的实施者,因此,如何让我们的教育专业人员——每一位教师,都拥有较高的专业素养,不是被动地适应新课程,而是主动地引领新课程,应当成为整个教育界、整个社会的共同追求。从某种意义上说,"教师即课程",因为"文本课程""实施课程""习得课程"都需要教师去落实,课程改革的成败终究取决于教师[2]。

美国著名课程论专家舒伯特认为,课程改进的关键在于教师的专业发展,在现实的意义上,专业发展就是课程发展。专业发展的目的不是改变自身,而是为了促进课程的改进,课程改进需要持续的专业发展[3]。教师专业发展对课程变革的支撑作用主要表现在以下两个方面:首先,教师专业发

---

[1] 杨明全,2003.革新的课程实践者——教师参与课程变革研究.上海:上海科技教育出版社:162.

[2] 钟启泉,2003.课程改革与教师专业化.河南教育(10):1.

[3] Schubert W H, 1986. Curriculum: Perspective, Paradigm, and Possibility. New York: Macmillan Publishing Company: 372-373.

展有利于新课程的有效实施。从最根本上来说，课程变革就是人的改革，它的成功推行需要教师专业发展的有力支撑。斯坦豪斯一直坚信，没有教师发展，就没有课程发展①。教师积极参与对课程文本的解读是课程意义生成的重要基础。新课程的推行有赖于广大教师的理解和解释，事实上，教师对课程理解和解释的深度和效度决定了学生所接受的课程的质量。其次，教师专业发展有利于课程理念的有效落实。课程变革中的教师专业发展旨在增进教师对新课程的理解，转变教师的教学方式，致力于培养教师的课程意识以及课程开发的能力。这无疑为课程变革提供了必要的人力资源基础。通过专业发展，教师能够更好地把握新课程的基本理念，在认识论、价值观、学生观以及教育哲学观等方面将会有新的认识与发展，从而为新课程的实施奠定认识论与方法论的基础，并积极配合新课程的实施。

英语课程改革对教师提出的全新挑战以及新的课程标准引发的一系列变化，为教师提供了新的发展空间，教师必须适应这个变化。从静态的角度说，教师专业化是指教师是一种专门职业，有自身不可替代的职业要求和职业特点，有相应的职业培养机构和职业水准保障制度，有相应的社会地位和经济地位。从动态的角度说，教师专业化伴随着制度不断完善、水平不断提高、改革不断深化的过程。教师专业化的实质是个体的专业社会化，即作为独立个体的教师内化教育专业所必需的知识技能、价值态度的统一的、综合的过程。教师的专业化，要求教师的角色身份从以往的对事先确立的规则的实施，转向由目标和价值观指导的策略的选择和实现，这无疑对教师的能力与整体素质提出了新的要求。

有学者主张，未来教师的专业素养应该主要包括以下几个方面②：首先，未来教师应该具备与时代精神相通的教育理念，并将这种理念当作自己专业行为的最基本的理性支点。专业人员与非专业人员的一个重要差别就在于是否具有对自己所从事的职业的基本理念。未来中小学教师应该主要在认识基础教育的生命性、社会性以及未来性的基础之上，形成新的教育观、学生观、发展观以及教育活动观等的教育理念。其次，在知识结构上，未来教师的专业素养也应该不同于今日之教师。它更加强调多层次复合的结构特征，而不再局限于"学科知识＋教育学知识"的传统模式。未来教师专业知识结构的第一个也是最基础的层面是有关当代科学与人文这两个方面的基本知

---

① Stenhouse L，1975. An Introduction to Curriculum Research and Development. London：Heineman：67.

② 叶澜，1999."新基础教育"探索性研究报告集.上海：上海三联书店：237－238.

识,以及工具性学科的扎实基础与熟练运用的技能和技巧。第二个层面是具备1至2门学科的专门性知识与技能。第三个层面则属于教育学科类,它主要是由帮助教师认识教育对象与教育教学活动以及开展教育研究等的专门知识构成。最后,社会的不断发展与进步将赋予未来教师更多的责任与权利,对他们提出更高的要求与期待,教师要胜任这份工作就需要具备新的能力,特别是管理能力、与他人交往的能力以及教育科研能力等。

教师的专业化发展,应把重点放在教师的自主发展上。教师的自主发展是自我专业发展的内在主观动力。新课程改革无疑会对教师的情感产生冲击,教师能否在回应新课程改革的目标时产生自我专业发展需要和意识,同样决定着改革的成败。教师是专业发展的对象,也是专业发展的主人,在教学生涯中教师要作为学习者进行持续或终身学习,自主发展是最现实可行的发展形式和手段[①]。

教师的自主发展既是一个目标,也是一个过程。这一自主发展的过程主要体现在通过对英语课程与自己的教学实践的持续审视、批评、反思和调整,从而获得新知、提高能力、提升专业素养。而且,这种自主发展也是一个循环往复、螺旋上升的过程,前一个阶段获得的发展可以作为下一阶段继续发展的基础和起点。可以这样认为,教师的自主发展就是在学校情境中根据教师自我发展和学校发展的需要,由教师自主确定发展目标、开发和利用学习资源、设计发展策略、评价学习结果的一种专业发展方式。教师的自主发展一般分为确定学习或发展目标、开发和利用学习资源、设计发展策略、评价学习的结果这几个步骤。通过这种持续性的循环,教师的专业发展就会达到新的层次。由此可见,自主发展意识是教师专业发展的本质所在,它对于教师不断自觉地促进自我专业成长至关重要,是教师自我专业发展的内在动力。课程变革是一种包括无数的、现实的促进教师专业发展的活动的实验,如果教师能积极参与其中,就可以在这种实验的过程中提升新的专业知识与技能[②]。

总之,新课程改革向教师提出了新挑战。教学内容的飞速翻新,教学方法的日益进步,教学手段的逐步现代化以及终身教育观念的逐步深化,要求教师不断地重新学习,接受在职教育,增加自己的知识储备,改善自己的知识结构,不断地提高教育教学专业水平[③]。

---

① 李丽生,2005.英语新课程改革理论与实践.昆明:云南大学出版社:208.

② 杨明全,2003.革新的课程实践者——教师参与课程变革研究.上海:上海科技教育出版社:121.

③ 刘捷,谢维和,2002.栅栏内外:中国高等师范教育百年省思.北京:北京师范大学出版社:158.

2. 强化学生在课堂教学中的中心地位

教学源于生活，生活是教育的源头活水。对于学生而言，课堂教学本身也是一种特殊的生活方式，是教学引导的个人生活展开的过程。但是，多年来，我国的教学在整体上缺乏现实感和生活感，学生的整个精神生活被定格在科学世界和书本世界中，丧失了应有的完整的生活意义和生命价值，存在着脱离学生的现实生活和社会实际的倾向①。目前，在我国外语教育界，学生中心的理念已提倡了多年，但一直没有落到实处，以教师为中心的教学还是普遍存在。老师的教学往往是为了完成主观设计的计划，常常采用"填鸭式、满堂灌"的方式，学生完全是学习的被动者。虽然许多教师都不愿意承认这一点，但事实上他们都是这样教的。教师主导着整个教学过程，决定学生的学习内容和学习方式。他们往往从"本本主义"（书本、教案本和练习本）出发来组织课堂教学，把课程只看作是特定知识的载体，让学生去适应课程，而不是让课程来适应学生。在教学内容安排上，也没有考虑学生的实际需要，反映他们的认知水平，视教学内容为静态的知识，把教材"神圣化"。教师中心与学生中心的区别如表 6-4 所示。

表 6-4　教师中心与学生中心的比较

教　师　中　心	学　生　中　心
教师主导教学	学生自主探索
以教为主	以师生互动为主
强调单科教学	强调真实的、多学科交叉
个人学习	合作学习
教学内容是专家或教师所要求的	教学内容是学生所期望的
把教师看作知识的传授者	把教师看成学生学习知识的促进者
能力分组	异质分组
评价知识和学习成绩	评价行为表现

人本主义心理学代表人物之一的罗杰斯反对传统的以教师为中心的教学模式，反对教师灌输知识而学生被动接受知识，提倡以学生为中心的教

---

① 王炳照,2008.中国教育改革 30 年：基础教育卷.北京：北京师范大学出版社：157.

学。他认为以教师为中心的教学起码会产生八种不利于学习者的弊端①：一是教师拥有知识，学生是容器，只能是知识的接受者。二是阐述式的教学方法是灌输知识的主轴。考试往往是压迫学生接受知识的手段，是传统教学的核心。三是教师是权力的拥有者，学生只能服从。行政领导又是更高权力的拥有者，教师和学生都得服从。四是权威形成课堂上必须遵守的政策。作为权威的教师被看作是知识的源泉，他们无论是受到钦佩还是被瞧不起，总是居于中心位置。五是教师难以信任学生，学生对教师的动机、诚意、公正、能力也常抱怀疑态度。六是教师认为管理学生的最好办法，是使他们经常地处于恐惧的状态之中。小学生常受蔑视，中学生怕考不及格、毕不了业，大学生和研究生负担更重，怕拿不到学位等。七是民主及其价值在教育界受到践踏和嘲弄。学生无权选择课程和学习方式，教师也无权选择他们的行政官员，也不能参与教育政策的制定。八是传统教育只强调智育，不重视人的全面发展，学生的兴趣和情感被忽视。1953 年，罗杰斯提出"教学以学生为中心"的著名论断，主张学校和教师必须把学生看成等位的"人"加以对待，相信每个学生的本性都是好的，任何正常的学生都具有自我实现的潜能倾向，必须把学生视为学习活动的主体，尊重学生的个人经验，规划一切可能的情景和机会，来促进学生的学习和成长。

　　为体现学生中心，罗杰斯认为教学过程中教师应充当好促进者的角色。促进者像朋友一样，有利于创造融洽的学习气氛。一个好的促进者必须具备四种特质：第一，充分信任、无条件地接受学生，认识到学生能发展自己的潜能；第二，以真诚的态度对待学生，教师应表里如一，做到不把自己的意志强加于学生；第三，尊重学生的个人经验，重视他们的感情和意见；第四，对学生进行移情的理解，深入理解学生的内心世界，设身处地地为学生着想。作为教学过程的促进者，教师应注重接受而不是否定，支持而不是批评，理解而不是评判，以形成一种"教师 with 学生"的关系，而不是"教师 vs 学生"的关系。

　　首先，教师要了解学生的需要，将课堂还给学生，为学生的充分发展留出时间和空间。了解学生要求，在教学的每一阶段，教师都应该对学生英语能力发展的整体状态，以及他们对前一阶段教学内容的掌握程度有明确的认识，以作为下一阶段教学安排的依据。要重视基础，按照学生的实际掌握程度安排教学进度，防止机械、教条地执行预定教学进度从而导致教学内容与学生实际程度相距越来越远，学生越来越缺乏兴趣和信心。为学生留出

①　郭娟，蒋海燕，2005.人本主义活动在英语教学中的应用.北京：首都师范大学出版社：29.

时间，教师不要占据大部分课堂时间用来讲解有关语言的知识，使学生没有可实践的时间；留出空间，即不要把语言掰开揉碎地讲，使学生没有可动脑筋的余地。一节课的时间是非常有限的，时间与空间是相互依存的，教师必须减少课堂上讲解的比例，从而使学生有充分的表现与自我发展的空间。一般来说，课堂上教师的讲解主要是为学生"化解难点""加深印象""扫清障碍""夯实基础"。事实上，有时候达到以上目的并不一定要靠教师的讲解，凡是学生经过努力可以表达的，教师就不需急于提供帮助，凡是学生能通过上下文理解的内容，就无须教师去"扫清障碍"。因此，在备课的时候，教师必须对教材进行认真的分析，明确哪些内容是可以留给学生的空间；在上课的时候，教师不要轻易地直接告诉学生应该说什么，要通过设问或一些应用性的交流活动为学生创造条件，使他们有机会表现出运用英语的潜力。叶澜教授认为，人类的教育活动起源于交往，在一定意义上来说，教育是人类特殊的交往活动[①]。教学中，教师只有留给学生充分的交流空间，才能既使学有余力的学生有机会发展自己的特长，又能使学习有困难的学生有机会弥补自身的不足。

其次，重视学生的情感因素。在认知水平相对稳定的情况下，学生的情感因素（或非智力因素）对外语学习的成败有很大影响。情感因素包括动机、态度、个性、心理状态等方面，教师要以生动、多样的教学方法，轻松愉快的课堂气氛，民主和谐的师生关系，为学生创造一个良好的学习环境，使他们具有强烈的学习兴趣和动机、充分的信心和愉快的心境。教师要特别注意了解学生在情感方面的个别差异，对症下药。在开展形成性评价中要注意以正面评价为主，肯定成绩，保护学生的自信心和自尊，为他们的发展打下良好的基础。

诚然，突出学生在课堂教学中的中心地位，并不是要教师把教学的舞台全都让给学生，甚至退出舞台当"观众"。在教学中，学生要真正成为主体，真正实现主体参与，关键因素之一就在于教师如何加以引导，晓之以理，动之以情，教之以法，导之以行。教师引导的内容包括对学生学习目的、学习思路、学习方法、信息资料的收集与整理、学生心理、为人处世等方面。日常教学活动中，教师应该有意识地加强学生的思维训练，帮助学生掌握逆向思维、发散思维、形象思维等思维方法，让学生能举一反三，触类旁通，开拓学生的思路。尤其是学生"标新立异"时，教师不能熟视无睹，充耳不闻，这些"新""异"往往折射出智慧的光芒，教师要善于捕捉并放大这些闪光点，积极

---

① 叶澜，1991.新编教育学教程.上海：华东师范大学出版社：32.

加以引导,让学生说出心里是怎样想的、为何这样想,从而引发学生之间的思维碰撞,带领学生进入一个新的境界。因此,要把课堂还给学生,教师必须担当学生学习的引导者,启发和激励学生自主发展,引导学生学会学习、学会发展和学会创造。

3. 拓展课程资源开发和利用渠道

课程资源与课程存在着十分密切的关系,没有课程资源也就没有课程可言,而课程必须有课程资源作为前提。随着我国基础教育课程改革的力度不断加大,课程资源的重要性日益凸显,课程资源的丰富性和适切性程度决定着课程目标的实现范围和实现水平[1]。课程资源是制定课程目标、确立课程内容以及实施课程评价等整个课程编制过程中可以利用的一切人力、物力以及自然资源的总合[2]。积极开发及合理利用各种课程资源是英语课程实施的重要组成部分,对促进学生持续和终身发展以及提高我国英语教学的质量,具有以下几方面的重要意义:

一是有助于增强英语教学的实践性。英语是一门实践性很强的课。英语教学成功的一个重要因素是学生能够大量接触目的语,而不是只接触教科书。开发与利用多种课程资源能让学生从不同的渠道,以不同的方式接触、学习与运用英语,使他们通过亲身感受与直接体验,增强英语教学的实践性。

二是有助于培养学生的自主学习能力。在英语教学中,学生的学习需要存在不同的差异,他们的学习策略和学习风格也各不相同,因此,单一的学习渠道与课程资源不但难以满足不同学生的学习需求,而且也不利于发挥他们各自的潜能。提供丰富多样的课程资源和学习渠道则能帮助学生根据自己的学习需求和最适合自己的学习渠道有选择地学习,从而发挥出学生的自主性和积极性。

三是有助于激发教师的创造性智慧。传统教育过于依赖教科书的主要缺点是课本指挥人,而不是人用课本。这极大地限制了广大教师的创造性思维,以致教学活动单调,难以激发学生的学习兴趣,培养出开拓型的学生。合理开发和利用课程资源则可以帮助教师开阔教育视野,超脱教材而丰富教学内容,变换教学方法和优化教学过程,更好地引导学生学好英语。

一般说来,英语课程资源不仅包括英语教材,还包括那些有利于学生综合语言运用能力发展的其他所有学习材料和辅助设施。英语教学的特点之

---

① 吴刚平,2001.课程资源的理论构想.教育研究(9):59-63.

② 徐继存、段兆兵、陈琼,2002.论课程资源及其开发与利用.学科教育(2):1-5.

一就是要使学生尽可能多地亲身感受以及直接体验语言及其运用，让他们以不同的形式，从不同的渠道去接触和学习英语①。因此，在日常的英语教学过程中，除了合理有效地使用教科书之外，教师还应该积极地利用其他各种课程资源，尤其是直观教具与实物、录音、录像资料、广播影视节目、报纸杂志以及各种形式的网络资源等。

毫无疑问，英语教材是英语这个学科最基本的课程资源之一，也是教师教学和学生学习的基本依靠②。英语教材是教师教学的核心材料，它不仅包括学生课堂用书，而且还应配有教师用书、练习册、挂图、卡片、音像带、多媒体光盘以及其他配套读物等。学校应该选择经教育部门审定或者审查的教材，所选教材要符合学生的认知发展水平以及年龄特征与心理特征，具有趣味性、思想性、科学性、灵活性、拓展性以及开放性。教材应该能激发学生的学习兴趣、开阔学生的视野以及拓展学生的思维方式，力求内容广泛、语言真实以及题材多样。教材的选择一般应该是在各级教育主管部门的认真指导下，在与广大教师代表、学生代表以及家长代表协商的基础上确定。根据英语教学的具体特点，学校还可以适当地选用一些国外的教学资料，以补充和丰富英语课堂的教学内容。

同时，英语课程要充分利用图书馆、语言实验室以及音像设备等基本和常规的教学设施，挖掘课程资源，更新教学方式，拓宽教学渠道，增强英语教学的开放性和灵活性。各级学校与教育行政部门要尽可能地为学生营造良好的自主学习环境，努力创造条件为英语课程提供良好的教学设施，尤其是各种多媒体设备，并尽可能地设置视听室，向学生开放。

在开发英语课程资源方面，学校一定要充分利用好互联网和信息技术。网络上的各种信息资源以及那些专门为英语教学服务的网站为各个层次的英语教学提供了极其丰富的资源。每个学生通过计算机和互联网，都可以根据自己的不同需求去选择学习方式与学习内容，并及时地获得各种与学习相关的信息。不仅如此，同学之间也还能相互帮助并分享彼此的学习资源③。因此，各类学校、广大教师以及各级教育行政部门都要积极为学生创造条件，进一步增加学习的开放性与灵活性，一些有条件的学校还可以建立自己的英语教学网站，甚至开设网络课程。与此同时，学校还应该大力鼓励和支持学生参与课程资源的开发，鼓励学生制作班级小报和墙报，鼓励学生

① 陈才金,2007.对英语课程资源的开发与利用的思考.新课程·中学(12)：31.

② 段兆兵,赵登明,2005.论西部中小学英语课程资源及其开发.当代教育科学(5)：20-23.

③ 陈才金,2007.对英语课程资源的开发与利用的思考.新课程·中学(12)：31.

交流学习经验,组织学生建立班级图书角或者图书柜。

此外,学校还应该积极建立有效的课程资源管理体系。课程资源的开发和利用要注意开发多层次与多类型的英语课程资源,以满足不同层次的需求,还要考虑当地经济的发展水平以及学生的经济承受能力,绝不能因一味地追求课程资源的丰富性和多样性而增加学生的经济负担,造成英语课程资源的浪费。同时,要坚决杜绝课程资源闲置的现象,已有的课程资源必须充分利用,并不断地对课程资源进行及时的更新与必要的补充。在开发与利用课程资源的过程中,要严格禁止学校和教师购买或者向学生推销非法出版与印刷的各种同步练习或者是各种模拟试题等材料,要坚决制止编写、销售与使用粗制滥造的教辅材料。

4. 完善有利于学生全面发展的评价体系

英语课程标准指出,评价是英语课程的重要组成部分。科学的评价体系是实现课程目标的重要保障。英语课程的评价应根据课程标准的目标与要求,对教学全过程与结果实施有效监控[①]。由此可见,通过评价可以使学生在英语学习的过程中不断体验成功与进步的喜悦,促进学生综合语言运用能力的全面发展以及英语课程的不断完善。为此,必须注意以下几个方面:

首先,英语课程评价要构建多主体评价机制,重点关注学生的学习习惯、愿望、兴趣、主动性、情感体验及学习心理等方面。教师要努力创造机会使学生对自己的作品和行为进行自我评价,鼓励学生通过合作开展互相评价,使他们互相学习,取长补短,在竞争与合作中为各自的进一步发展打下坚实的基础。教师要将自己的评价与学生的自评及互评紧密地结合起来,并大力倡导师生合作评价[②]。合作评价可以给教师与学生提供教与学的信息,使学生明确努力方向,使教师改进教学方法。通过以上多主体评价机制的建构,促进学生全面发展。

其次,英语课程评价要注意评价方法的多样性和灵活性。在实际教学过程中,根据学生的年龄特征与学习风格的差异,教师应注意采取适当的评价方式。在日常的形成性评价中,教师应允许学生根据自己的优势或者是特长来选择适合自己的评价方式。如果学生对自己某次课堂测验成绩不满意,可以跟教师协商,先暂时不记录成绩,学生在经过更充分的准备之后,可

---

① 中华人民共和国教育部,2003.普通高中英语课程标准(实验)(下).基础教育外语教学研究(9):3-10.

② 宋桂月,金莺,2002.全日制义务教育普通高级中学英语课程标准教师读本.武汉:华中师范大学出版社:81.

以再次参加评价①。无论采取哪一种方式，教师都必须灵活运用，注重评价的激励作用，帮助学生认识自我，建立自信，充分发挥评价的教育功能，促进学生不断进步和发展。

再次，英语课程评价要发挥形成性评价的作用。形成性评价是在课程研制、教学过程与学习过程中，对课程编制、教师的教学及学生的学习的动态状况进行的系统性评价，其目的是及时了解活动进程的效果，及时反馈信息，以便及时修正、调节与强化，以保证目标的实现。布卢姆认为，形成性评价就是在课程编制、教学与学习的过程中使用的系统性评价，以便对这三个过程中的任何一个过程加以改进。既然形成性评价是在形成阶段中进行的，那就要尽一切努力用它来改进这一过程②。形成性评价的作用主要表现为改进课程的编制与教师的教学，强化学生的学习以及为教师提供反馈信息等③。

最后，英语课程评价中运用终结性评价要注重考查学生的综合语言运用能力。终结性评价（如期末考试和结业考试等）不仅是检测学生综合语言运用能力发展程度的重要途径，也是反映教师教学效果以及学校办学质量的重要指标之一。终结性评价必须以考查学生综合语言运用能力为目标，力争科学、全面地考查学生在经过一段时间的学习后所具有的语言水平。测试应包括笔试、口试以及听力考试等形式，全面考查学生的综合语言运用能力④。笔试要避免考单纯的语音知识题或者语法知识题；口试要着重考查学生的表达能力和交际的有效性；听力测试则主要考查学生理解以及获取信息的能力，要适当增加具有语境的主观题。

与此同时，英语教师在运用终结性评价时应与形成性评价相结合，努力实现评价重心的转移。即英语课程评价要从过分关注学习结果逐步向关注学习过程转变，更多地关注学生求知的过程、探究的过程以及努力的过程，及时了解学生在发展中遇到的问题、所做出的努力以及获得的进步。这样教师才有可能对学生的持续发展及提高进行有效的指导，真正发挥评价促进学生发展的功能。

此外，针对小学生的不同年龄和心理特点，小学英语教学要全面评价学

---

① 中华人民共和国教育部，2001.全日制义务教育普通高级中学英语课程标准(实验稿).北京：北京师范大学出版社：38.

② B·S·布卢姆，等，1987.教育评价.上海：华东师范大学出版社：228－229.

③ 黄甫全，王本陆，2003.现代教学论学程(修订版).北京：教育科学出版社：339.

④ 中华人民共和国教育部，2003.普通高中英语课程标准(实验)(下).基础教育外语教学研究(9)：3－10.

生的语言发展状态与潜能。形成性评价可采用活动的方式进行,终结性考试以口试和笔试相结合的方式进行,也可用等级制或达标方法记录成绩,以淡化分数的意义,绝不允许对学生的考试成绩排名并以此作为各种评比或选拔的依据。

最后,要注重"教—学—评"一体化的学业评价。《高中英语课程标准(2017年版)》倡导建立以学生为主体,促进学生全面、健康而有个性的发展的课程评价体系,要求教师处理好评价与教和学之间的关系,推动教、学、评一体化的实施。英语课程应坚持以评促学、以评促教,注重发挥学生的主观能动性,引导学生成为各类评价活动的设计者、参与者和合作者,自觉运用评价结果改进学习。注重引导教师科学运用评价手段与结果,针对学生学习表现及时提供反馈与帮助,反思教学行为和效果,教学相长。坚持形成性评价与终结性评价相结合,逐步建立主体多元、方式多样、素养导向的英语课程评价体系①。

"教—学—评"一体化概念的提出,明确了教学、学习和评价的关系,凸显了以评促学、以评促教的功能。这将引导教师更加关注教学过程中学生主动参与的态度、对学习投入的程度以及实际学习的成效,从而通过及时反馈和调整确保教学目标的实现。这对深化英语课程改革,切实提高教育教学质量,促进教师专业化发展具有重要的理论和现实意义。它有利于深化课程改革,促进英语学科育人目标有效落地;有利于引导教师从关注考试成绩的学习结果,转向关注学习过程;有利于引导教师从教学设计与实施入手,关注教什么、学什么和如何学的问题,并通过对学生学习成效的持续观察和评价,确保目标的达成。"教—学—评"一体化顺应了评价范式转型的趋势,力求解决过去十多年形成性评价理念提出后尚未有效落实的问题,突破传统教学与评价二元对立的瓶颈,实现二者的有机整合与统一,使探索促进学生全面发展的有效途径成为可能,推动评价理论与实践向纵深发展②。

总之,课程评价是保证英语教学质量的重要措施。在强调评价的同时,教师要合理使用各种方法,既要防止过多占用课堂教学时间,又要注意不要使学生产生厌烦情绪,造成评价流于形式的不良后果,注意评价的过程不加重学生的学习负担。

---

① 毛浩然,刘艳芹,林杏,2022.《义务教育英语课程标准(2022年版)》的拐点、难点与奇点.教育评论(5):24-30.
② 王蔷,李亮,2019.推动核心素养背景下英语课堂教—学—评一体化:意义、理论与方法.课程·教材·教法(5):114-120.

参 考 文 献

1. 中文著作类

陈坚林,2000.现代英语教学：组织与管理.上海：上海外语教育出版社.

陈敬朴,2000.基础教育概论.苏州：苏州大学出版社.

陈时见,1999.课程与教学理和课程与教学改革.桂林：广西师范大学出版社.

陈玉琨,2001.课程改革与课程评价.北京：教育科学出版社.

陈玉琨,代蕊华,2002.课程与课堂教学.上海：华东师范大学出版社.

陈振华,2004.高中英语新课程：理念与实施.海口：海南出版社.

程晓堂,2004.任务型语言教学.北京：高等教育出版社.

丛立新,2000.课程论问题.北京：教育科学出版社.

段作章,等,2004.基础教育课程改革透视与展望.合肥：安徽教育出版社.

范兆雄,2005.课程文化发展论.广州：广东高等教育出版社.

冯生尧,2004.课程改革：世界与中国.广州：广东教育出版社.

付克,1986.中国外语教育史.上海：上海外语教育出版社.

高凌飚,庄兆声,2002.基础教育课程改革研究.广州：广东教育出版社.

龚亚夫,罗少茜,2003.任务型语言教学.北京：人民教育出版社.

关文信,陈波,2003.新课程理念与课堂教学行动策略：新课程理念与初中英语课堂教学实施.北京：首都师范大学出版社.

桂诗春,2000.新编心理语言学.上海：上海外语教育出版社.

郭娟,蒋海燕,2005.人本主义活动在英语教学中的应用.北京：首都师范大学出版社.

杭宝桐,1993.中学英语教学法.上海：华东师范大学出版社.

郝德永,2000.课程研制方法论.北京：教育科学出版社.

何安平,2002.新课程理念与初中英语课程改革.长春：东北师范大学出版社.

何安平,2004.高中英语课程改革理论与实践：《普通高中英语课程标准（试验稿)》解析.长春：东北师范大学出版社.

胡春洞,1996.英语学习论.南宁：广西教育出版社.

胡文仲,1989.英语的教与学.上海:外语教学与研究出版社.

黄甫全,2002.课程与教学论.北京:高等教育出版社.

黄国营,1997.英语教育学.南昌:江西教育出版社.

黄书光,2006.中国基础教育改革的历史反思与前瞻.天津:天津教育出版社.

黄远振,2003.新课程英语教与学.福州:福建教育出版社.

黄正杰,1993.课程教学之变革.台北:师大书苑公司.

贾冠杰,1996.外语教育心理学.南宁:广西教育出版社.

蒋士会,2003.课程变革导论.北京:学苑出版社.

教育部基础教育课程教材专家工作委员会,2011.义务教育英语课程标准解读:2011 年版.北京:北京师范大学出版社.

教育部基础教育课程教材专家工作委员会,2020.普通高中英语课程标准(2017 年版 2020 年修订)解读.北京:高等教育出版社.

教育部基础教育司,2002.全日制义务教育英语课程标准解读.北京:北京师范大学出版社.

教育部基础教育司,2002.走进新课程:与课程实施者对话.北京:北京师范大学出版社.

靳玉乐,1996.潜在课程论.南昌:江西教育出版社.

靳玉乐,2003.新课程改革的理念与创新.北京:人民教育出版社.

靳玉乐,黄清,2000.课程研究方法论.重庆:西南师范大学出版社.

课程教材研究所,1999.20 世纪中国中小学课程标准·教学大纲汇编:课程(教学)计划卷.北京:人民教育出版社.

课程教材研究所,1999.20 世纪中国中小学课程标准·教学大纲汇编:外国语卷(英语).北京:人民教育出版社.

课程教材研究所,2002.课程改革整体论.北京:人民教育出版社.

课程教材研究所,2003.课程改革借鉴篇.北京:人民教育出版社.

李定仁,徐继存,2004.课程论研究二十年:1979—1999.北京:人民教育出版社.

李观仪,1995.具有中国特色的英语教学法.上海:上海外语教育出版社.

李丽生,2005.英语新课程改革理论与实践.昆明:云南大学出版社.

李良佑,1988.中国英语教学史.上海:上海外语教育出版社.

李森,宋乃庆,2004.基础教育概论.成都:四川教育出版社.

李庭芗,1983.英语教学法.北京:高等教育出版社.

李雁冰,2002.课程评价论.上海:上海教育出版社.

林崇德,申继亮,李庆安,1999.英语教学心理学.北京:北京教育出版社.

林立,王之江,2004.任务型学习在英语教学中的应用.北京：首都师大出版社.

刘道义,2008.基础外语教育发展报告(1978—2008).上海：上海外语教育出版社.

刘倩,2003.初中英语新课程教学法.北京：开明出版社.

刘要悟,1995.教育评价导论.兰州：甘肃文化出版社.

刘要悟,1997.教学评价基本问题研究.兰州：甘肃文化出版社.

吕良环,2003.外语课程与教学论.杭州：浙江教育出版社.

罗爱梅,罗丹,何艳铭,等,2005.当代中小学外语课程发展.广州：广东高等教育出版社.

梅德明,2004.新世纪英语教学理论与实践.上海：上海外语教育出版社.

梅德明,王蔷,2022.义务教育英语课程标准(2022 年版)解读.北京：北京师范大学出版社.

裴娣娜,2005.现代教学论(第二卷).北京：人民教育出版社.

彭泽平,2005.变革与反思：改革开放以来我国基础教育课程改革研究.北京：中国文史出版社.

彭泽平,2006.嬗变与超越：新中国基础教育课程改革史.北京：华龄出版社.

钱源伟,2001.基础教育改革研究.上海：上海科技教育出版社.

全国课程专业委员会秘书处,2001.21 世纪中国课程研究与改革.北京：人民教育出版社.

任长松,2003.新课程学习方式的变革.北京：人民教育出版社.

石鸥,1998.教学别论.长沙：湖南教育出版社.

石鸥,刘丽群,2004.课程改革中的若干问题.广州：广东教育出版社.

束定芳,2004.外语教学改革：问题与对策.上海：上海外语教育出版社.

束定芳,庄智象,1996.现代外语教学——理论、实践与方法.上海：上海外语教育出版社.

双语课程教材研究开发中心,2003.双语教学论丛.北京：人民教育出版社.

宋桂月,金莺,2003.全日制义务教育普通高级中学英语课程标准教师读本.武汉：华中师范大学出版社.

隋铭才,2001.英语教学论.南宁：广西教育出版社.

田式国,2001.英语教学理论与实践.北京：高等教育出版社.

汪霞,2003.课程研究：现代与后现代.上海：上海科技教育出版社.

王本陆,2009.中国教育改革 30 年：课程与教学卷.北京：北京师范大学出版社.

王炳照,2008.中国教育改革30年：基础教育卷.北京：北京师范大学出版社.

王才仁,1996.英语教学交际论.南宁：广西教育出版社.

王策三,孙喜亭,刘硕,2005.基础教育改革论.北京：知识产权出版社.

王坤庆,2010.教育哲学新编(第2版).武汉：华中师范大学出版社.

王蔷,2003.小学英语教学法教程.北京：高等教育出版社.

王雪梅,张逸岗,2006.外语教育求索：戴炜栋文集.上海：上海外语教育出版社.

魏立明,刘丽艳,2004.课程标准与教学大纲对比分析：高中英语.长春：东北师范大学出版社.

温满玉,苏剑芳,2003.小学英语课程理念与实施.桂林：广西师范大学出版社.

文秋芳,1996.英语学习策略论.上海：上海外语教育出版社.

吴康宁,1998.教育社会学.北京：人民教育出版社.

吴永军,1999.课程社会学.南京：南京师范大学出版社.

杨小微,2004.现代教学论.太原：山西教育出版社.

杨玉厚,1993.中国课程变革研究.西安：陕西人民教育出版社.

尹世寅,赵艳华,2005.新课程：中学英语课堂教学如何改革与创新.成都：四川大学出版社.

于向东,苑德庆,董馨,2007.基础教育课程改革研究.上海：华东师范大学出版社.

于泽元,2006.课程变革与学校课程领导.重庆：重庆大学出版社.

张楚廷,1999.教学论纲.北京：高等教育出版社.

张传燧,1999.中国教学论史纲.长沙：湖南教育出版社.

张传燧,2008.课程与教学论.北京：人民教育出版社.

张天宝,2003.新课程与课堂教学改革.北京：人民教育出版社.

张天雪,2008.基础教育改革论纲.重庆：重庆大学出版社.

张正东,1987.英语教学的现状与改革——全国中学英语教学调查西南研究报告.重庆：西南师范大学出版社.

张正东,2000.中国外语教学法理论与流派.北京：科学出版社.

张正东,李少伶,2003.英语教学论.西安：陕西师范大学出版社.

章兼中,1992.外语教育学.杭州：浙江教育出版社.

赵平,2001.中国中小学英语教学教改研究.太原：书海出版社.

郑金洲,2000.教育文化学.北京：人民教育出版社.

钟启泉,2003.课程与教学概论.上海：华东师范大学出版社.

钟启泉,2007.课程论.北京：教育科学出版社.

钟启泉,崔允漷,张华,2001.为了中华民族的复兴 为了每位学生的发展:《基础教育课程改革纲要(试行)》解读.上海:华东师范大学出版社.

钟启泉,张华,2001.世界课程改革趋势研究(上、中、下卷).北京:北京师范大学出版社.

周流溪,1995.中国中学英语教育百科全书.长春:东北大学出版社.

周庆元,2005.语文教育研究概论.长沙:湖南人民出版社.

左焕琪,2001.外语教育展望.上海:华东师范大学出版社.

2. 中文论文类

白晓云,2015.基础英语教育人文价值的迷失与回归.中国教育学刊(6):84 - 87.

蔡铁权,2006.三维目标的课程观诠释.全球教育展望(3):57 - 61.

程可拉,2006.外语学习的三对基本概念辨析.课程·教材·教法(6):50 - 53.

程晓堂,2014.关于当前英语教育政策调整的思考.课程·教材·教法(5):58 - 64.

程晓堂,2019.课程改革背景下英语课程资源的开发和使用:问题与建议.课程·教材·教法(3):96 - 101.

程晓堂,但巍,2012.基础教育阶段英语课程的核心理念解读.课程·教材·教法(3):57 - 63.

程晓堂,龚亚夫,2005.《英语课程标准》的理论基础.课程·教材·教法(3):66 - 72.

程晓堂,赵思奇,2016.英语学科核心素养的实质内涵.课程·教材·教法(5):79 - 86.

戴忠信,2004.外语言语交际能力形成过程:个体体验理论视角.北京:北京师范大学博士学位论文.

董晓波,2006.美国中小学外语课程改革对我国基础外语教育的启示.教学与管理(2):93 - 94.

范琳,张其云,2003.建构主义教学理论与英语教学改革的契合.外语与外语教学(4):28 - 32.

方成智,2012.新中国教科书多样化的开端——"八套半"义务教育教科书研究.学术探索(1):178 - 180.

葛越,2012."八套半"教材之内地版教材的研究.长沙:湖南师范大学硕士学位论文.

龚亚夫,2012.论基础英语教育的多元目标:探寻英语教育的核心价值.课程·

教材·教法(11)：26 - 34.

龚亚夫,2014.英语教育的价值与基础英语教育的改革.外国语(6)：18 - 19.

古明,2018.《普通高中英语课程标准(2017 年版)》与《普通高中英语课程标准(实验)》对比研究.现代教育科学(11)：93 - 100.

顾书明,2001.校本课程发展与教师教育变革.教育发展研究(9)：33 - 36.

郭宝仙,2004.从课程观的角度看我国英语课程的发展.中小学英语教学与研究(7)：34 - 36.

郭宝仙,2004.英语课程组织的研究.上海：华东师范大学博士学位论文.

郭元祥,2001.课程观的转向.课程·教材·教法(6)：11 - 16.

韩宝成,刘润清,2008.我国基础教育阶段英语教育回眸与思考(一)——政策与目的.外语教学与研究(2)：150 - 155.

郝德永,1997.关于课程本质内涵的探讨.课程·教材·教法(8)：6 - 11.

侯怀银,1999.杜威的课程观述评.课程·教材·教法(10)：52 - 56.

黄甫全,1999.美国多元课程观的认识论基础探析.比较教育研究(2)：18 - 22.

黄甫全,2004.普通高中新课程培养目标变革的文献分析.课程·教材·教法(10)：3 - 8.

黄远振,2007.生态哲学视域中的中国外语教育.福州：福建师范大学博士学位论文.

黄远振,兰春寿,黄睿,2014.为思而教：英语教育价值取向及实施策略.课程·教材·教法(4)：63 - 69.

贾爱武,2003.外语教师专业发展的理论与实证研究.上海：华东师范大学博士学位论文.

贾爱武,2005.外语教师的专业地位及其专业发展内涵.外语与外语教学(4)：57 - 59.

贾爱武,2005.外语教师教育与专业发展研究综述.外语界(1)：61 - 66.

靳莹,周志华,2006.从结构主义走向建构主义的课程观及其启示.教育理论与实践(20)：45 - 48.

柯森,2004.基础教育课程标准及其实施研究——一种基于问题的比较分析.上海：华东师范大学博士学位论文.

雷淑芬,2015.近十年基础教育英语课程改革研究述评.湖北函授大学学报(21)：161 - 162.

李洪修,2007.课程变革下教师合作的理论思考.天津市教科院学报(2)：50 - 52.

李洪修,马云鹏,2005.课程变革下教师合作的缺失与对策.中小学教师培训

（7）：25 - 27.

李俊,2013.基于批判性思维能力培养的高中英语选修课教学探析.江苏教育学院学报（社会科学版）（5）：131 - 134.

李晓,2003.试论外语教学"三大原则"及其实践途径.外语与外语教学（8）：19 - 21.

李晓勇,2001.创新教育与基础教育课程结构变革.云南师范大学学报（1）：63 - 65.

李彦荣,2004.中国中小学课程改革的文化路向.上海：华东师范大学博士学位论文.

李正栓,索磊,2003.美国外语教学模式给我们的启示.外语与外语教学（7）：21 - 24.

林崇德,2017.构建中国化的学生发展核心素养.北京师范大学学报（社会科学版）（1）：66 - 73.

刘道义,1994.学习《全日制高级中学英语教学大纲》的体会.课程·教材·教法（1）：1 - 4.

刘道义,2002.英语：新课程所引起的教材变革.课程·教材·教法（9）：44 - 47.

刘道义,2008.改革开放 30 年的中小学英语教材.英语教师（10）：3 - 8.

刘道义,2014.外语教育的作用与高考改革.外国语（6）：8 - 10.

刘道义,魏国栋,1992.《九年义务教育全日制初级中学英语教学大纲》说明.课程·教材·教法（6）：20 - 23.

刘道义,郑旺全,2018.改革开放 40 年中国基础英语教育发展报告.课程·教材·教法（12）：12 - 20.

刘润清,2002.关于英语教学大纲改革——从分离式教学大纲到统一的课程标准.外语教学与研究（6）：403 - 404.

刘旭东,薛荣,1998.人文精神：现代课程的价值取向.教育理论与实践（1）：39 - 43.

刘志军,2002.发展性课程评价研究.上海：华东师范大学博士学位论文.

吕良环,2005.论外语自主学习能力之培养.上海：华东师范大学博士学位论文.

罗大珍,郑艳,2016.学科教育教学中立德树人意识引导研究：以英语课程为例.校园英语（7）：29 - 31.

罗生全,靳玉乐,2007.社会力量：课程变革的第三领域——一种基于课程权力的有效参与.中国教育学刊（1）：45 - 47.

马开广,2002.《英语课程标准》（实验稿）与《英语教学大纲》的对比分析与研究.

基础教育外语教学研究(8)：28－31.

毛浩然,刘艳芹,林杏,2022.《义务教育英语课程标准(2022年版)》的拐点、难点与奇点.教育评论(5)：24－30.

梅德明,王蔷,2022.新时代义务教育英语课程新发展——义务教育英语课程标准(2022年版)解读.基础教育课程(10)：19－25.

庞秀成,王俊锋,2007.基础教育英语教学大纲指导思想的演进和发展.长春大学学报(4)：86－88.

彭望书,2005.关于基础教育课程改革中学习方式变革的反思.教育探索(11)：14－16.

彭伟强,2002.当代国外外语课程变革的经验及其借鉴.比较教育研究(4)：38－43.

彭泽平,2004.改革开放以来我国基础教育课程改革评析.上海：华东师范大学博士学位论文.

任长松,1999.20年来课程观的三次变革.天津市教科院学报(6)：8－9.

容中逵,2006.抵制、规避还是适应、胜任?——论新基础教育课程改革实施中的教师问题.教育理论与实践(15)：30－32.

石鸥,李新,2009.新中国60年中小学教材建设之探析.湖南师范大学教育科学学报(5)：5－10.

史国强,王宇,2001.新《大纲》与英语教学中的文化因素.外语与外语教学(7)：33－35.

束定芳,2017.关于英语学科核心素养的几点思考.山东外语教学(2)：35－41.

宋仲元,2001.再谈修订版初中英语教学大纲的新特点.教育实践与研究(2)：28－29.

唐丽芳,马云鹏,2007.文化自觉：课程变革中的学校文化研究.中国教育学刊(3)：33－37.

汪霞,2002.课程研究：从现代到后现代.上海：华东师范大学博士学位论文.

王道,1990.培养学生为交际运用英语的能力——试析义务教育初中英语教学大纲的特色.山东外语教学(3)：78－79.

王红宇,1993.美国课程观的演变和八十年代课程改革.外国教育研究(2)：1－6.

王卉,师曼,苏涵仙,等,2022.《义务教育英语课程标准(2022年版)》解读(笔谈).湖南第一师范学院学报(3)：21－31.

王慧芳,2018.新时代高校"课程思政"改革背景下教材体系建设研究.教育教学论坛(34)：158－159.

王凯,2002.美国多元文化教育流变及课程转向研究.外国教育研究(4)：58-62.

王平,2006.课程改革中的文化适应问题研究.兰州：西北师范大学博士学位论文.

王蔷,2013.理解与实施好《义务教育英语课程标准(2011 年版)》.江苏教育(5)：7-9.

王蔷,2013.深化改革理念,提升课程质量——解读《义务教育英语课程标准(2011 年版)》的主要变化.课程·教材·教法(1)：34-40.

王蔷,2015.从综合语言运用能力到英语学科核心素养——高中英语课程改革的新挑战.英语教师(16)：6-7.

王蔷,李亮,2019.推动核心素养背景下英语课堂教—学—评一体化：意义、理论与方法.课程·教材·教法(5)：114-120.

王宪平,2006.课程改革视野下教师教学能力发展研究.上海：华东师范大学博士学位论文.

王湘玲,宁春岩,2003.从传统教学观到建构主义教学观——两种教学观指导下的英语教学对比研究.外语与外语教学(6)：29-31.

文秋芳,王立非,2004.影响外语学习策略系统运行的各种因素评述.外语与外语教学(9)：28-32.

邬向明,2005.课程改革：问题与对策.课程·教材·教法(2)：4-7.

吴本虎,2004.析中小学英语教材编写中忽视文化差异的现象.浙江师范大学学报(3)：78-82.

吴刚平,2001.课程资源的开发与利用.全球教育展望(8)：24-30.

吴刚平,2001.课程资源的理论构想.教育研究(9)：59-63.

吴筱萌,2007.课程变革中的较力与应对.教育理论与实践(17)：56-60.

吴雪燕,2012.改革开放后"八套半"教科书的研究：背景、建设过程及反思.长沙：湖南师范大学硕士学位论文.

武一,2008.基础教育英语教学大纲的体系分析.长春大学学报(3)：96-98.

席春玲,2006.陶行知生活教育理论对当今中小学英语教学的启示.课程·教材·教法(10)：86-88.

夏侯富生,2003.我国中小学英语教学衔接问题与对策.基础教育外语教学研究(6)：12-15.

谢志贤,张玉双,2007.外语教学流派对基础教育英语教学大纲的影响.长春大学学报(3)：94-97.

熊慧康,熊敦礼,2004.大纲、标准及我国英语教学改革.四川外语学院学报(1)：

141 - 143.

徐海铭,2005.近30年中国英语课程设计范式变革之检讨及其现实启示.南京师大学报(社会科学版)(3)：79 - 84.

徐玉珍,1997.改造我们的课程观.教育科学研究(4)：46 - 51.

杨明全,2001.课程变革的学理分析：性质、功能与过程.全球教育展望(6)：45 - 50.

杨明全,2003.论教师参与课程变革.上海：华东师范大学博士学位论文.

杨启亮,2006.特色均衡：欠发达地区课程变革路径的选择.课程·教材·教法(12)：3 - 7.

杨启亮,2007.课程与教学变革中的模仿与创新.教育发展研究(11)：48 - 51.

杨启亮,2007.守护家园：课程与教学变革的本土化.教育研究(9)：23 - 28.

杨祥,王强,高建,2020.课程思政是方法不是"加法"——金课、一流课程及课程教材的认识和实践.中国高等教育(8)：4 - 5.

杨小鹃,2004.外语教学法的继承与发展.课程·教材·教法(11)：68 - 73.

于泽元,2007.论课程变革的综合理解模式.天津市教科院学报(2)：34 - 38.

余文森,2016.从三维目标走向核心素养.华东师范大学学报(教育科学版)(1)：11 - 13.

袁春艳,2006.当代国际外语教学法发展研究.南京：南京师范大学博士学位论文.

袁顶国,朱德全,2006.基于回归生活世界的课程论变革.高等教育研究(12)：66 - 70.

岳刚德,2006.我国基础教育课程发展问题研究.上海：华东师范大学博士学位论文.

张伯兴,2004.陶行知的课程观及其现代价值.中国教育学刊(10)：23 - 26.

张华,刘宇,2007.试论课程变革的文化问题.教育发展研究(1)：17 - 21.

张礼永,2007.从课程表变革看课程改革的思路.上海教育科研(8)：62 - 65.

张树德,2007.当代课程改革成功机制研究.上海：华东师范大学博士学位论文.

张文军,1997.后现代课程观初探.华东师范大学学报(教育科学版)(4)：12 - 22.

张献臣,2007.新课程理念下中小学英语教学需要处理的几个辩证关系.课程·教材·教法(4)：41 - 45.

张艳华,2006.当代国外外语课程变革经验及借鉴.辽宁教育行政学院学报(4)：40,42.

张玉双,2007.基础教育英语教学大纲制订及修改的科学程序.长春大学学报

（5）：81－82.

赵继政，2001.《全日制高级中学英语教学大纲（初审稿）》中的几个理论性问题. 福建外语（2）：27－32.

赵连杰，2017.基础英语教育的学科育人价值探究.中小学教师培训（1）： 52－56.

赵昱，2006.新课程标准下中小学英语教学衔接的研究.长春：东北师范大学硕士 学位论文.

赵忠德，2003.母语、外语与思维.外语与外语教学（7）：18－20.

郑家福，2003.新中国基础教育课程改革的文化检讨.重庆：西南师范大学博 士学位论文.

钟启泉，杨明全，2001.主要发达国家基础教育课程改革的动向及启示.全球 教育展望（4）：7－16.

周志毅，2002.课程变革：从知识形态走向生命形态.全球教育展望（3）：47－50.

朱水萍，2006.课程资源开发的认识误区及变革策略.教育理论与实践（4）： 41－43.

3. 英文类

Adjemian，1976. On the Nature of Interlanguage Systems. Language Learning（26）：297－320.

Behrens L，Rosen L J，2000. Writing and Reading across the Curriculum. 7th ed. New York：Longman.

Beretta A，Davies A，1985. Evaluation of the Bangalore Project. ELT Journal，39（2）.

Berwick R，1989. Need Assessment in Language Programming：From Theory to Practice // Johnson R K. The Second Language Curriculum. Cambridge：Cambridge University Press：76－79.

Brown H D，1994. Principles of Language Learning and Teaching. 3rd edition. New Jersey：Prentice Hall Regents.

Brown H D，1994. Teaching by Principles：An Interactive Approach to Language Pedagogy. New Jersey：Prentice Hall Regents.

Candlin C，1984. Syllabus design as a critical process. Applied Linguistics， 1（1）：22－24.

Ellis R，1990. Instructed Second Language Acquisition：Learning in the Classroom. Oxford：Basil Blackwell Ltd.

Fotos S S, 1998. Shifting the Focus from Forms to Form in the EFL Classroom. ELT Journal, 52(4): 301 – 307.

Gass S M, Mackey A, Pica T, 1998. The Role of Input and Interaction in Second Language Acquisition. The Modern Language Journal, 82(3): 299 – 307.

Gass S M, Madden C, Preston D R, et al, 1989. Variation in Second Language Acquisition: Discourse and Pragmatics. Clevedon: Multilingual Matters Ltd.

Halliday M A K, 1978. Language as Social Semantic: The Social Interpretation of Language and Meaning. London: Edward Arnold Ltd.

Howatt A R, 1984. A History of English Language Teaching. Oxford: Oxford University Press.

Larsen-Freeman D, Long M H, 1991. An Introduction to Second Language Acquisition Research. London: Longman.

Littlewood W, 1981. Communicative Language Teaching: An Introduction. Cambridge: Cambridge University Press.

Littlewood W, 1984. Foreign and Second Language Learning. Cambridge: Cambridge University Press.

Neomy S, 1998. A Classroom-Based Study: Insights from a Collaborative Text Reconstruction Task. ELT Journal, 52(4): 291 – 300.

Nunan D, 1988. The Learner-Centered Curriculum. Cambridge: Cambridge University Press.

Posner G J, 1994. Course Design: A Guide to Curriculum Development for Teachers. 4th ed. London: Longman.

Posner G J, 1995. Analyzing the Curriculum. 2nd ed. New York: McGraw-Hill.

Prabhu N S, 1987. Second Language Pedagogy. Oxford: Oxford University Press.

Rivers M W, 1997. Interactive language Teaching. Cambridge: Cambridge University Press.

Rubin L J, 1977. Curriculum Handbook: The Disciplines, Current Movements, Instructional Methodology, Administration and Theory. Boston: Allyn and Bacon, Inc.

Schubert W H, 1996. Curriculum: Perspective, Paradigm and Possibility. New York: Macmillan Publishing Company.

Scrivener J，1998. Learning Teaching：A Guidebook for English Language Teachers. Cambridge：Macmillan Publishers Limited.

Skehan P，1998. A Cognitive Approach to Language Learning. Oxford：Oxford University Press.

Smith S，1994. Second Language Learning：The Theoretical Foundation. London：Longman.

Snyder J B，Zumwalt K，1992. Curriculum Implementation. New York：Macmillan Publishing Company.

Ur P，1996. A Course in Language Teaching：Practice and Theory. Cambridge：Cambridge University Press.

Willis J，Willis D，1996. Challenge and Change in Language Teaching. New York：Macmillan Publishers Limited.

Yalden J，1987. Principles of Course Design for Language Teaching. Cambridge：Cambridge University Press.

图书在版编目（CIP）数据

回顾·反思·展望：改革开放40年中国基础教育英语
课程变革 / 易斌著. — 上海：上海教育出版社，2023.10
ISBN 978-7-5720-2341-5

Ⅰ.①回… Ⅱ.①易… Ⅲ.①中小学－英语课－课程改
革－研究－中国 Ⅳ.①G633.412

中国国家版本馆CIP数据核字(2023)第201791号

责任编辑　余　地
封面设计　郑　艺

回顾·反思·展望：改革开放40年中国基础教育英语课程变革
易　斌　著

出版发行　上海教育出版社有限公司
官　　网　www.seph.com.cn
地　　址　上海市闵行区号景路159弄C座
邮　　编　201101
印　　刷　昆山市亭林印刷有限责任公司
开　　本　700×1000　1/16　印张17.5
字　　数　305千字
版　　次　2023年10月第1版
印　　次　2023年10月第1次印刷
书　　号　ISBN 978-7-5720-2341-5/G·2073
定　　价　69.00元

如发现质量问题，读者可向本社调换　电话：021-64373213